知识生产的原创基地
BASE FOR ORIGINAL CREATIVE CONTENT

颉腾商业
JIE TENG BUSINESS

Tell me!

Wie Sie mit Storytelling überzeugen

沟通的技巧

故事的魔力

[德] 托马斯 · 皮恰克（Thomas Pyczak）著
王景文 译

中国广播影视出版社

图书在版编目（CIP）数据

沟通的技巧：故事的魔力 /（德）托马斯·皮恰克（Thomas Pyczak）著；王景文译 . -- 北京：中国广播影视出版社，2023.3
ISBN 978-7-5043-8999-2

Ⅰ . ①沟… Ⅱ . ①托… ②王… Ⅲ . ①心理交往—通俗读物 Ⅳ . ① C912.11-49

中国国家版本馆 CIP 数据核字 (2023) 第 044672 号

沟通的技巧：故事的魔力
[德] 托马斯·皮恰克（Thomas Pyczak）著
王景文 译

策　　划 颉腾文化
责任编辑 余潜飞　冯　岩
责任校对 张　哲

出版发行 中国广播影视出版社
电　　话 010-86093580　010-86093583
社　　址 北京市西城区真武庙二条9号
邮　　编 100045
网　　址 www.crtp.com.cn
电子信箱 crtp8@sina.com

经　　销 全国各地新华书店
印　　刷 文畅阁印刷有限公司

开　　本 710毫米 × 1000毫米　1/16
字　　数 253（千）字
印　　张 20.5
版　　次 2023年3月第1版　2023年3月第1次印刷

书　　号 ISBN 978-7-5043-8999-2
定　　价 89.00 元

赞　誉

讲故事会触动他人的情感、影响他人的态度、左右他人的行为；沟通的高手善于用故事打动听众、鼓舞人心，让人难以忘怀、愿意积极行动。这本书揭示了如何以故事来传情达意的内在逻辑和沟通指南。

——**赵洱岽**　北京理工大学管理与经济学院教授、博士生导师，首批国家线上一流金课《管理沟通》负责人

故事不仅是娱乐产品，也是生存需要，而“讲故事”早已溢出“写作”的范畴，成为许多人职业与人生成功的秘而不宣的事实。《沟通的技巧：故事的魔力》以“讲故事”的方式讲故事，道出了故事的真谛，并引导我们从理解故事、模仿故事到创建自己的故事，一步步掌握讲故事的原理与技巧。著作横跨故事的不同形态与业态，从多学科角度阐释与强化故事思维与故事技能，开启了一条故事与人生的实践通道。

——**许道军**　上海大学中文系副教授，《中国创意写作研究》(辑刊) 主编

1

还记得“鲶鱼效应”吗？

托马斯·皮恰克的这本书就是书架上的鲶鱼，在每一排书架都是。

2

读完托马斯·皮恰克先生的书稿，我便开始重读书架上那65本与故事写作及叙事技巧有关的书籍，同时审视了脑海中那些商业和品牌管理的经验地带，并牵动有关哲学、文学、艺术、心理学以及西方古典诗学的思绪，还对即将创作何种小说打定了主意，连手头上正进行的战略咨询项目竟也因此有了意外的突破。

3

托马斯·皮恰克先生的这本书，最有价值之处在于，不只将“故事”视为一种表

现方式，更将其视为一种人性真理，从而拓宽了故事原理发挥魔力的丰富场景。不仅如此，作者也将每种场景下的亲身实践经验倾囊相授，让这本书成为故事原理在丰富场景中的应用指南。

——**陈学量**　品牌战略专家、总裁顾问、原奥美品牌战略规划师

一直感到很幸运，自己的职业是一名传记作家，是一名记录时代故事的写作者。我一直能感受到写好故事的魔力，但是不知道人们究竟为什么沉湎于故事。看了这本《沟通的技巧——故事的魔力》，很多问题的答案才逐渐呈现。原来，一个好故事可以促进血液中催产素的分泌，会影响我们大脑的化学反应，激发同理心、信任和慷慨。通过大脑的生物化学作用，好故事就像给予人们一个温暖的拥抱。这本书让我意识到，故事的影响力是如此巨大，好故事其实是我们的生活不可或缺的一部分，这让我更加坚信记录时代故事这个职业的价值，也让我知道，好的故事是一种更加有效的沟通方式，我们通过讲故事可以获得更理想的人生。

——**范海涛**　著名传记作家

故事反映了人类共同的心理结构。书里呈现了很多有启发、可模仿的实例，那些成功的公司用故事将品牌人性化，把价值观传递给客户，甚至用故事提高员工的积极性和工作效率。读者一旦掌握了讲故事的技巧，也就掌握了与世界沟通的原则和模式。

——**徐昙**　作家、腾讯新闻专家

人类天生就爱听故事，不管是沟通、写作还是演讲，讲故事比单纯的讲道理更容易打动人。

很多人不知道怎么讲出精彩的故事，这本书提供了很多讲故事的实用技巧，帮助大家轻松讲出好故事，用故事来沟通。

这本书会让你觉得学习讲故事是一件很快乐的事——那么，就用你的故事来激励他人，成为讲故事的高手。

——**弘丹**　畅销书作家、“弘丹写作”创始人、《精进写作》作者

如果你想提升写作或演讲水平，《沟通的技巧：故事的魔力》不容错过。哈利·波特与魔法公式那一部分我特别喜欢。

——**佩弦**　《爆款文案写作公式》作者

序 言

1991 年夏天的一个夜晚，“谛听”编辑部组织了一次聚会。彼时我大学毕业刚参加工作，仅仅入职几周。

我的一位上司和我闲聊，态度相当友好：“托马斯，与你所从事的文学研究相比，我们这里的工作不过是小打小闹。”

我点头回答：“不用那么苛刻。”

从上司的表情来看，他可能更喜欢一种不同的回答。

我的好日子就此到头了。如果说我刚入职时还受到了关怀，那么自此以后我便受到了严苛的对待。我写的每一份稿件都被退回。一次，两次，三次……

“托马斯，你完全可以做得更好。”退还的稿件堆积在我的办公桌上，我一看就头晕。

我尽一切努力改善这种状况：与同事讨论我的每篇文章，阅读一些保证会让我成为顶级记者的指南，但都徒劳无益。我不停地写：袖珍画、报告文学、采访稿，什么稿件都尝试。可一切努力似乎都没有用，稿件仍旧被不断退回。这种状况持续了两年。令人意外的是，一天早上我受到了表扬。从那以后，我走出了梦魇，我的稿件也入了编辑的法眼。

“不用那么苛刻。”——1991 年夏天的这句话是我进入“讲故事”职业王国的入场券。我的上司将之视为邀请，让我在艰难的道路上看到，即使最简短的一句话也要斟酌再三、精益求精，并为此付出极大的努力，就像这是你写的最后一句话一样。他的话是十分有道理的。

我后来的主编生涯从这次经历中获益良多，主要涉及的是构思故事并以有吸引力的大字标题推出这些故事。作为经理，我也从中受益匪浅。有一句话我十分喜欢：事实已全部摆在眼前，可故事该如何去讲呢？

本书让你免受我经历过的折磨。学习“讲故事”也可以是一件愉快的事。

我经常被问到，怎样定义“讲故事”。简而言之，讲故事就是对故事的讲解。那什么是故事呢？我认为，像教科书那般为其准确地下定义是不明智的。因为故事在这方面特别模糊不清。我们会看到故事的很多形态——所有这些都是从基本形式衍生出来的：开端，发展，结束，赋予主人公一项使命，在其实现目标的道路上设置障碍。我所理解的讲故事同样需要很多因素：①判断力——一个故事在什么时候才值得讲？②焦点——读者在故事结尾会有什么感受？③吸引力——以大标题呈现的题目怎样表述？④真实性——为什么我现在要讲这个故事？⑤好奇心——如果……会怎么样？⑥有趣——思绪犹如坐过山车一般，和主人公一起承受苦难并满怀希望的读者感受如何？⑦亲近——我怎样用故事让人们相信我关心的事情？我怎样促使他们和我产生共鸣，去相信和实践共同点？我坚信，在一个越来越细化、需要不断地学习和适应且不断变化的职业领域，讲故事是一项重要资质。故事之间相互关联，它们使人集中注意力，创造意义，带来感染力，确保人与人之间有人情味的接触不会丢失。如果一个人故事讲得好，他就不需要为听众是否有热情而担心，不管是在会议室还是在咖啡厅，线上还是线下，对话还是演讲。如果一个人不是在排列事实，而是在讲故事，那么他必然能说服对方。

这是本书的第 3 版。我们研究了对第 2 版的反馈后决定对本书再次进行扩充。第 3 版新增 3 节内容，它们在我的工作室也非常受欢迎。一是奥巴马方法，所涉及的是用故事构建演讲从而打动听众的艺术。二是关于有目的地讲故事，以格蕾塔·通贝里的例子加以说明。三是在演讲中讲故事的技巧。此外，第 3 版还对原有章节进行了扩充，遵循的原则是“更多的实践”。

就像前两个版本一样，本书包括三章。在第1章“沟通”中，我想把你与故事的世界及发生作用的方式联系起来。这一章是心理学家、进化生物学家和大脑研究人员的舞台。在第2章“模仿”中，我将向你展示一些工具和技巧，用好它们你就能自己开发出令人信服的故事。这些故事将是长篇小说、电影或政治演说的复制品。在第3章“创造”中，我将为你呈现工作中诸如创建、基金推广或变革等典型场合中作为例子的故事。

这三章之间有两处暂停：“沉默的艺术”和“倾听的艺术”。它们指向了讲故事的明显对立面。但是，沉默和言谈一起构成了一枚硬币的两面。倾听、观察、提问，这些都是成功的讲故事者的技能。从表面上看，他们通常被认为是安静的人，更愿意让别人说话。这就是关键所在，这就是真正成功的公式：70%的倾听，30%的完美讲述。

当然，其实我们每天都在讲故事，例如回答以下问题：你今天过得怎么样，亲爱的？你好吗？有什么新鲜事吗？只有在工作中，我们才会发现故事是错误的、不恰当的、太肤浅的。直觉上，我们过于依赖事实和数据，实事求是而又论证明晰。但确定无疑的是，你会发现这条路很少能通向目标。这不足为怪，因为缺少一个基本要素：情感。

虽然《星球大战》或《哈利·波特》让人痴迷不已，但我们并没有想过从这些世界性的成功中学习，从而获得自己的成功。我们认为这些都处在完全不一样的世界。《星球大战》对我赢得预算或启动资金有何帮助？你会看到：非常有帮助。

讲好故事并不难学，它很有趣而且很有说服力。它帮助每个人（经理、售货员、专家、科学家、实习生、创业者）实现自己的目标。选择掌握这门艺术的人也会选择信任和坦诚等价值观。故事只有在你不伪装的情况下才有效。每个故事都彰显了讲述者的一些信息。正因为这样，它才会引发情感和人际间的亲密。真实可信是关键所在，它产生了巨大的作用：故事的力量使你不必使用销售技巧就能促成销售，不必劝说就能成为一名说服者，不必谄媚就能让人心生好感。

一个故事是一次感动听众的旅程。如果故事好，就能改变他人的想法。如果故事非常好，就能促使听众去做某些事情。如果故事精彩绝伦，就能促使听众想要改变世界。就像马丁·路德·金的著名演讲《我有一个梦想》。这场演讲震撼了整个美国，每个人都觉得这不再是一个梦想。

祝你读书愉快，梦想成真！

托马斯·皮恰克

致读者

与人交流沟通时，对于每个想要有说服力的人来说，会讲故事很重要。这一点毋庸置疑。这就是托马斯·皮恰克这本书的中心话题。我很高兴，你从现在开始就把这本书捧在手中，因为，这意味着已经能够吸引你的兴趣了。吸引你兴趣的是本书的书名、是提示词“讲故事”，还是本身就讲述了一个故事的封面图案？

托马斯·皮恰克从不同的视角认识到讲故事的魔力：他曾在阿克塞尔·施普林格出版公司（Axel Springer SE）担任记者，后在布尔达传媒集团（Hubert Burda Media）晋升为主编，最后成为出版经理。2014 年底，他为了当职业作家而离职。2016 年，他出版了《世界的尽头》等两部长篇小说，并开始写以讲故事为主题的博客。对他而言，扣人心弦的故事是一种绝佳的沟通方式，以此获得他人关注，吸引、说服读者并给读者留下记忆——这不仅仅适用于管理者，也适用于每个想在工作领域进步的人。他的重点包括：讲故事及其策略、讲故事和领导力、讲故事和个人营销。

我向大家保证，你会从本书中获得很多阅读乐趣和知识。它也会帮助你培养出职场中正确的沟通策略。你会在这众多的实用技巧中受益无穷！此外，你还会了解到很多令人兴奋的背景知识。

为了保证书籍的质量，莱茵韦克出版社一直对作者和审校部严格要求。如果你对该书还有想法和建议，我期待你的反馈。

斯蒂芬·马特舍克
莱茵韦克出版社审校部
stephan.mattescheck@rheinwerk-verlag.de
www.rheinwerk-verlag.de
德国波恩莱茵韦克大街 4 号

致谢

衷心感谢所有支持我创作本书的人：感谢女作家克劳迪娅·布伦德勒在修辞和审校方面提供的帮助。感谢尤尔根·布鲁克梅尔就初稿和书名与我进行的令人兴奋的对话以及邮件往来。感谢皮亚·克莱恩·威斯坎普提供的那些讲故事的技巧，她还帮我和莱茵韦克出版社建立了联系。感谢斯蒂芬·马特舍克与我进行的那些建设性的讨论，感谢他对新书名的坚持，是他与我一道完成了这本“特别”的以“讲故事”为主题的德语书籍。感谢迈·里安·阮·杜伊，其设计的图书封面本身便讲述了一个故事。感谢卡特琳·费舍尔的建议、联络工作和对“在篝火旁”那节的坚持。感谢沃尔夫冈·桑德、巴斯蒂安·斯坦、克斯滕·韦希布洛特、托马斯·卡斯帕、卡尔－海因茨·邦尼和赖因哈德·盖尔特纳对初稿的那些有价值的反馈。

非常感谢我的妻子贝蒂娜的聪慧和耐心，感谢她精彩的提问和讨论，对文本提出的建设性批评意见，以及在画作和图形的选择方面提供的支持。还要感谢她在本书创作的每个阶段给予的大力支持。

目　录

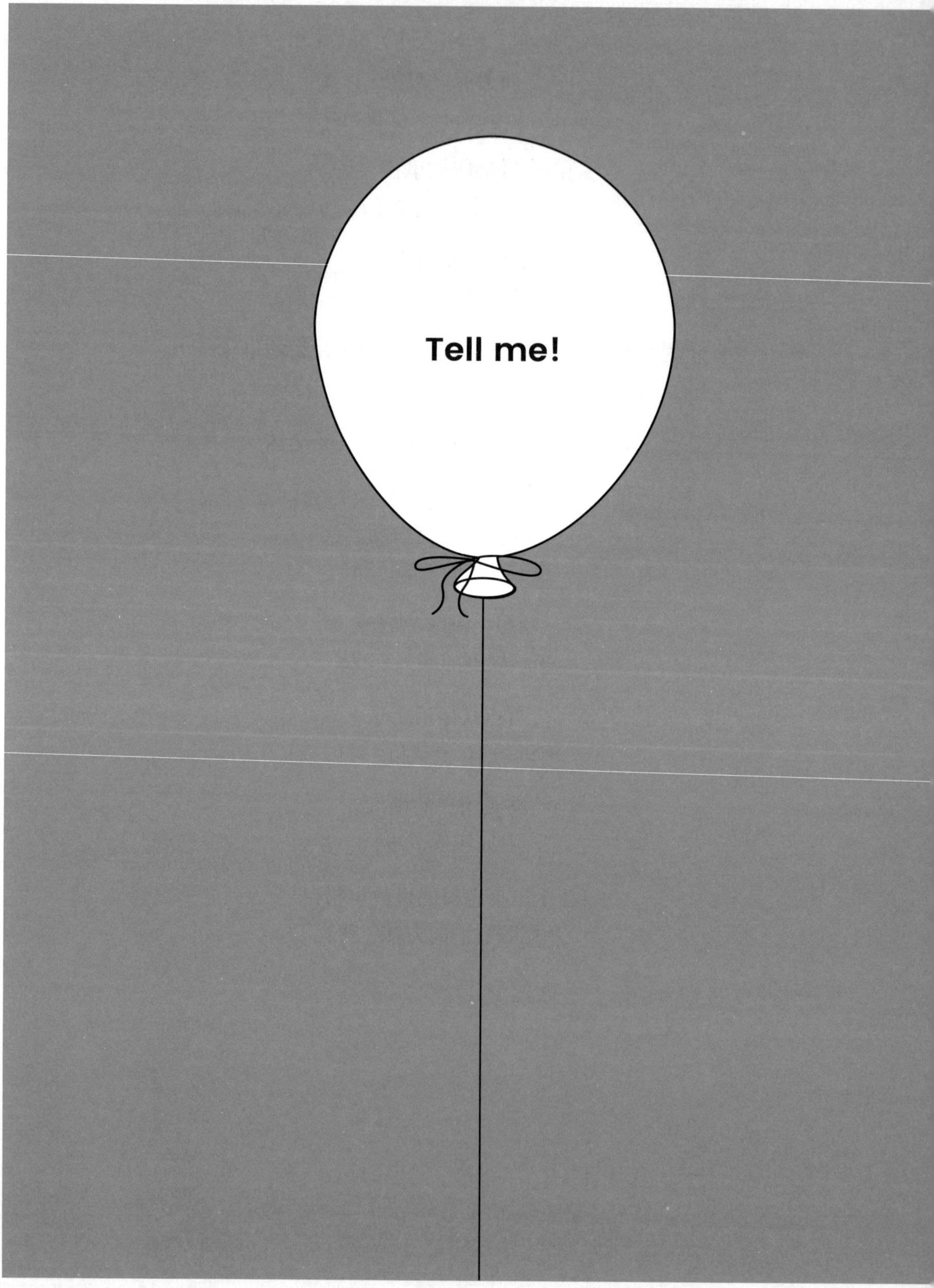
Tell me!

沟通
故事的作用如此强大

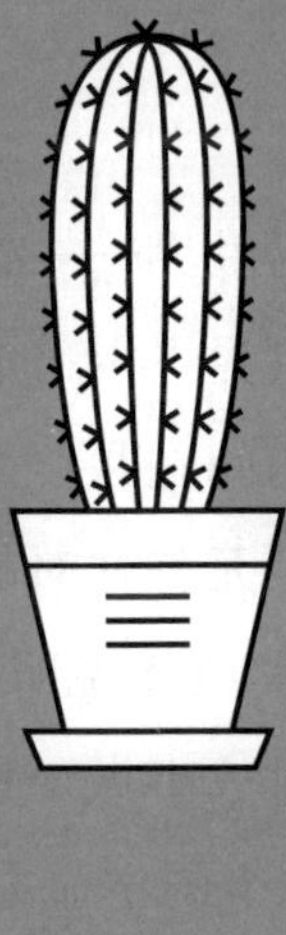

1

第1章

从石器时代的围坐篝火开始，故事就成为我们社会生活的一个重要元素。本章让你从科学和研究的视角认识故事。

欢迎来到研究故事的科学家的世界——这里是心理学家、进化生物学家、大脑研究者以及营销专家的世界。本书的这一章将介绍几十年来一直研究讲故事的科学家。他们提出的问题是：故事到底是如何起作用的？他们所做的实验是：我们的记忆神经元怎样对故事感兴趣？他们检验的内容是：一个故事是如何比纯粹的事实更能说明一个主题的？他们检查血液，以查清我们的荷尔蒙系统是怎样对故事做出反应的。从我们祖先的围坐篝火到社交媒体的延伸，都展示了故事的生命力。

本章主要是想培养你对故事效果的良好感觉。在进化过程中，讲故事的能力被证明是一种极其有用的生存能力。故事是社交生活的关键元素，它们使人们联系在一起，酝酿人们间的亲密，把大家聚合在一起。此外，故事还将知识和经验代代相传。人类发展最长的远古时期都呈现以口口相传和令人信服的简单形式：情景、复杂化、解决。一位英雄与敌对势力斗争以实现某些目标固然是老生常谈的套路，却也是我们世界的一项重要原则，时至今日，这一原则仍有很强的说服力。因此，讲故事已成为一种强大的工具，它在我们这个时代就像在篝火时代一样有效。

说服而不劝说

在大脑的全息甲板之上

概要

对我们所经历的事情和故事中发生的事情，大脑做出的区分不大。我们能感受到故事中主人公的感觉。这使故事成为大脑的一种“飞行模拟器”。在故事中，我们演练各种场景，就像我们接触真实的世界一样。利用故事的力量来说服别人的人，不会设定规定，而是提出从不同的角度来看待事物、学习、做出决定或提出新问题，来引导我们走得更远。

我们为什么要读小说或讲故事？娱乐、放松、好奇、逃避现实，这些是我通常从朋友和熟人那里得到的答案。听起来很有说服力。但是，仅此而已吗？根据神经科学的最新发现，答案并非如此。如果询问大脑科学家，你会得到一个惊人的答案：大脑并没有在现实和虚构之间做出太大区分。这就是为什么我们几十万年来一直在讲故事，不管它们是真实发生的还是编造的。因此，神经科学家们在最初的狩猎故事和“奇克”之间、在发生于羊肠小路上的小说和发生于通畅道路上的电影之间、在石器时代和今天之间画出一条线。**人们需要故事，不仅仅是为了娱乐，更重要的是作为心灵的训练营地。**

脑部扫描显示，当我们阅读或倾听一位叙述者讲话时，大脑中的经典语言区域（也就是布罗卡氏区与韦尼克区）最初是活跃的。然而，这还不是全部。当测试对象读到“香水”或“咖啡”这些词时，嗅觉皮层，也就是嗅脑，会做出反应。当测试对象说出“歌手的嗓音犹如丝绒般柔和”这句话时，感觉皮层会做出反应。而听到“这位歌手的嗓音听起来很舒服”这句话时，却没有反应。当测试对象使用描述运动的词时，如“巴勃罗射门”，那么协调运动的运动皮层就会变得活跃。①

无论我们是在真实地体验事物（闻到香水或咖啡的香味，听到歌手犹如丝绒般柔和的嗓音，以及射门），还是只阅读或听到这些字眼，两者都会在大脑中触发相同的反应。就好像好的故事会刺激我们的大脑，形成一个关于现实的个人影像。准确的描述、隐喻、众多细节，可以让读者进入故事中人物的思想和感情中，如此就好像我们真的在和这些人物打交道一样。科学家们也对此进行了研究并证实，阅读小说多的人对其他人更有同情心，因为这些人更容易从一个不同的视角来观察世界。②但这还不是全部：“计算机模拟教会我们处理复杂的问题，比如驾驶飞机或预测天气。同样地，小说、故事和戏剧帮助我们应对复杂的社会生活。”③这就是多伦多大学认知心理学名誉教授基思·奥特利对神经科学发现的总结。**简而言之，小说、故事和戏剧是大脑的飞行模拟器。我们通过在故事中体验过的危急情况来训练自身。**

一个讲得好的故事并不仅仅是一系列的事实。它会触动、感动、激励听众。与苍白的事实相反，故事让我们对事态有一种情感，并通过主角的例子来引导我们了解它不可估量的魔幻神奇。故事以一种非常接近真实体验的方式将事实和情感交织在一起。当主角被逼入绝境时，我们也被逼入

---

① Annie Murphy Paul: Your brain on fiction. In: The New York Times vom 17.03.2012. Die erwähnten Studien sind in dem Beitrag zitiert. http://www.nytimes.com/2012/03/18/opinion/sunday/the-neuroscience-of-your-brain-on-fiction.html

② Keith Oatley: Is fiction good for you? In: The Huffington Post vom 28.08.2011: http://www.huffingtonpost.com/keith-oatley/is-fiction-good-for-you_b_939121.html

③ Keith Oatley: The science of fiction. In: New Scientist, Ausgabe 2662 vom 25.06.2008, S. 42 f.

绝境，于是心跳加速，呼吸急促，冷汗直流。我们感受到主角的压力、喜悦和渴望。科学家用镜像神经元解释讲故事的效果。在 20 世纪 90 年代，意大利科学家将像头发一样细的电极移植到猕猴的大脑中，他们发现，猴子大脑中的某些区域不仅在猴子抓取水果或坚果时是活跃的，在观察研究人员抓取水果或坚果时也是活跃的。当涉及故事的影响时，正是这些神经元在起作用：它们反映了我们大脑中对主角的感受。主角的感受也令我们感同身受。

由此，我们进入其他人的生活，进入其他社交群体、其他生活环境、其他文化，也进入其他阶层、其他性别、其他矛盾和年代。我们与角斗士一起为生存而并肩作战，并希望为“我们家人”的死报仇。在我们的宇宙飞船里，我们与人工智能专家哈尔讨论人与机器的关系。1904 年，我们和广告代理商利奥波德·布卢姆在都柏林度过了一天。我们爱上一个叫爱德华的“吸血鬼”。作为一个年轻的女性，在黑暗的“未来”，她依靠弓箭反对完全独裁。我们从每一个故事中学习，同时在阅读、聆听或观看电影时会感到非常有趣和着迷。

从进化的角度来说，这既不是一个逃避现实的问题，也不是简单地传输数据的问题：**故事为精神创造了一个游乐场。我们在这个安全的学习环境中体验各种场景——就像飞行模拟器中的飞行员或全息甲板上的全体船员。**当然，这其中也包括故障。飞行模拟器提高了飞行员的能力。**几千年来，故事通过让我们在情境中思考，通过面对生活的挑战来训练我们的思想。**

奇普·希思和丹·希思[①]总结了指令和模拟之间的区别，并讲述了以下故事。如何帮助老师应对那些破坏他们教学的有攻击性的学生。他们尝试了两种可能性。第一次尝试：规则。老师们运用了一系列处理这类事件

① Chip und Dan Heath: Made to stick. Why some ideas survive and others die. New York: 2010. S. 215 f.

的行为准则：保持冷静，不要为自己辩护，安抚学生的愤怒，等等。老师们说，我们真的永远不会想到这些。第二次尝试：一个老师在他非正式的帖子中和同事们分享他应对一个有攻击性学生的经验。他描述了自己的问题、困境和自己失败的尝试。最后，这位老师讲述了这个问题是如何在其他学生的帮助下解决的。这种尝试在同事中更受欢迎。这就是飞行模拟器的解决方案。这个故事让人们重温与学生打交道的过程。在这起事件中，行为准则中的许多要点都被采纳了，只是嵌在了一个故事中。这种方式行之有效。在此基础上，有相关困惑的教师可以自行决定处理方式。

故事是一种轻松地说服人们的方式，无须制定规则或把自己的观点强加于人。故事展示了一个情景：你看，原来可以这样！你对此做何感想？我们应该这样做还是应该放弃这种做法？你想到更合适的方案了吗？基本上，所涉及的是展示而非告知，是讲述而非简单介绍。所涉及的是当人们决定某事时，给其一种相关的感觉和认知。**所以讲故事的本质是彬彬有礼而不谄媚。**这是一个强大的工具，而不是简单地使用权力或胜人一筹的知识执行某事。

讲故事为更多真相和观点拓宽了空间。其中，开放性起着重要作用，同样也包括亲密性和尊重。我尊重你，所以我不给你制定规章制度，而是展示给你一种学习的方法。在我看来，这种说服方式比枯燥的数字或论据更有效，尤其是在工作中。把人们带到一个对他们来说有尽可能多的空间的故事里，这就是讲故事的全部。在这个故事中，可以有数字和论据的空间（这是自然而然的事），但不是以拙劣的“我说服你”和“哎呀，你要敢于反驳”的方式。故事可以让人们了解现实中存在的不同观点，并可能理解讲述者。不要说“你应该”或“你必须”，而只是简单地说一句：让我给你讲个故事。

“灰姑娘”
大脑喜欢模板

概要

大脑使用一些故事模板进行工作。了解并使用它们是很有益的，就像《风月俏佳人》或“灰姑娘 2.0”的制作者所做的那样。他们只是改写了一个熟悉的故事，然后重新讲述它。这大大节省了受众熟悉故事的精力，而作者可以专注于基本细节，而不是思考新的行动方案。另一种选择是：有意地反其道而行之，打破常规，力争激发观众在自己道路上的思考和感受，比如荒诞派戏剧、超现实主义或新派小说。惊喜也是商业中的一个重要原则。

“我不爱他……我喜欢他。”妓女薇薇安对她的朋友基特解释道。

“你喜欢他？”

“是的。”薇薇安笑着说。

“好吧，他有钱有地位。无论如何，也许你们可以买一所房子住在一起，买钻石和马。这行之有效……”

“但这什么时候才能真正发生呢？”薇薇安反问，“给我举个我们认识的人的例子！”

基特坐到椅子上，将手指放在太阳穴上，思考着。然后她笑了：“不就是灰姑娘嘛。”

《风月俏佳人》是过去几十年最成功的灰姑娘爱情故事。成功的商人雇用妓女，纯粹专业的，然后……我们很快就知道情节向哪个方向发展了，即使我们是第一次看这部电影。这一模式为人所熟悉，很受欢迎，每个人都立刻认出来了，这是“灰姑娘”童话。“灰姑娘”完全就是这样的模板，当我们看茱莉亚·罗伯茨和理查·基尔演的电影时，就会唤醒这一模板。

当我们参与更复杂的、跨媒体的故事讲述时，“灰姑娘”也是我们唤醒的模板。在“灰姑娘 2.0”中，我们根据出现在不同平台上的许多片段编写故事。在一个音乐会上，一个女孩跳上舞台，在安保人员将她拖下舞台前，和乐队合唱了一首歌。她唱得很好，但没人知道她是何许人也。在那里，她只是向观众扔了一只鞋。值得一看的是，以上描述的这段视频解释了营销中的跨媒体讲故事。目标群体：超网络化的一代。[①]

这些模板是怎样起作用的？沃纳·福克斯在他的书《为什么大脑喜欢故事》中写道：

> 人类的大脑并不是一个巨大的图书馆，我们所经历的、所闻所见或所杜撰的故事都像书籍一样排列其中。那样的话，将会占用太多空间，从而占用太多存储容量。使用这样一个系统，在存储和检索期间的物流成本也很高。为最重要的和经常发生的事件建立模板要高效得多。这些原型可以根据用途而任意进行变化。这个共同的故事系列让我们能够适应社会和文化环境。[②]

对这些模板的设计，英国记者克里斯托弗·布克给出了一个非常具体的想法。他说，我们必须知道七个情节或叙事模式。再多也没有了。我们讲的所有故事都只是这七个情节的变化或重复。无论是文学、电影还是企业历史，都如出一辙。与福克斯一样，布克做出以下假设：所有已经讲述和将要讲述的故事都是基于作者与读者头脑中存储的极少数示意图。他的

① Cinderella 2.0: https://www.youtube.com/watch?v=CP-zOCl5md0

② Werner T. Fuchs: Warum das Gehirn Geschichten liebt. Freiburg: 2015. S. 33.

作品是基于弗洛伊德的学生卡尔·荣格的原型学说，以及研发出传奇英雄之旅的美国神话研究专家约瑟夫·坎贝尔的发现。

概述：七个基本情节

1. 战胜“怪物”
2. 从洗碗工人到百万富翁
3. 追寻
4. 旅行和回归
5. 喜剧
6. 悲剧
7. 重生

根据布克本人的说法，这些叙事模式可以追溯到一个基本思想，即人的心理发展。他声称，所有的形象都只是“我”的一个方面。当我们阅读小说、去电影院或剧院时，我们会体验到自己精神生活中的各种令人眼花缭乱的变化。

我想，这就像一场手托木偶戏，我们可以同时扮演两个角色，如小丑和魔鬼。如果有足够的手，我们还可以把木偶戏的全体人员搬上舞台：小丑、魔鬼、国王、王后、鳄鱼。我们就是这样，几千年以来一如既往。

布克声称，就像我们讲述的故事一样，从本质上讲我们自己同样改变很少。他用无数的例子支持这一观点；当然，也可以找到无数的反例。我坚信，好故事是多种形式的混合。在我看来，参考的内容越来越多并没有什么作用（剧本大师罗伯特·麦基列出了25种电影类型），仍然会有很多的故事不适合。这就产生了一种富有创造性的基本张力——无论故事是以新颖的形式还是作为主题基调讲述都一样。

对讲故事的人至关重要的是，了解大脑是喜好模板的，并了解其中最重要的模板。这样我们对受众的期望就有了一种预判。作为讲故事的人，我们可以自由地对其加以利用，并希望用我们自己的故事来激励大脑创建新的模板。

故事的七个基本情节

1. 战胜“怪物”

“德古拉”“詹姆斯·邦德”“大白鲨”——三者都遵循相同的模式：某一事件、人或怪物正在熟悉的世界肆虐，而英雄的任务是恢复和平。为此，怪物——德古拉、诺博士、大白鲨——被追捕。剧情分五步发展：英雄的召唤，最初的成功和挫折，噩梦，奇迹般的逃脱，最后是怪物的死亡。这是每个人都能马上识别出的模板。

2. 从洗碗工人到百万富翁

从《灰姑娘》《风月俏佳人》《阿拉丁与神灯》或《旧约》中约瑟夫的故事里可以找到典型的童话情节：一个普通人，被所有人低估，却变成了一个特殊的人。这种转变分五个步骤进行：不幸的主人公出场时，通常被一个黑暗的人物主导；在这种情况下，主人公接受了命运的召唤，进入了另一个世界，取得了第一次成功；接下来危机紧随而至，所有的事情都很糟糕；主人公在这种无法预知的状态中成长，并在第四步中经受住最后的考验；最后一步是幸福的结合——王子或公主在期待。而所有人的余生都是幸福的。

3. 追寻

追寻是《奥德赛》《指环王》或《海底总动员》的模式。主人公被一个非常遥远的目标所吸引，只有在那里他才能完成自己的使命：杀死求婚者并夺回他作为国王、丈夫和父亲的地位，将戒指扔进铸造它的火炉中，或找到丢失的儿子。这五个步骤是：从英雄的召唤开始，紧接着是他的旅程，在旅途中他找到同行的伙伴。然后是抵达和沮丧，目标似乎比以前更遥远了。在第四步中，英雄必须通过一系列的考验，而最后一个考验是最难的。最终实现自己的目标：奥德修斯再次成为他王国的国王；佛罗多摧毁了魔戒和索伦的力量；尼莫被找到了。

4. 旅行和回归

刘易斯·卡罗尔在《爱丽丝梦游仙境》以及玛格丽特·米切尔在《乱世佳人》中都使用了这一旅行模板。主人公离开她们熟悉的环境，进入一个陌生的世界，在经历了几番冒险之后，他们又回归故里。这里也是五个步骤，我们在第一个步骤中会看到主人公掉进了陌生世界，比如爱丽丝掉进了兔子洞。她发现一个令人紧张的新环境。沮丧的阶段随之而来，阴影笼罩一切。接下来是噩梦阶段。最终，主人公回到了她们熟悉的世界，但她们也伴随着自己的经历在成长。

5. 喜剧

电影《四个婚礼和一个葬礼》是喜剧的典范，简·奥斯汀的《傲慢与偏见》也是喜剧的典范。这里有三个步骤：我们进入一个小世界，它被混乱、不安全或沮丧的阴影笼罩着。人们彼此孤立。第二步，情况变得更加混乱。第三步，人们看清一切，阴影消失。在喜剧中，邪恶往往会变成善良，这样每个人都会再次真正的快乐起来。

6. 悲剧

歌德的《浮士德》或纳博科夫的《洛丽塔》都遵循着悲剧的模式。与其他所有情节的本质区别在于结尾：主人公没有实现他为自己设定的目标。他失败了，死了。他走上了一条黑暗或被禁止的道路。而在这条道路上，他只能顺利地行进一段时间，然后就必须付出代价。步骤是：主人公不满意，缺少点什么；第二步，他找到了自己的路，一切似乎都井然有序；然后挫败感袭来，事情变得混乱，主人公不得安宁；第四步，事态更加恶化，主人公绝望了，他完全丧失掌控权；最终，他死于他曾召唤的力量。有时所有人都会死，就像在《洛丽塔》中一样。

7. 重生

典型的重生模板是：魔法师甘道夫在《指环王》中死去，以白袍的身份回归。没有其他故事比《白雪公主》更能解释这个基本情节了。公主因为美貌被邪恶的继母欺负。她逃到七个小矮人那里。有一段时间一切看起来都很好，但这只是假象而已。因为一个毒苹果，公主处于或生或死的状态。这种状况持续了很长一段时间，看来黑暗势力已经赢了。但随后，在第五步中，女主角以一种奇妙的方式得救了。在《白雪公主》的案例中，救她的是一位王子。她的重生也意味着黑暗势力的终结。邪恶的继母不得不穿上发光的铁拖鞋跳舞，直到死去。

实践：检查企业故事的情节

这七个基本情节可以嫁接到公司、部门、领域和产品之中。简便法则：分配给一家公司的情节越清晰，其方针就越清晰。在我看来，确立情节是企业管理的核心任务之一，因为情节提供了方向。

我们在帮助客户战胜“怪物”吗？我们能把他们从洗碗工变成百万富翁吗？我们一起探索追寻吗？一旦这个问题澄清了，作为故事基本结构的情节就预先指明了方向。

根据我的经验，在动荡和变化的时代，当公司的故事不清晰甚至可能自相矛盾时，问选定的员工三个问题会有所帮助：

1. 我们从哪里来？或者我们公司之前的情节（计划）是什么？
2. 我们身处何处？或者我们公司目前的情节（计划）是什么？
3. 我们要去哪里？或者我们公司未来的情节（计划）是什么？

员工们在七个情节中进行选择，在有疑虑的情况下，每个问题最多选三个情节。这样，人们很快就会了解公司内部的看法。客户或合作伙伴的观点可以对此进行补充。

根据情节检查的结果，由公司管理层将故事清楚地传达出来，让所有员工再次成为同一个故事的一部分，走同一条路。故事可能已经改变，但对未来，它应该是清楚的。

事实加情感

我们的记忆喜欢故事

概要

当要记住内容时，故事是不二选择。故事非常有效地和事实结合在一起。根据目标群体和主题的不同，事实和情感可以因人而异地混合，但无论如何它们都在一起出现。两者构成一个整体。

2013 年 3 月，斯坦福大学一位女教授上传了一段视频，讲述了她和学生做的一个实验。她名叫詹妮弗·艾克，在商学院教授市场营销课程。艾克邀请学生们参加一个演讲，鼓励每个人说服其他同学相信一个想法。演讲持续时间为 1 分钟。学生们准备好一份简短的演讲稿，然后依次展示。20 分钟后，艾克问学生们能从演讲中记住什么，请他们写下来。结果显示，一方面，讲述一个小故事的演讲最容易被记住；另一方面，纯粹基于事实的演讲（绝大多数学生选择的演讲形式）则很难记。记住基于故事的演讲比基于事实的演讲要高 22 个百分点。这个数字意味着什么？言简意赅地说：只有讲故事的演讲才会被记住，其他的很快就会被学生遗忘。顺便说一下，艾克从最简单的意义上定义了故事：一组相互关联的事件，而不是一系列事实，如在 PowerPoint 或可在翻转挂图上显示的事实。

艾克解释说，故事会引发大脑完全不同的活动。“神经科学的研究表明，我们的大脑并不是设计来理解逻辑和长期保存事实的，而是用来理解和记忆故事的。”[①]

当我们听到一个故事时，会尝试把它与自己的经历联系起来，此时整个大脑都在高速运转。与事实相反，故事把意义带进了过程中。故事协调世界，以可持续的方式传播知识和经验，也用特定的模板把这些关联起来。这些模板结合了情感和事实，它们的力量蕴含其中。从进化的角度来看，故事有助于确保生存，并使我们感到可以控制世界。

回顾讲故事的早期阶段：“你看到那块岩石了吗？它后面现在住着一头猛犸象。别去啊。已经死过一个人了。”

这就是这次事件的“故事”：“我姐姐每天都和她的朋友一起去摘浆果。她们总是在那里，在岩石后面。她们知道这是一个危险的地方，但又觉得这跟她们没什么关系。一天，一只猛犸象突然出现在她们面前。她们以最快的速度奔跑——猛犸象追赶女孩们，想要攻击她们。她们死里逃生，跑进了可供藏身的森林。直到今天，当我姐姐走近那块岩石时，就开始颤抖。你看，这就是猛犸象所处的地方。保持距离！”

第二个故事的听众幸存了下来，因此讲故事在进化过程中不断发展。

故事的模式——女主人公陷入困境并走出困境，或者身处的环境、复杂化、解决——创造了亲密感，并立即在脑海中形成一个小电影。这极大地增强了注意力，并确保历史和延长生命的信息不会立即被遗忘。我们已经知道了詹妮弗·艾克和她的演讲实验的原因：22个百分点。

我们本能地填写一个模板模型——在旅行和回归的例子中，遵循一个使大脑易于存储内容的结构，但我们忘记了在商业环境中使用这种能力。这看上去似乎并不适合。猛犸象的故事很容易流传至今。比如，以一个虚构的商人为例：“我的许多客户都认为，只有别人的智能手机会掉到地上，自己的肯定不会。有一天它却真的掉到地上了，结果也很不容乐观，显示

① Jennifer Aaker: Harnessing the power of stories. Stanford Graduate School of Business, März 2013: https://www.youtube.com/watch?v=9X0weDMh9C4.

屏裂开了，有可能完全破碎。维修费用远远高于手机的软外壳。每个人都会在维修后购买手机外壳，这样新显示屏就不会再次摔坏了。”没有人会忘记显示屏的损坏所带来的震惊，以及高额的账单带来的第二次冲击。

叙述者对故事的作用有什么影响？奇普·希思和丹·希思做了一个与詹妮弗·艾克非常相似的实验。首先，他们让同学们在演讲结束后立即对每位演讲者进行评价，结果，最有魅力的演讲者获得了最好的成绩。那他们演讲的内容是否也能被更好地记住？答案是否定的。

“演讲天赋和把想法锚定在人们脑海中的能力之间几乎没有相关性，能够创造‘黏性’的明星是那些简单地讲故事或情绪化或强调某一点而不是十点的学生。”①

每个记忆艺术家都使用故事的排序能力，就像年轻的记忆大师克里斯蒂安娜·施滕格。我有幸目睹了她如何沿着设定好的身体路线记住一份购物清单，或者她如何将数学公式安插在离奇的故事中，使它们更容易被记住。

爱因斯坦的广义相对论公式 $e=mc^2$，变成了下面的故事：

驴子（e）

滑雪（=）

去小老鼠那里（m）

为了在那里喝白兰地（c）

在那之后，它们看所有的东西都重影（^{2}）

又是同样的效果。我们记住了这个故事，也记住了我们加载到故事结构中的事实。

我们回到斯坦福大学的詹妮弗·艾克那里。这位教授说，理想的故事是这样的：它能使数据和情感相统一，这样故事能发挥出最好的效果。艾克还通过基于宾夕法尼亚大学沃顿商学院的实验证明了这一点。“拯救非

---

① Chip und Dan Heath: Made to stick. Why some ideas survive and others die. New York: 2010. S. 242 f.

洲儿童”的宣传方案有两个版本。版本 A 是一个双页，以图形化的方式呈现吸引人的事实。版本 B 含有事实的部分只有一页，而第二页呈现的照片讲述了一名 7 岁女孩的故事，标题为“在马里与罗基亚一起生活的一天”。

艾克只向受试者展示了两个版本中的一个，并询问他们会捐赠多少钱。结果版本 B 的捐赠金额是 A 的两倍。虽然这并不能与记忆实验的 22 个百分点进行比较，但它仍然令人印象深刻。这个故事使捐赠翻了一番。教授声明：故事创造了与读者情感上的亲近，而单凭事实是无法产生这种情感的，这种亲近感影响了捐赠的意愿。没有说明事实的那一页，故事本身又是如何发挥作用的呢？可惜，这一点并没有在斯坦福大学进行测试。顺便说一句：编写美国影视剧本和讲商业故事的伟大教练罗伯特·麦基可能只会对艾克的数字报以微笑。他声称，在故事的帮助下，销售宣传的成功率提高了 5 个百分点。[①]

以我个人的经验来说，艾克和麦基描述了事实与故事成功结合的范围。作为总编辑，我和我的团队一起撰写了数以千计的大字标题。我们的目标是在不夸大其词的情况下，尽可能多地销售杂志。如果标题让人觉得无聊，杂志就无人问津。但如果标题过分夸张，会直接导致受众对产品的失望。在这种情况下，情感和事实的理想组合始终起着关键的核心作用。完美的大字标题所发挥的作用就像书名和副标题的结合一样。其中一个是情绪化的，而另一个是客观的、有实用价值的。这种架构广为流行。举三个例子：“美国停止入境禁令：‘我们这里真的很混乱’”（明镜在线），“ Windows 10 Pro 成交价：以低于 20 欧元的价格购买完整许可证”（ CHIP Online），或者“电视奖的丑闻：麦尔策称舍恩贝格为‘无耻之徒’”（ Bild online）。这种组合在激发好奇心的同时，也为步履匆匆的人们讲述了整个故事并被人们记住。这就是三者成功的秘诀。

① 罗伯特·麦基在其网站“故事经济学”（ storynomics）上介绍了三个案例研究。https://www.youtube.com/watch?v=ZWY_N1GBeWA.

在篝火旁

夜间故事如何点燃文化

概要

篝火故事标志着我们文化的开端。团体伴随它们产生。我们的祖先区分开了白天的事实主题和晚上的故事。我们相信，在生意场上，有时甚至在朋友圈或人际关系中，客观的谈话就足够多了。进化论告诉我们另一方面：只有故事，正如早些时候在星空下围坐篝火旁讲的故事，才能创造亲密、信任和凝聚力。

我们究竟为什么喜欢篝火？是它的噼啪作响、有关火焰的游戏、令人舒适的温暖，还是对我们来自何处的根深蒂固的记忆？考古学家发现，火在 100 万年前来到了我们祖先身边，到他们能够控制火，又过去了 40 万年。这改变了一切：火可以用来加工食物，免受野生动物的侵害，给人取暖和照明。又过了 40 万年，我们的祖先发生了巨大的变化，猎人和采集者坐在篝火旁讲述故事。就像我们今天一样（尽管越来越少），这种传统有可能从我们的生活中消失。

“关于烹饪对人类发展的影响我们了解了很多，但关于篝火对文化和社会的影响却知之甚少。”[①] 犹他大学的人类学家波利·维斯纳写道。在她的

① Polly Wiessner: Embers of society: firelight talk among the Ju/ ’ hoansi bushmen. In: PNAS, 22.09.2014, S. 14027: http://www.pnas.org/content/111/39/14027.full.pdf

论文《社会的灰烬：火光中朱霍安西布须曼人之间的谈话》中，她介绍了从石器时代的猎人和采集者到现代人对篝火的渴望。晚上，当大家坐在篝火旁时，人们会讲故事。这些故事的火花点燃了文化。

在研究中，维斯纳记录了纳米比亚的朱霍安西人和博茨瓦纳人之间的谈话。通过他们的生活，我们可以推断我们祖先的生活。维斯纳注意到，白天和晚上的谈话有一个截然不同的特点（见图 1-1）。在白天，他们主要谈论日常事件、社会和经济问题，涉及批评、控诉和冲突（3C：Critic, Complaint, Conflict）。但是到了晚上，主题和语调发生了变化——他们互相讲故事。滑稽或激动人心的故事使他们远离日常生活的烦恼，故事涉及的大多是部落的成员和祖先。

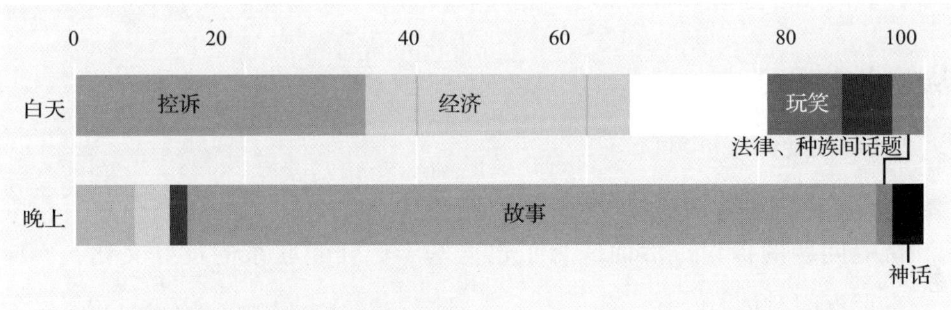

图 1-1　日与夜：朱霍安西人在篝火旁说什么

资料来源 PNAS, Polly W. Wiessner.

一个故事结束了，听众重复细节、讨论或进一步杜撰故事。在叙述中，所有的听众都会出现情绪波动：他们因紧张而屏住呼吸，他们一起恐惧和欢笑。晚上在篝火旁讲述的故事可以促进彼此理解、信任和相互的好感。维斯纳写道："围绕篝火的社交活动有助于维持彼此的联系……它们是原始形式的社交媒体。"①

① Polly Wiessner: Embers of society: firelight talk among the Ju/'hoansi bushmen. In: PNAS, 22.9.2014, S. 14029-14032. http://www.pnas.org/content/111/39/14027.full.pdf

慕尼黑的卡特琳·费舍尔组织了“讲故事者”俱乐部。[①]所涉及的也是在黑暗中讲述的故事，只不过时间是在当下。计划是设一个晚宴，20～30人坐在一张长桌旁，和对面的人讲故事。每个环节都更换谈话对象。这位历史学家和故事讲述机构的创始人在接受我的采访时说：“我们稍做引导，每个环节提出一个问题，一个针对童年，一个针对现在，一个针对未来。典型的问题是：你还记得童年时的一种味道或一种颜色吗？或者，你为什么会选择你目前的工作？显然，在我们发展日益加速的时代，人们对听故事和讲故事有一种强烈的渴望。为什么？卡特琳·费舍尔说：“人们在‘讲故事者’俱乐部注册，因为他们好奇，因为他们想摆脱匿名状态，因为他们想进行深入的对话并寻找同路人。”当被问及她在这次活动中的蓝本是什么时，她笑着回答：“当然是篝火。我们的口号是：都市篝火。”

从篝火中学习

欣赏夜晚

公司日常生活的特点是谈话，就像朱霍安西人在白天对社会、经济等问题的探讨。然而，为了建立基于信任和联系的良好文化，不应忘记夜间对话。

围坐成圈很重要

当人们在空间上也有联系时，故事效果最好。尤其是他们围坐成一圈，就像是围坐在篝火旁或像“讲故事者”俱乐部那样围在桌旁。视频广播是次优的解决方案。

共振连接

当所有的听众都在篝火旁大笑或紧张地屏住呼吸时，他们就像一个生命整体，所有人在同一个波长上共振。谁创造了这种共鸣，谁就

① http://www.story-teller.club

创造了一种群体感。

声音的魔力

成为优秀的叙述者并不需要PowerPoint、活动挂图或白板。人的声音比任何乐器都更加优美动听，只是其魔法存在于最长的进化时间中。

生动永恒的价值

故事是文化的起源。它们以戏剧性、生动的形式呈现，其中包含价值观和规范。它们可以被分享、记住和进一步发展。那些想要在日常琐碎对话之外塑造一种文化的人需要故事。

波利·维斯纳还介绍了我们的祖先是如何围绕火堆建立新的联系的。面对篝火，猎人和采集者的群体用故事建立了与远方亲戚、祖先和超自然事物的联系。他们邀请了带来新故事、传递故事，并与他们分享故事中所包含的价值观、规范和精神思想的客人。因此，我们的祖先通过生动的故事组合巩固了他们的群体。同时，夜晚的故事打开了人们的心扉，开阔了视野，展现了一幅更为广阔的画面，让思维缓慢地、更深入地探索世界。

所有这一切都发生在人类进化最长的时间里，在星空下的篝火旁。维斯纳写道：今天有饭后电子邮件和午夜备忘录，却没有标志着工作时间结束的明确界限。

“一天结束时，只需轻轻拨动开关，而不用花时间重新审视、去发现、去反思、去修复心中的关系。没有把今天的话题伴随以篝火烧成灰烬。”①

实践：使用壁炉聊天的力量

你组织篝火谈话时，可以将你的团队聚集在篝火的周围，发挥火的作用。故事都是自己杜撰的。如果你没有故事，就问一些远离公司范围的问题：你们有没有过考试不及格？你们最喜欢游乐场上的哪个旋转

---

① Polly Wiessner: Embers of society: firelight talk among the Ju/'hoansi bushmen. In: PNAS, 22.9.2014,S. 14033: http://www.pnas.org/content/111/39/14027.full.pdf

木马？

所有这些问题都不会在会议室的日光灯下提问或回答，而是在篝火或壁炉旁。在那里，回答变成了对话，对话变成了纽带。有时候，它们会带来巧妙的产品创意或新的组织形式；有时候，只会带来发自内心的欢笑。两者都很好。

举个例子：我从一个好朋友那里见识到了这些问题的力量。我们主要在国际会议上使用，在那里最初大家非常害怕接触。他问邻座："你拥有的第一张音乐专辑是什么？你还记得吗？"

"《战栗》！"这个问题被一个接一个地问下去。

"《颓废大街》！"

没有人必须回答，一切回答都是自愿的。"《月球旅行》！"

发生了什么？这是一个美好夜晚的序幕，回忆中通常是非常疯狂的故事。有人会觉得这没什么用处。但我确信，波利·维斯纳的研究结果也表明，正是这些篝火和壁炉聊天使我们成为一个团队，这个团队将在白天一起书写成功的故事。

我们是谁
我们称之为生活的故事

概要

生活故事是虚构的，就像故事本身整体上就是一种虚构一样，不存在客观的传记。我们根据自己的经历、恐惧、梦想、欲望、价值观和希望不断地对其进行改写。作为讲故事的人和故事的主角，我们有能力以最好的方式影响自己的生活、人际关系和友谊、我们的家庭或公司的剧本。重点不是建造理想幻境，而是绘制生活图景，以激发、鼓励、愉悦、推动他人成为我们故事的一部分，因为我们的故事为他们提供了足够的空间和发展机会。在工作中，这是成功的基本先决条件。作为项目经理或首席执行官、科学家或政治家、产品制造商或销售员，我需要这个故事。这是操控手腕吗？不是，人们当然可以拒绝这些故事。

一位成功的企业家问我能否帮他写自传。我仔细听他说了很长时间，读了几页他写的东西，问了一些问题：能不能想象更多的对话，以使文本更加生动？

“不能！”他说。他的理由是：“我已经记不清确切的措辞了。”

“那样难道不好吗？”我问。

“真的不好。”因为他要把传记建立于客观之上，一切都按原样发生，就像一个科学项目一样可以验证。

我非常佩服这位企业家——尝试不可能的事情。无论是个人的传记，还是家庭或公司的传记，在我看来都是纯粹在讲故事。根据现在，书写和改写过去，未来也是如此。在跌宕起伏的经历（出生、死亡、升迁、落魄）之后，视角和故事发生了变化。

20 岁的人讲述的人生故事与 70 岁的人不同。在这种情况下，客观性其实是难以捉摸的。其中更多的是关于身份认同。我可以在我的一个或多个故事中认出是我自己。

文学、哲学，尤其是心理学，都以讲故事和生活故事为主题。其结果可能会令这位想要写客观传记的企业家失望。当时，我小心翼翼地告诉他我对这件事情的看法，也许这就是我们没有合作的原因。事实上，我把这看作是讲故事的最大价值之一：积极而有意识地写下生活史，并因此而去生活。这个想法就是根据人生的各个阶段或整个一生重新理解自己的传记——我不断地重新写我的故事，着眼于过去，也展望未来：目标（成就、知识、幸福、冒险——我们为之奋斗的一切）、我们的决定、美好生活的核心问题。我是否给自己和他人讲了一个适合现在的我的故事？也许这个故事也适合其他人，因此他们也希望成为我故事的一部分。这是成功的必要先决条件。

瑞士作家马克斯·弗里希巧妙地引用了这个主题，他的小说对此进行了深入探讨。他写道："每个人迟早都会创造一个自认为适合自己生活的故事。"[①]"我们尝试讲述如何试穿衣服的故事。"另外，在一本关于一个名叫斯蒂勒的人的书中，其第一句话是："我不是斯蒂勒。"[②]他偏偏在大家都知道他是斯蒂勒的地方这么说。

我在杜撰自己的人生故事方面能走多远？宣称自己是另外一个人？人

---

① Max Frisch: Mein Name sei Gantenbein. Frankfurt: 1975, S. 45.

② Max Frisch: Stiller. Frankfurt: 1973. S. 9.

们不必像斯蒂勒走得那么远。你仅需问自己这个问题：对我的生活来说，重要的是什么？是早上我喝的橙汁吗？是星巴克的咖啡吗？是我上班开的车吗？是晚上等我的妻子吗？是我漂亮的房子吗？是两周后的度假吗？是两年后的升职吗？还是上个月我女儿上学的第一天？是我上学的第一天？是唐纳德·特朗普的选举？是我在马拉松比赛中的最好时光？是麦田里的守望者？是我的脸书上的好友？是我的第一条狗？是我第一个女友？是我头顶的蓝天，还是我面前的这盘意大利面？这么多要点，哪个算数？哪些与我的生活故事有关？

当我们讲述自己的生活时，99.9% 的内容都会被忽略。我们在剩下的内容中加入了一条红线。这样一切就有了意义。我们重复自己的故事越多，它就越能表现出身份认同。我就是这个故事：小时候就显示出有经商头脑的成功女商人，一直热爱绘画和写生的女艺术家，矢志不渝保持运动欲望到老的运动员。故事融入细节，以此来丰富故事，并忽略或调整不适合的内容。这就是每个优秀的讲故事的人所做的。也许你了解英国喜剧作家艾伦·摩尔。他说："根据我的经验，生活不分流派。如果你幸运的话，将经历一个可怕的、浪漫的、悲惨的、滑稽的科幻牛仔侦探故事。"

根据叙事心理学，生活故事并不像是维基百科的条目或表格式的简历。更确切地说，它就像一件我们不断重新设计的活的艺术作品。其所涉及的是一个人选择哪些事件，他如何把这些事件编成一个故事，以及他以什么方式讲述这个故事。这里涉及身份认同。

"生活故事不仅是简单地讲述发生了什么，还讲述了对一个人来说重要的事情，以及你想成为的人，甚至接下来会发生什么。"①

---

① Juli Beck: Life's Storys. Der Beitrag gibt einen sehr guten und leicht verständlichen Überblick über dienarrative Psychologie. In: The Atlantic, August 2015: https://www.theatlantic.com/health/archive/2015/08/life-stories-narrative-psychology-redemption-mental-health/400796/ https://www.theatlantic.com/health/archive/2015/08/life-stories-narrative-psychology-redemption-mental-health/400796/

我们讲故事是为了控制混乱并与他人建立联系。人际关系建立在人们互相讲述故事的基础上，彼此越熟悉，了解的细节就越多。这些生活故事是人们在后来才写的。我们需要一段时间才能掌握这一点。在年轻的我们学会使用两种基本的讲故事技巧之前，我们不会使用它：建立因果关系和主题关系。在通往成功人生的道路上，这些最初的人生故事往往是笨拙和无益的（可能就是这样）。这就是为什么培养讲故事的感觉如此重要，以求理解我们怎样把一个平庸的故事变成一个好故事。

心理学家丹·麦克亚当斯说："自我有三个方面，它们层层叠加。我们是演员，我们首先在世界上扮演不同的角色：儿子/女儿，兄弟/姐妹，男朋友/女朋友。此外，在后期的发展阶段，我们也是倡导价值观、追求目标的行动者。作为年轻人，我们会成为作者——将经验、认知或愿望编织成一个关于自己的故事。"①

我们讲的故事会随着时间和听众给我们的反馈而变化。我第一次车祸的故事有两个版本：一个是我向父母坦白的惭愧又心虚的版本；另一个版本是我和朋友们讲的，在他们那里我变身为在车祸中幸存的英雄。一年后，这个故事被遗忘了，从此它在我的自传中没有任何意义，直到再次发生赋予它意义的事情。语言也发挥了作用。我人生中第一次用英语讲述的一个故事，当我再用德语讲述时，听起来很奇怪。

有个问题你可能很想知道：这些生活故事在多大程度上反映了现实？不妨考察一下自己及你的朋友，但是不要太严格！在法医科学家的概念里，这与真相无关。我们创造了一种叙事，它将对我们的未来产生积极影响。内容（我是一名优秀的领导者——我是一个失败的领导者）影响着我们所扮演的角色，以及我们作为行动者所设定的价值观和目标。

"无论如何，故事是自我暗示的一个非常强大的来源，它们在内部是非

① Dan P. McAdams: The stories we live by. Personal myths and the making of the self. New York: 1993. The art and science of personality development. New York: 2015.

常一致的……与故事不符的元素被忽略了。”[1]

哲学家弗里德里希·尼采举了三个例子，说明我们的生活故事如何以有利或不利的方式影响我们的生活质量。尼采讲述了绵羊、阿尔卑斯山居民和学者。羊此刻被用链子拴在木桩上，它的视野是点状的，并生活在某种幸福之中。阿尔卑斯山居民的视野非常狭窄，故事贫乏，经常充满错误和不公正，但他健康活泼。相反，学者体弱多病。他的视野不断变化，由于纯粹追求客观性，所以没有什么是进展顺利的。尼采总结说，如果不是绵羊，那么宁愿是阿尔卑斯山居民，因为他知道如何从积极的意义上解读自己的故事。[2]

讲故事塑造身份认同，一旦理解了这种关联，个中就蕴含了对个人发展非常积极的看法：它可以被改写。作为自己故事的叙述者和主角，一个人很快就会意识到某事是否合适。精神病学家本·富尔曼在一本书中写道：“拥有一个快乐的童年永远不会太迟。”

---

① John Holmes, Psychologie-Professor der Waterloo University, in: American Psychology Association, APA, Januar 2011: http://www.apa.org/monitor/2011/01/stories.aspx

② Friedrich Nietzsche: Unzeitgemäße Betrachtungen II. Vom Nutzen und Nachtheil der Historie für dasLeben. München: 1980. S. 252.

从洞穴壁画到元宇宙

讲故事和技巧

概要

技术为讲故事的人开辟了无限可能。从今天的角度来看，《星际迷航》中的全息甲板是最棒的体验，而且仅仅几十年后，第一副全息透镜似乎就触手可及了。但我们不应该忘记，当焦点不是讲故事而是作秀时，所有这些效果都会很快消失。技术创新只有在为讲故事服务时才有意义。效果是故事的一个功能，而不是技术的功能。归根结底，是故事触动、感动和说服他人。技术是一种工具，借助它，讲述者可以创造出符合其时代发展水平的精彩故事。

2017 年 2 月，我在慕尼黑的微软进行实地考察，想看看全息透镜，一种支持下一代视觉——元宇宙叙事的眼镜（见图 1–2）。我被引入的空间是全息甲板一号。怎么样呢?《星际迷航》中的“进取号”的全息甲板是所有元宇宙世界的原始之母，是完美的幻觉，全体人员都沉浸在福尔摩斯历险记或 20 世纪 40 年代的匪徒故事中。微软的元宇宙全息透镜为我们指明了方向。这是第一台全息计算机，一种将一个世界置于我们所知世界之上的眼镜。

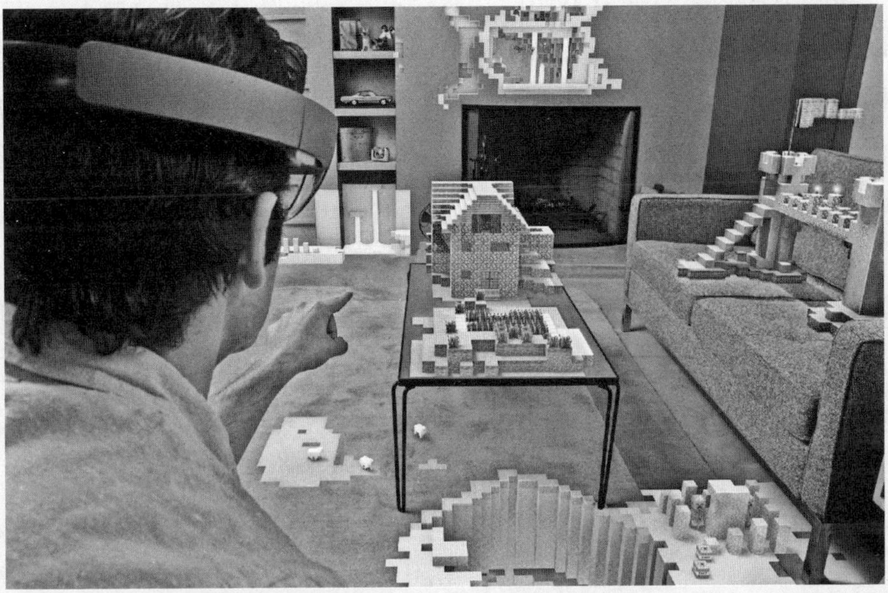

图 1-2　出现在客厅里的全息世界

资料来源：https://news.microsoft.com/microsoft-hololens-press-materials/#86D8eDQySEveHkum.97.

“碎片”（Fragments）是元宇宙全息透镜的首批游戏之一，是一部全息小说。玩家戴上眼镜，他的住房和生活就会自行变化——客厅里出现真人大小的形象，调查组突然坐在厨房里并讨论案情。玩家通过受害者的记忆寻找线索，就像通过电影定格一样，而死去的女人似乎飘浮在虚空中。一宗必须解决的案件，这就是玩家的任务。他查清了这一刑事案件，成为一部可以用相机记录的全息实时小说中的主角。

微软表示，全息透镜改变了我们传授知识和讲述故事的方式。它不仅仅是一个在虚拟三维环境中进行的游戏，还把全息图带入现实。它们可以被移动，人们可以与它们互动，改变它们并与它们一起工作。我施展魔法把一个太阳系变到太空中央，观察那些行星。当微软的对话伙伴迈克尔·扎威尔让我从后面看太阳时，我四处走动，几乎要撞到墙上。“你也可以跑步穿过太阳的，”他笑着说，“但几乎没有人这样做。”第二次时我这样做了——跑着穿过太阳。设身处地地体验新奇的感觉——有这样的想法仅仅是第一步。我们距离“进取号”的全息甲板还很远，但全息透镜的体验令人印象深刻。这是新事物。

这项技术肯定会改变很多东西，也包括讲故事。自从4万年前第一幅洞穴壁画问世以来，技术和故事讲述就一直紧密相连。壁画、涂鸦、照片、电影，无论是二维、三维还是360度的元宇宙全息图——没有人能说出未来的发展方向。对讲故事的人来说，至关重要的问题是：技术对好的和成功的故事讲述有多重要？在员工活动中，是否需要大屏幕？是否需要完美设计的文档？或者在不久的将来，是否需要使演示获得成功的元宇宙全息图？至少对我而言，答案很简单：只要有意义，只要符合主题就需要。尤其是在数字环境中，白板和索引卡是首选方式。越简单越好。

像“碎片”这样的游戏展示了哪些内容是合适的。这同样适用于神奇的多媒体功能，如《雪崩》（数字叙事的里程碑）以及所有对其模仿的尝试。[①]但是对该话题的内容，你去问问那些对此滔滔不绝的人，他们也无言以对。大家只讲形式，不谈内容。这也难怪，大多数的媒体实验根本没有派上用场。跨媒体讲故事、流畅地讲故事、超媒体讲故事、游戏化，有很多方法可以使用技术或不同的媒体来讲故事。不管怎样，这对想站在最前沿的讲故事的人来说是很有趣的。但一旦它对读者或用户意味着更多的“工作”，或推高价格，就不会对普通大众起作用。一旦它变得过于不严肃，也会有变得无聊的隐患。这些方案中的很多都有一种被观众夸大的想法。他们似乎相信，每个人都仅仅在等待访问全息图，以此共同创作小说

① John Branch: Snow Fall. The avalanche at tunnel creek. In: New York Times, Dezember 2012: http://www.nytimes.com/projects/2012/snow-fall/#/?part=tunnel-creek

或与各种媒体进行纸屑追逐游戏。

可信性怎么样？一张照片会比一个文档更真实吗？一个视频会比一张照片更真实吗？一部三维的 360 度全息电影会比一个一个的平面视频更真实吗？或者一个全息图会比 360 度全息电影更真实吗？一个站在我对面的目击者，由数百万个微小的光点组成？他告诉我看到了什么？我们一起存在于一部我们称之为现实的电影里，演绎一个我们称之为生活的故事。真实性是否随着维度的增加而增长？我对此表示怀疑。

在一个全息甲板上经历或自己演绎一个故事，这无疑是一个天才的想法。我已经享受过与微软全息透镜共处的时光。这是一次经历。但是，我想念它吗？并没有。全息透镜和所有其他用于虚拟、增强或混合现实的产品都很吸引人，但又能持续多久呢？我们什么时候才能决定不必做任何事情而直接投入一个故事中去呢？我们什么时候才能再次回到最好和最古老的全息芯片，也就是我们的想象力？我们阅读一个故事，进入了一个陌生的宇宙。我们倾听到一个声音，并沉迷其中。我们看着电影屏幕，被困在电影主角的生活中达 120 分钟。或者我们只是躺在沙发上，闭上眼睛，找寻另一个世界。正如基本上很少有故事被一遍又一遍地重复讲述一样，讲故事的有效技巧也为数不多。数千年来，它们一遍又一遍地被重复使用——在洞穴墙壁上画画，在篝火旁讲故事，销售产品，将全息图融入侦探故事。

1996 年，世界上最优秀的故事讲述者之一——约翰·拉塞特，因其对《玩具总动员》团队的领导而获得奥斯卡金像奖。该团队在皮克斯公司创作了第一部电脑动画故事片。20 年后，他在一次关于“技术与讲故事的演变”的学术活动上谈道：“我们的目标是让技术隐形……我们专注于故事本身，而隐藏了技术。因为让人们娱乐消遣的不是技术，而是你用技术做了什么。电影制作人的目标是娱乐观众。而娱乐观众意味着讲故事。人物是其中的重点。这就要与观众建立联系。如果你能让人们哭泣并让他们感受到一些东西，你就会成功，无论你为此使用了哪种媒体。在你的有生之年，软件和技术将发生巨大变化，但这并不重要。”[①]

自20世纪80年代以来，很少有工作室像皮克斯公司那样成功地使用技术。皮克斯电影就意味着纯技术。然而，导演兼制片人拉塞特在一次演讲中解释说，每个讲故事的人都应该知道或最好要记住：所有的这些都不重要。如果将皮克斯早期的电影与2016年的《海底总动员2：多莉去哪儿》进行比较，这个说法就很容易理解了。它们间隔了三十多年。与《顽皮跳跳灯》（*Luxo*）相比，多莉的世界似乎是超现实的。就好像1984年的第一台个人消费型计算机Macintosh紧挨着当下的iMac，就好像我们一只手拿着德国联邦邮政的米色按钮电话，另一只手拿着最新一代的三星Galaxy。但是这真的完全与技术有关。和皮克斯的不同之处在于：20世纪80年代的《顽皮跳跳灯》短片触动了每个人，无论是在那时、当下，还是100年后[②]，就像小鹿斑比或丛林书一样。拉塞特在他的演讲结束时说：“如果你创造出人们与之联系的角色，并讲述让人们感到有趣和感动的故事，那么观众就会来。”

实践：把模拟引入主题

满屋子人，他们想一起研发一些东西。也许这是一个创新公司的项目研讨会，也许是一群被选中来制定数字化战略的人在会面。无论如何，技术起着至关重要的作用。

如何开始？肯定是模拟！我建议，略过经典的介绍环节，直接深入研究。

这群人以两人为一组，每组收到一张德国工业标准的A4纸、一支笔和一个与会议主题相关的问题。例如，数字化对你意味着什么？其

① John Lasseter: Technology and the evolution of storytelling. In: Art and Science, Juni 2015: https://medium.com/art-science/technology-and-the-evolution-of-storytelling-d641d4a27116#.7kv6gfmro

② Luxo junior, 1986: https://www.youtube.com/watch?v=6G3O60o5U7w&t=2s

中一个人提出这个问题，仔细听，不间断，记下答案，问五次为什么，也记下这些答案。然后角色互换，由另一个人询问、聆听并记录。

其背后的想法是：如果你这样开始，就不会在表面上浪费时间，而是直接进入正题。毕竟，这肯定不仅仅涉及数字化，而且在问了五次为什么之后，你对这个人也了解很多了。你也对他们故事的核心有所了解。练习持续 15 分钟。也许还可以用 15 分钟的时间来交流结果和经验。你就会发现，从一开始你就有具象的故事，而不是抽象的概念。

举个例子：在我做的一次关于人工智能的演讲中，我问了一个问题：智能对你意味着什么？听众被分成两组，问了五次为什么，并找到了精彩答案。

“智慧对你来说意味着什么？”

“对我来说，这意味着模式识别。”

“为什么？”

“因为我们拥有在事物中寻找秩序的智慧。”

“为什么？”

另一位回答说：“理解力活跃的时候，就是智慧。”

“为什么？”

“因为活跃的头脑从不假装。”

“为什么？”

（我们接着往下看）

神经夹带

相同波长的大脑

概要

使大脑处于同一波长的能力对注意力和成功具有决定性意义。仅仅讲一个好故事是不够的。为了实现目标，你还必须以听众的语言进行讲述。

五个节拍器放成一行。所有人都以相同的速度通勤，但相互错开，每一个在不同的时间点击。我几乎无法观看和聆听，这种混乱的“咔嗒”声让我很心烦。我很想停止节拍器并将其重新启动，以便它们最终按相同的节拍一致振荡。一旦有人将节拍器置于移动的底座上，节拍器就会自行完成所有工作。现在它们可以相互连接。此后不久，所有节拍器按同一节奏振动。我闭上眼睛，享受这有节奏的“咔嗒”声。有多少节拍器？两个，五个，十个？对我而言，这听起来就像是仅有一个节拍器一样。

当听众听一个好的叙述者讲故事时，他们的大脑中究竟发生了什么？美国普林斯顿大学心理学和神经科学教授乌里·哈森解释说：“与移动底座上的节拍器一样，它们是同步的。”[①]哈森在功能性磁共振成像的帮助下进行的扫描显示了这种大脑同步振动的现象。例如，哈森为他的测试对象播放一个由人讲述的故事。在故事开讲之前，每个测试者的大脑活动都是

① Uri Hasson: This is your brain on communication. TED, Februar 2016: http://www.ted.com/talks/uri_hasson_this_is_your_brain_on_communication

高度个性化的。每个大脑都在自己的凹槽中摆动，就像混乱的节拍器。但是，测试对象刚开始听故事，他们的大脑活动就会同步。似乎产生了一个无线网，在这个网络中，所有的大脑都在同一个波长上工作，就像仅有一个大脑，一个网络。顺便说一句，说话人属于这个网络，他的大脑表现出同样的活动。哈森称这种效应为“神经夹带”。

2016 年，哈森在 TED[①] 大会的演讲中说：“我可以让你的大脑看起来像我的一样。”[②] 一旦大脑看起来相同，就会发生一些有趣的事情：正如哈森的扫描所示，当听到一个好故事时，倾听者的大脑甚至会超过说话者的大脑。他们猜想，接下来会发生什么？他们在同一波段上，只是稍微超前一点点。

“大脑之间这种耦合的原因是什么？”哈森问道。是声调和声音的节奏吗？是这些话语吗？哈森倒叙这个故事。没有耦合。他演示这些话，但以混乱的顺序。没有耦合。

只有真正讲话时，额叶皮层和后顶叶皮层才会做出反应，扫描仪才会显示出所有倾听者和讲述者之间相同的图像。

哈森给故事讲述者的最重要的一课是：要使这些脑电波的活跃相同，故事就应该绝对简单明了。这样做的一个先决条件是，完全了解听众，了解他们的基本信仰和价值观，他们对某一特定主题的知识水平。如果叙述者和听众之间没有共同点，大脑的神经夹带就不会发生作用。几个概念名称就够了，例如几个不常见或复杂的技术术语，就足以成为破坏性因素。汽车就是汽车，不要说成机动车辆；大脑就是大脑，不要说成思维器官。

作为讲故事的人，我们需要这种与听众，尤其是与我们预设不同的人

---

① TED 是 Technology（技术）、Entertainment（娱乐）和 Design（设计）的首字母缩写。这是美国的一家私有非营利机构，以其组织的 TED 大会著称。——译者注

② Uri Hasson: This is your brain on communication. TED, Februar 2016: http://www.ted.com/talks/uri_hasson_this_is_your_brain_on_communication

站在共同立场上的能力。在技术监督协会专家的谈话中，汽车可能就是机动车辆。在科学家的群体中，大脑可能就是思维器官，但也仅限于这种场合。

巴拉克·奥巴马就是一个非常好的例子，他具备这种诱导神经夹带的能力。这位美国前总统使用对方的语言跟各种各样的目标群体交谈。他了解听众的价值观和观点，能够从听众的视角出发和他们接触。关于他的视频是研究大脑在同一波长瞬间振动的完美材料。[①]

---

① Barack Obama, Victory Speech. November 2008: www.youtube.com/watch?v=KnOBC6qcOQo

血液的语言
移情作用、骗子和故事的荷尔蒙

概要

好故事会影响我们大脑的化学反应。它们激发了同理心、信任和慷慨。这不仅可以感觉和识别，而且可以测量：通过荷尔蒙催产素水平。那些意识到这种影响的人不仅能更好地理解故事的影响，而且希望有一个更好的警告系统来通过故事进行操纵。

本两岁半了。视频显示他在玩耍。[①]这个孩子似乎很快乐，无忧无虑，但他的父亲很烦恼。他知道一些他儿子不知道的事情：本患有脑瘤。他说："本快要死了。"他解释说，在本的身边快乐是多么困难，因为他知道会发生什么。他说："我很难平静，我们的时间太少了。"

本和他父亲的故事短片是一段实验室录像。神经经济学家保罗·扎克用它来测试受试者，以此来了解故事是如何起作用的。在他播放视频之前，他会采集受试者的血液。播放之后再采集一次。他问："你看完视频有什么感觉？"没有明确的答案。另一方面，血液会说一种清晰的语言。当测试对象在看电影时，大脑会产生两种激素：皮质醇和催产素。皮质醇是一种压力荷尔蒙。我们的注意力聚焦于此。血液中催产素的含量说明了

① Paul Zak: Empathy, neurochemistry and the dramatic arc. Auf der »Future of Storytelling« 2012: https://www.youtube.com/watch?v=DHeqQAKHh3M

我们的同情心。它也被称为拥抱荷尔蒙或道德荷尔蒙，因为它就像是道德行为的开关，至少 95% 的人是这样的。

扎克说："故事之所以如此强大，是因为它把我们带到了别人的世界。通过这样做，它正在改变我们大脑的工作方式。故事促进了我们的移情作用。"这一认识有一个局限性：扎克讲的都是带我们踏上旅程的好故事、戏剧性的故事、有悬念的故事。为了比较，他给受试者看了一段不同的视频。视频中，本和他的父亲穿过动物园。他们走过里面有动物的笼子，但什么也没发生。他们只是简单地在动物园闲逛。在这个例子中，大脑没有发生任何化学反应。因为它没有悬念，缺乏故事的核心元素：主角的目标、抵抗、冲突，以及最重要的情感。

扎克问："尽管本的父亲知道，本快要死了，但他怎样才能和儿子嬉笑打闹呢？"因为视频中的主角——本的父亲正在竭力和这个问题斗争。这也在情绪上感动了观众：主角在动物园里闲逛时，观众也浑身冰冷，但父子俩只是在动物园里闲逛，什么都不想，什么也没有发生。

扎克继续进行实验，以证明催产素，故事荷尔蒙是如何起作用的。在受试者听到本和他父亲的故事后，请求为他们捐款，例如为一个儿童慈善项目捐款。他发现：某人捐多少钱直接取决于其催产素水平。血液中催产素的比重越高，捐赠者就越慷慨。慷慨、信任、道德、移情作用——通过大脑生物化学，一个小故事影响了所有这些。它起的作用就和拥抱一样。扎克说："释放更多催产素的人更快乐。"许多捐款请求都遵循一个类似的原则：人们讲述，像本和他父亲的故事一样，大多数带有图像的、感人的故事，从而催生强烈的心理电影。我记得有一张照片——一只雪豹在一片荒凉的山野中，腿上有一个捕兽夹。一个故事会立即在脑海中酝酿，剩下的由催产素来完成。检测一下你自己的反应。或许不要为对某事没有反应、厌烦一切而感到过于骄傲，这不会让你处于一个好的境地。"大家不想和这种人有任何关系。"扎克说。

他有些言过其实。这些人可能身居高位，其皮质醇通常会以牺牲睾丸激素为代价。或者他们是那种利用这种效应的骗子。他们的伎俩是让受害者完全相信。作为回应，受害者的大脑释放催产素并产生慷慨之情。

举一个我亲身经历的例子：当一辆挂着都灵车牌的汽车停在路边时，我正站在泊车自动售票机前取票。乘客侧的车窗落下，司机用带有浓重意大利口音的英语问路。

我正在给他指路的时候，他突然问："你到底穿多大尺码的西装？"他把车停好说："我刚从一个展会回来，现在要回意大利了。我有一些没人要的西装展品。我想给你一套西装，因为你给我指了路。"

"不，"我回答，"这我不能接受。再说，我不需要西装。"

这时，那个意大利人已经拿着一套华丽的衣服站在我面前了。衣服的标签看起来很像阿玛尼。经过很长一段时间的推脱，我最后还是穿上了这件西装上衣。很合身。

意大利人很兴奋。"太完美了，简直就是为你量身定做的！"

"是的，但我不能接受这份礼物。"

他给我看了更多的西装，都很漂亮。

"昂贵的商品。"他说。然后他提出了一个奇怪的建议："你看这样行吗？我给你三件西装。第一件是送你的。第二件是送你的。只有第三件，如果你愿意，请付钱。"

结果是这样的：我给了这个意大利人一些钱，比他想要的要少得多。但还是太多了，因为仔细观察这些西装时，就会发现它们是一些廉价商品，只给人一种美丽的外观。

如果你读到这里，肯定会想："多么可恶的手段。我是不会上当的。"希望如此。但你不要低估慷慨的礼物、令人惊讶的热心肠和故事所引发的催产素。在这种情况下，你和我以及所有我们认识的人都可能比看起来更危险。

扎克还讲了他在一个加油站做临时工的经历。[①]一个男人突然带着一个首饰盒来到他身边，里面有一条珍珠项链。他说，这是刚刚在男厕所发现的。该怎么办？正当两人沉思之时，电话响起。一名男子焦急地问，他刚刚来过这家加油站，想看看是否有人在那里无意间发现了他妻子的首饰。

"珍珠项链？"

"没错。"电话中的人说。

"发现首饰的人一定要等一等。我会给他200美元作为奖励。"

"这可不行。"面前的男人解释说，他必须马上去参加一个面试，"我非常需要这份工作。"

扎克说："没问题，我会把钱留给你的。"

这个男人说："我知道，你太好了。我们分享这份报酬。我把首饰给你，你给我100美元。"

扎克像我一样打开了自己的钱包，当然，他后来从未看到所承诺的200美元报酬。所谓的首饰只是一个不值钱的小玩意儿。整个事件就是一场预谋好的骗局。他想："真是不可思议，这个人这么信任我，把昂贵的项链直接留在我这儿。"而不是说："我会为你保留这200美元，你以后可以从我这里拿走。"催产素诱惑他这样做，这是由欺诈者的友好和信任触发的，也包括故事的可信度。

① Paul Zak: Vertrauen, Moral und Oxytocin. Auf der »TEDGlobal«, November 2011: https://www.ted.com/talks/paul_zak_trust_morality_and_oxytocin?language=de

三角形，写字台灯，酒吧里的克劳迪娅
一切都变成了故事

概要

实验表明，我们的大脑是一个强迫性的讲故事者。它能找到原因和结果，为无生命的事物赋予生命和情感，并将松散的片段连接成故事，以此使我们能够从情感上了解正在发生的事情。故事把我们置于危险之中，即使只有一个屏幕，一列火车，一辆汽车。它们为阴谋诡计打开了空间。故事不仅需要叙述技巧和诀窍，同样还需要责任感。

想象一下你正在参加一个聚会，可能和几个朋友坐在酒吧桌旁。其中一个朋友正在讲述他的度假。音乐太响，你几乎听不清对方的话。另外，隔壁桌是两位女性，正在聊天。你不得不从他们的谈话中捕捉到一些不连贯的语句："周二晚上……无意中遇到了克劳迪娅……酒吧里客满了……那个家伙看起来很吸引人。"去酒吧时，她们的心跳加快了。克劳迪娅是你妻子的名字。

你没有直接和邻座攀谈，也没有承认你一直在听她们说话，而是迅速地把这些片段整理好。你星期二出差了。克劳迪娅在酒吧里，不是独自一人，而是和一个看起来很有魅力的人在一起。你喝了一杯伏特加，决定稍后和克劳迪娅对质。你还是太生气了。那个看上去很有魅力的家伙可能跟克劳迪娅无关，这个念头在你脑海中一闪而过，消失得无影无踪。此克劳迪娅非彼克劳迪娅，你不会有这样的念头。

我们的大脑会强迫性地创建因果关系，并把它们描绘成故事。大脑很难把三个句子片段突兀地放在一起。我们用自己的故事赋予世界活力，用情感和因果链来赋以动力。我们宁愿编造小故事也不愿说：我在那里只是听到了一些不连贯的语句。克劳迪娅，这个名字出现了，一家酒吧和一个有魅力的家伙。我不知道那是什么意思。还有：这跟我有什么关系？数千年来，专业讲故事的人一直在使用这种效果，例如导演 J.J. 艾布拉姆斯。在《星球大战 7：原力觉醒》中，他一开始就展示了一颗行星和宇宙飞船。在黑暗的飞船中，没有人说话。只是在光线闪烁时，可以看到穿白色西装、戴白色头盔的男人们。这是一段剪辑。一个名叫 BB-8 的机器人看到宇宙飞船来了，提醒了机舱里正在进行阴谋谈话的两个人，这令我们受众产生了不祥的预感。为此，我们不需要看完一整部《星球大战》电影。光线闪烁中隐现身穿西装的男人们，帐篷里窃窃私语的密谋者——我们很快就会把这些线索串在一起，并且有了答案。

北安普敦，1944 年。史密斯学院的两名研究人员展示了我们的大脑是多么擅长编故事。心理学家弗里茨・海德和他的学生玛丽安・西梅尔一起进行了一个简单的实验，展示了讲故事的力量。1944 年，他发表了两篇关于这一主题的著名论文。其核心是一个带有动画几何图形的短视频（见图 1–3）：两个三角形，一个矩形，一个圆形。[①] 他们向被试者展示了这段视频，并要求测试者描述所看到的内容。只有一个被试者耸了耸肩说，好吧，他被允许观察的几何图形在一个平面上移动。而其他人都认识到几何图形、情感、意图、动作的运动中的社会互动。他们看到了一个心神不定的圆形，一个年轻无辜的小三角形，还有一个被愤怒和沮丧蒙蔽双眼的大三角形。[②] 他们讲述的故事，肯定受过去战争岁月中精神的影响。通过这个

---

① Animation von Heider und Simmel, 1944: https://www.youtube.com/watch?v=VTNmLt7QX8E

② Jason Goldmann: Animating Anthropomorphism. Giving minds to geometric shapes. In: Scientific American,März 2013: https://blogs.scientificamerican.com/thoughtful-animal/animating-anthropomorphismgiving-minds-to-geometric-shapes-video/

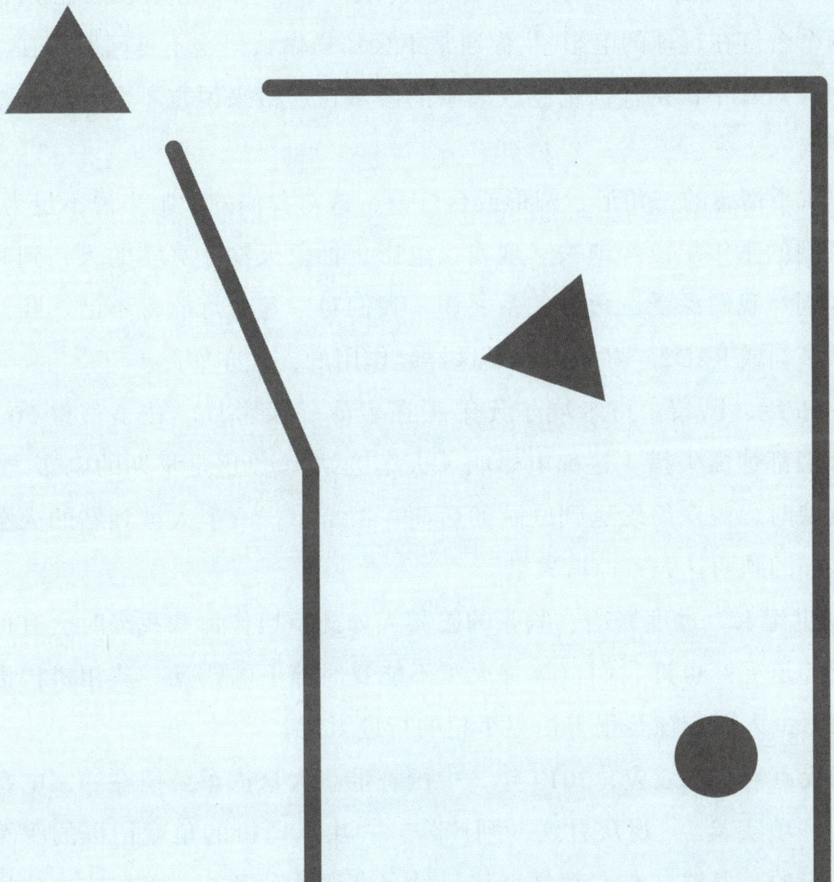

图 1-3　三角之争（讲述故事的早期实验）

资料来源：https://www.youtube.com/watch?v=VTNmLt7QX8E)

实验，海德和西梅尔证明了人们不是中立地观察，而是借助故事将因果联系起来。这就是他们探索的行为方式——在人们之间，或者也在这种三角形行为中。

好吧，你现在可能会说，这没有在我身上发生过。那你自己直接看看视频，时长不到两分钟。或者看看皮克斯公司的电影《顽皮跳跳灯》，那部有两个台灯在玩球的电影。[①] 你通常不会那样做，但这不是问题所在。一个不想在短片中识别任何情感或故事的傻瓜，严格来说也不会在灯的形象中识别出人。

被赋予情感的三角形、圆形或台灯——这对我们的大脑来说不足为奇，即使我们的童年早已经逝去。现实、电影、抽象人物、真实的人，到底有什么区别？我们深受三角形关系之痛。我们对一盏台灯欣喜不已。我们是尼莫、多莉或 R2D2。好故事就是这样起作用的，人亦如此。

1896 年，巴黎。卢米埃尔兄弟正在表演一段影片。花了整整 50 秒，但观众们都惊慌失措。这部电影叫《火车进站》。[②] 这是早期的电影之一。当它放映时，观众纷纷逃到剧院的后面。银幕上，一个人被到站的火车碾过，这样的画面让大家惊慌失措。

19 世纪末，过度繁衍、紧张的巴黎人如此，换作你和我当时会有何反应，谁知道呢？也许我们也会有火车不能及时停下的错觉。从相机拍摄的视角来看，人们应该是很害怕离车轮的行进太近。

当代卢米埃尔效应，2014 年，中国香港。大众汽车公司在一家电影院进行了一项实验。[③] 观众看到一则广告：一次从司机的角度拍摄的驱车旅行。孤寂的一条路，左右都是森林，没有来往的车辆。司机加速。几秒钟

---

① »Die kleine Lampe«, Pixar, 1986: https://www.youtube.com/watch?v=6G3O60o5U7w

② »Entrée d'un train en gare de La Ciotat«: https://www.youtube.com/watch?v=v6i3uccnZhQ

③ Volkswagen: »Augen auf die Straße«, Juni 2014: https://www.youtube.com/watch?v=3N6Nhzqz67Q

后，这条路被镜头拖得似乎没有尽头。

实际的实验开始：所有电影观众同时收到一条消息。到处都是观众手机的嗡嗡声、嘟嘟声和振动声。

视频剪辑中的视角会发生变化。我们看到的不再是电影屏幕，而是观众。他们从口袋里掏出手机，开始阅读信息。

刺耳的急刹车声音响起，然后是一声尖叫穿过电影院，最后是一片沉寂。电影观众震惊地盯着破碎的挡风玻璃。几秒钟后，以下文字出现：“使用手机是现在导致驾车死亡的一号杀手。提醒：你的目光一定要放在路面上。”发件人：大众汽车公司。

大脑从来不像一个局外人——局外人会不断告诉自己，这不是现实，只是一部电影。大脑看起来像是一个当事人——不管那里发生了什么，也都会发生在我们身上。

金　鱼
请快点，你只有 8 秒钟

概要

那些希望在今天成功沟通的人会发现，听众有 8 秒钟的关注时间。这个时间（正在呈下降趋势）给了我们的大脑一个信息。标题、第一句话、第一张照片决定了故事是否会有人听。如果没在情感上触动受众，引起好奇、惊奇，就不会再受到关注。不要在开场白上浪费时间：从第一秒你就沉迷其中——然后给你的听众讲述一个在追求轰动的世界中保持警惕的故事。

2007 年冬天，精神病学教授加里·斯莫尔招募了六名志愿者，其中三名是经验丰富的网络冲浪者，另外三名是互联网新手。他们六个人都要在核磁共振扫描其大脑时，进行一定的谷歌搜索。结果显示：负责解决问题和决策的前额叶皮层的大脑活动存在巨大差异。有经验的上网者的大脑更活跃。接下来是第二个测试：斯莫尔让受试者阅读简单的文本。结果显示：大脑活动没有差异。

六天后，教授再次扫描受试者的大脑，但在这期间，网络新手每天上网冲浪一小时。结果显示：他们的大脑活动在短短一周内发生了巨大变化。“当前数字技术爆炸性的发展不仅改变了我们的交流方式，而且从根本上快速地改变了我们的大脑”[1]，这是斯莫尔的假设。但数字技术如何改变我们的大脑呢？我认为，可用一句话总结如下：我们处理多任务的能力显著提高了，但集中注意力的能力受到了影响。

时间转到 2015 年。在这期间，微软的一项研究称，金鱼目前的注意力持续时间比人类更长，可以达到 9 秒而非 8 秒。在 2000 年，该研究还宣称人类平均能达到 12 秒。

这是每个讲故事的人都应该深入研究的情况，也是新的现实。我们只有 8 秒作为激发受众好奇心的时间窗口。对一个网页的初次概览就会损失 3 秒——还剩 5 秒。用这点时间人们可以阅读多少内容？肯定不超过 20 个字，甚至是 15 个。其艺术性在于，讲一个故事，每个人都想通过前 15 个字知道结果。

这并不意味着讲述故事需要追求速度，这仅仅和注意力有关。一旦意识到这一点，故事就会有长度和深度。但首先涉及的是标题，或者说广告宣传有多醒目悦耳。比如网站 heftig.de 使用的：“完整的人生——90 岁的俄罗斯女性已经周游全世界。”“用这个方法你可以吃得很苗条。简单又绝妙！”“冷血动物——搬家时，狗像大件垃圾一样被丢弃。”

这种广告宣传虽然引起了好奇心，但往往让人感觉，所呈现的要比故事本身少太多。谁点击，谁就会失望。谷歌首先为关注度下降的读者群体升级成了这种讲故事的形式，但不久彻底贬值了。正确的衡量标准仍然缺失。我们就是想要那种讲故事的方式，但请不要失望。而为了吸引注意力，这恰恰正是变得越来越困难的事情，因为承诺正摇摇欲坠。这就像旧时的汉堡鱼市场一样，不是谁有最好的产品，而是谁有最好的开胃菜。在绳索街（汉堡的夜生活中心）度过一夜后，除了无聊，我什么都想要，否则我会睡着。我想要感觉到什么，于是我将自己的注意力窗口打开得非常

---

① Zitiert nach Nicholas Carr: The Web shatters focus, rewires brains. In: Wired, 05.04.2010: https://www.wired.com/2010/05/ff_nicholas_carr/

之远。8 秒钟规则被遗忘了。

回到数字鱼市场。heftig.de 提供的故事以另外一种方式直接回应了斯莫尔教授和微软的研究成果：互联网提供的内容从根本上依赖于娱乐和猎奇心理，它依赖于照片和视频以及随时随地的可使用性。但主要依赖于一点：故事和头脑中的小电影。每一个标题都会在读者的脑海中触发一部电影，从那时起，所有的一切都是为了弄清真正的电影是如何结束的。我们的好奇心迫使我们看得更远。我们的好奇心迫使我们不断点击。如果我们了解了故事结局，就会很快把故事遗忘。

再看几个数字，我们每个人都会在其中认识到自己的行为：英国营销机构 Tecmark 调查了我们白天拿起智能手机的频率——220 次。① 3 次是为了拍照，尤其是自拍，这是我们这个时代最成功的图像主题。1/10 的照片在拍摄后立即共享。手机是我们早上最先拿起的东西，也是晚上最后放下的。1/3 的人认为丢失智能手机比丢失钱包更糟糕。② 我们沉迷于我们的智能手机，沉迷于这些对世界信息更新传达的快速浏览，这就是塑造我们大脑的模式。

注意力缺失综合征（ADS）正在成为一种新的常态。Z 世代（1995 年以后出生的人）经常上网，在不同平台之间穿梭，高度网络化，共享一切。“到教室会花费他们更多的时间。”一位和我关系很好的女教师告诉我，“他们从外面带了很多东西，还有让他们激动的世界政治新闻。这与以前有明显的不同。”Z 世代不再阅读文本，而是专注于标题、图片和视频。科学家们说，我们吸收视觉信息的速度比文本快 6 万倍。大多数视频如果看起来没意思，大约 3 秒后就会被点击退出。③ 注意力的时长又一次大大缩短了。你了解这些吗？在转到下一个视频、照片、文章之前，你有多大耐心？你每隔多久拿起自己的手机？你需要多长时间，直到停止阅读一个帖子？

---

① Tecmark-Smartphone-Studie von 2014, eine Untersuchung von 2.000 Smartphone-Nutzern in Großbritannien: http://www.tecmark.co.uk/smartphone-usage-data-uk-2014/

② GfK-Studie von 2016: http://www.gfk.com/de/insights/press-release/gfk-verein-das-mobile-internet-setzt-sich-durch/

③ Petra Sammer/Ulrike Heppel: Visuelles Storytelling. Heidelberg: 2015. S. 49.

要点可信
一项讲故事的诺贝尔奖

概要

当我们向自己或他人讲述一个可信的故事时，要谨慎。我们可能对此感觉良好并引发积极的情绪，但严格说来，这个故事可能会变成无稽之谈。如果一个故事是好故事，即使给它强大的智力阻碍，它也能经受得住。不仅如此，阻碍会使它变得更好。优秀的讲故事的人知道如何使用直觉和智力。

讲故事有阴暗面吗？有很多相关的征兆。在我看来，最令人兴奋的是诺贝尔奖获得者丹尼尔·卡尼曼，他本人就是一位讲故事的大师。我相信你肯定知道他的名著《思考，快与慢》。注意：卡尼曼说，大脑喜欢故事！特别喜欢。心理学家强调了讲故事的一个非常特殊的方面：当我们的大脑自动理解一个故事时所做的简化。即使在我们转向内容之前，外形本身也让我们信任内容。

卡尼曼的建议是：尽你所能减轻读者的阅读负担，让读者在阅读中感到轻松。诸如："你要使用优质纸张，增加文字和背景之间的对比度……你要使用鲜艳的颜色……如果你想被视为可信和智慧的，就不要用复杂的方式表达自己……你还要尽可能地使自己的交流令人难忘……你要引用名字容易发音的出处。"[①]

① Daniel Kahneman: Schnelles Denken, langsames Denken. München: 2011. S. 86 f.

你现在想问内容？哦，内容！我们给自己讲的故事更重要。听起来难以置信？的确是。但不幸的是，这是真的，是颠覆经济学的心理学家卡尼曼发现的。卡尼曼质疑理性经济实体，在他的模型中起核心作用的是直觉和历史。2002 年，卡尼曼因这方面的贡献而获得诺贝尔经济学奖。

在卡尼曼的模型中，有两种思维模式，他称之为系统 1 和系统 2。以下是他的描述："系统 1 自动、快速地工作，基本上毫不费力，无须有意控制。系统 2 将注意力吸引到依赖于它的艰苦的精神活动上，包括复杂的计算。系统 2 的运作往往与能动性、选择自由和专注的主观体验密切相关。"

卡尼曼解释说，许多判断或决定并不在系统 2 中，而是在系统 1 中，即使我们愿意相信其在系统 2 中，尤其是作为理性的人。它们是自发、直观地产生的。它们遵循的模式就是故事。这正是系统 1 的隐患所在，因为它存在连接漏洞。我们根据现有数据或事实构建最佳的故事。最好的方法是：故事必须连贯。如果它包含矛盾，它会对我们思维的轻松和情感的清晰产生负面影响。另一方面，故事所基于的数据的数量和质量是次要的。

根据卡尼曼的说法，系统 1 被证明是生存的基础——区分绳子和蛇，区分友好和攻击性的面部表情，从被攻击状况中逃脱，这需要快速做出决定。系统 1 根据可用数据和经验做出最佳决策。它不强迫自己进入外部视角，不寻找进一步的替代方案，不计算统计数据，它从不关注参与者群体。在系统 1 中，故事占主导地位。

它从手头的事实中形成了最好的故事。使我们信服的是它们的一致性，即它们没有矛盾。绳子还是蛇？逃离还是放松？系统 1 将现有数据与经验和已知模式相结合，并根据简化的故事做出决定。我们称之为自我故事。我们的大脑讲述我们自身的故事并做出了决定，仅此而已。

比如，我必须紧急去另一个村庄。路上有个东西，看起来像一条绳子。或者是一条蛇？那里经常会有条绳子，因为是我哥哥忘在那里的。即使绳子今天看起来有些不同，比如颜色更亮了，也不会有影响——阳光同样很明亮。那里也从来没有过蛇。系统 1 断定那是绳子。可要是那里有过一条蛇呢？如果这次真是一条蛇，那肯定会对下次的启迪学方法产生影响。

系统 2 会让一切减慢。也许我会做个试验，向那条假设的蛇扔一根棍子或一块石头，看看它是否有反应。也许我会考虑其他路线，或者问自己，我去另一个村庄的访问是否真的那么重要，并会让人帮我回答这个问题。这将有助于最终做出更好的决定，但以牺牲简单性和速度为代价。

过于简单化对讲故事来说是危险的。你能从日常生活中找到这样的例子吗？当我第一次研究卡尼曼时，似乎很熟悉，直觉感觉很棒，我在此基础上做出了一些很棒的决定。另一方面，直觉阻止了成熟的决定。而且，更糟糕的是，它阻止了基于事实和关键问题的共同决断。

但是在开发好故事方面，我认为系统 1 非常有用——没有直觉就没有创造力。然而，重要的是系统 2 及时进行干预。诀窍是让两个系统都发挥自己的优势。这样就创造了情感故事，这些故事也符合理性标准。

然而，在系统 2 的指导下，讲故事变得很困难。大多数公司的日常生活都以一种有趣、有时令人震惊的方式展示了这一点。谁能赋予这一系统的绝对主权，就会探索讲故事、情感和群体的原点。

实践：策划故事的隐患

卡尼曼的书《思考，快与慢》是一本畅销书，许多人已经读过这本书或在课堂上听到过关于系统 1 的隐患及他令人信服的故事。我对此表示怀疑。了解故事的负面，有助于对其体验。

你不妨进行一个测试。锚定效应就是一个例子。它以一种简化的形式表示，一个数字可以对我们产生巨大的影响，即使它是非理性的，重要的是它是给定环境中的第一个数字，例如在谈判中。

许多人会说："我摆脱了这种束缚。"那等等看。

故事可以这样上演：拿一个大玻璃杯，装满葡萄酒味口香糖。在会议中，把它放在每个人都能看到的地方。然后让每个人估算口香糖的数量，并写在纸条上。

在休息期间，你请求参与者自发地组成小组，并分享他们的估计结果。通常数量差别会很大，葡萄酒味口香糖的数量是200~800个。如果参与者得到了一个新的估计值，他们要划掉第一个数字并写下新的数字。

在会议结束时，请参与者分享他们的经验，然后说明玻璃杯中实际的口香糖数量。你会看到，大家不断发出"啊"和"哦"的惊讶之声。而且，更重要的是，几乎没有人会偏离他们最初的估计太多，不管错得多离谱。这是锚定效应的结果。

每个人都会沉思默想这个上演的故事，继续讲述它，并在将来不信任自己的系统1。就像我一样，对因子3的估计是错误的，尽管聪明人给了我更好的建议，但我只做了最小的调整。

折断的树
听众想听什么

概要

想成功地讲述故事的人，应该深入研究人类的基本类型特征。对目标群体来说，重要的是亲密感、距离感、持久还是变换？讲得好的故事是一种邀请，在主角之间的冲突背景下去体验所有这些基本的渴望。它们反映了人们正在寻找什么。

我住在慕尼黑时，经常在纽芬堡公园慢跑。我最喜欢的路径是沿着环绕城堡的外墙。小路很窄，左边是墙，右边是森林。一天早上，一场秋雨过后，一些树折断了，挡住了我和其他跑步者的去路。我们决定继续在普通的公园路上跑，并开始对障碍物进行哲学思考。

“跑一条不同的路线，也很好，”一个人说，“我经常这样做。”

“这有什么好的？”另一个人问道。

“当然是有所改变啊。”

“这条路我已经跑三年了。我不想改变。”

说到这里，大家就沉默了下来，直到一位女士试图让谈话重新开始：“一起跑步，聊聊天，真是太好了。”

当我点头时，我旁边的男士又把耳机戴上，并找个机会拐弯跑了。

当时我想，不同人的反应差别太大了，真有趣。今天，我识别出讲故事的人同样应该了解的典型模式。折断的树给每个跑步者讲了一个不同的故事。并且，这个故事与人们为自己感觉良好的感受和需要有很大关系。了解你的目标群体，这是本书的主要动机之一。这不仅仅涉及人们知道什么，能做什么，或者他们对某一特定主题的态度，也关系到他们在追求什么。

里曼 – 托曼模型有助于认识到这一点，该模型确定了四个不同的“灵魂方位”。它们是亲密感、距离感、持久和变换。根据心理学家的说法，每种人格都可以对号入座。当然这并不是固定和永远的，而是处于动态平衡状态，千人千面。四种基本定位如图 1–4 所示，可以在一个简单的坐标系中输入。

1. 对亲密感的需求

这种类型的人在寻找人际间的交往、和谐、好感、安全、友谊和爱情。他们需要温暖、认可、有社会兴趣、容易认同他人、忘记自己。缺点：他们倾向于变得有依赖性，因为他们不喜欢独处。

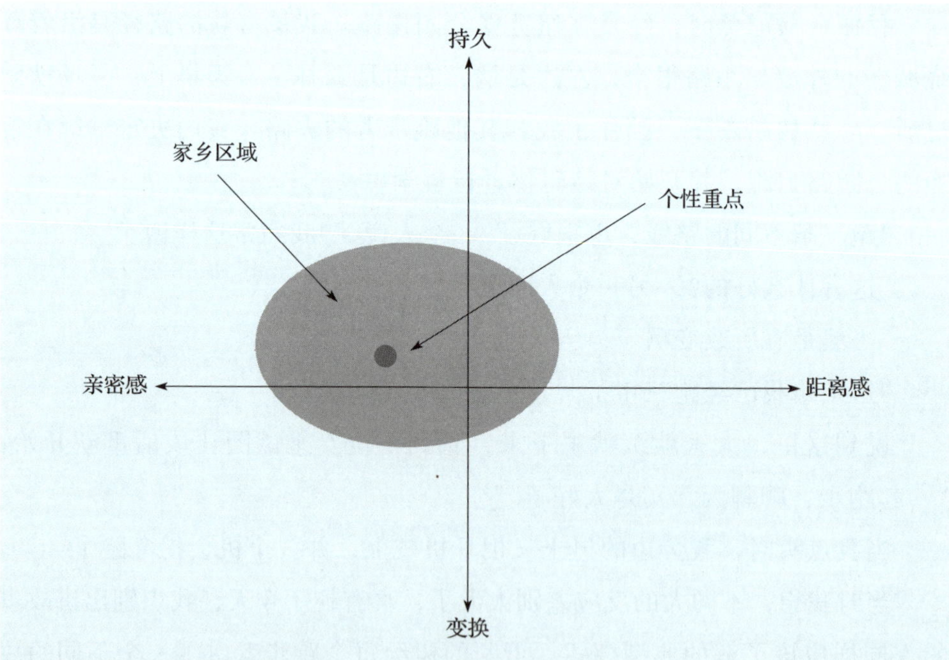

图 1–4　我们想听的故事：里曼 – 托曼模型的灵魂方位

2. 对距离感的需求

这种类型的人在寻求独立、平静、个性和自由。他们理性地思考和行动，他们不想被外界事物影响，似乎不需要任何人。缺点：他们经常给人的感觉是冷漠、难以接近，情感上拒人千里之外。

3. 对持久的需求

这种类型的人在寻找秩序、规则、谨慎和控制。他们非常守时、有系统、有秩序。缺点：他们往往很无聊、僵硬、迂腐和固执。

4. 对变换的需求

这种类型的人在寻找多样性、自发性、创造性、风险性和激情。一切与激情和想象力有关的新鲜事物对他们来说都非常重要。他们富有创造力、想象力、自发性和娱乐性。缺点：他们往往看起来不可靠、混乱、做作或利己。

讲故事的人应该时刻关注这些基本的愿望，应该思考：无论在自己身上还是在与他人的对抗中，每个人都经常经历由其他渴望而引起的紧张。大家都了解。在图 1–4 中，很容易对四位慢跑者对号入座：对自发形成的跑步小队的亲密感而开心的女人，戴上耳机寻求距离感的沉默慢跑者，总是跑同一条路的慢跑者，还有那位喜欢变换跑步线路的慢跑者。

好故事吸引了所有这些类型的人。他们看上去似乎跳出了这些差异，但实际上所有的态度立场都只是巧妙地分布在各自形象上，以便每个人都可以再次找到自我。如果故事的发展方向可能与自己的立场相矛盾，那些感觉自己被考虑在内的人更有可能对此表示满意。毕竟，无论是谁都知道，这是人类的冲突。每个人都知道，解决方案永远无法满足所有人。

史蒂夫·乔布斯是一位擅长所有基本类型的讲话大师。“另类思考”运动强调与众不同，关注对创造力和新事物的需求。这是涉及反文化的。同时，每一个动机都提供了和熟悉事物相关联的机会，以及与约翰·列侬、圣雄·甘地、鲍勃·迪伦、马丁·路德·金、穆罕默德·阿里或阿尔伯特·爱因斯坦建立亲密感的机会。所有来到社会中间的叛逆者，在一个全球的刻度尺上，都是经典大家。

十万个声音

生活故事是怎样联系在一起的

概要

故事相互联系，它们将叙述者和听众之间的线索联系在一起。缓慢而深刻的故事涉及真正构成人类生活的话题。它并不仅仅局限于表面。谈论自己生活中决定性变化的人都会让听众入迷。这取决于双方之间的开放性，取决于脆弱性。这就是人们告诉自己的故事的魔力，只要他们把自己看成是人而不是角色的扮演者。故事有助于发现和了解他人——老板、员工，尤其是所谓的对手或竞争者。恰恰是觉得不喜欢某人时，反而应该听听他的故事。

曼哈顿中央车站是世界上最大的火车站之一，它不是一个邀请他人放松地讲故事和聆听故事的地方。一切都在快速运转。隧道眨眼即过。只有继续前行，火车不作等待。2003 年 10 月，那里突然出现了一个集装箱大小的小房子，墙上的人的红色和黄色轮廓被照得很醒目。好奇的人们透过唯一的窗户看到了对面的两张长椅，长椅之间有一张桌子，桌子上有一盏华根菲尔灯和两个麦克风。

故事团（StoryCorps）的创始人戴夫 · 伊赛说："我们打开了这个局面……并邀请人们与另一个人进行非常亲密的对话。我不知道它是否会成功，但它从一开始就奏效了。人们以难以置信的尊重对待这段经历，并进行了精彩的对话。”[①]

故事团的理念是：两个人，比如母亲和儿子、祖父和孙女，在一个封闭的房间里对话。这不是平常的琐碎对话；平常的对话他们也可以在一列火车车厢或星巴克进行。不是那样的，他们好像把这当作是他们在一起的最后一次谈话。内容涉及爱情、死亡、宽恕、离别。角色分工明确：一个人提问，另一个人讲述自己的故事。对话将被记录下来，一份副本发给参与者，另一份副本发送到位于华盛顿的美国国会图书馆的美国民俗中心。在此期间，故事团在美国各地的小房间里录制的十万多个对话被储存起来。这是最大的对人类声音的采集。

他们为什么要这样做？讲故事的方式有很多，都更快、更高效、更简单：电子邮件、短信、网络电话、脸书、推特、Instagram、Pinterest，在一个酒吧、一家餐厅或在家里的聚会。戴夫·伊赛说：“我们做的和这些可不一样。”在这个封闭的房间里，只有一个助手，他来确保技术上一切顺利进行，这使他变得必不可少。人们互相对视，共享同一个狭窄的空间。对话被录音的事实表明：这是认真、严肃的。这很重要。即使你离开之后，你的声音和故事仍然存在。你的话存放在美国最大的图书馆之一当中，与世界文学的杰出作品摆放在一起，随时可以检索调阅，或许会被你未曾谋面的曾孙检索调阅。录音显示：现在涉及的是你的存在，所以没有废话，没有脸书中的浮华炫耀，没有推特中的口号和广告。说出真正重要的事情。

故事团坚信，这种兼具深度和广度的对话与故事将人们联系在一起，从而促进人性的发展。他们直截了当地说：“每个人的故事都很重要。”[②]无论贫穷还是富有，年幼稚童还是白发老翁，浅肤色还是深皮肤。戴夫·伊

① Dave Issay: Jeder von Ihnen hat eine Geschichte, die die Welt hören muss. TED, März 2015: https://www.ted.com/talks/dave_isay_everyone_around_you_has_a_story_the_world_needs_to_hear/transcript?language=de#t-253558

② https://storycorps.org/about/

赛在他的 TED 演讲中解释道："我们聘请并培训了数百名调解员来指导人们完成这次经历……当被问及你在这段时间里学到的最重要的事情是什么时，他们都回答说：人基本上都是好的。"

换句话说：如果你知道某人的故事，你就肯定不会不喜欢他——即使故事本身还给人以好的感觉。

这并不是科学知识，但它建立在十万多个案例的基础之上。伟大的故事讲述者证实了这一点，比如皮克斯公司的电影制片人安德鲁·斯坦顿。斯坦顿讲述了一位电视主持人的故事，他钱包里总放着引自一位社会工作者的话："坦率地说，一旦你听了他的故事，你就能学会去爱任何人。"[①]

我们都知道，当人们对某些事情毫无兴趣时，是无法沉浸进来的。对于一个好的、最重要的是真实的故事而言，被排除出这种不被感兴趣的状况不是偶然的，而是被"设计好的"。根据斯坦顿的说法，一个好故事的首要原则是"让我关心"——让故事感动我。

在故事团的小房子里，许多人讲述永久改变了他们生活的事件。他们来到了他们存在的核心之处，他们感受到听众对自己故事的情感共鸣，他们感受到纽带和信任。通过故事的讲述，偏见减少了。

就像母亲嫁给杀害儿子的凶手的故事一样。就像患有阿斯伯格综合征的儿子和母亲之间的对话。又或者是伊赛和他父亲的对话故事，后者向他坦白自己其实是同性恋，这让伊赛的生活发生了改变，并为故事团的成立提供了动力。仅仅只是一次谈话，倾听者投入了时间、尊重和关注，叙述者给出了敏感。而脆弱是"羞耻、恐惧和我们为尊严而斗争的核心，但同时也是快乐、创造力、归属感和爱的发源地"[②]。

---

① Andrew Stanton: The clues to a great story. TED, März 2012: https://www.ted.com/talks/andrew_stanton_the_clues_to_a_great_story

② Brené Brown: The power of vulnarability. TED, Juni 2010: https://www.ted.com/talks/brene_brown_on_vulnerability

实践：从一个小问题开始

我的一位管理层同僚每周都会抽出时间去参观自己的辖区，并拜访在工作岗位的每一个人。随着公司的稳步发展，他的“出游”有时会持续整个上午。

他没有说太多关于自己的事，只问一个问题：“你好吗？”他这么提问，听起来并不像是说“什么都别告诉我，直接说，我很好”，而是带着真诚的兴趣来询问。他抽出时间，仔细听同事的故事。正如故事团创始人戴夫·伊赛所说：“每个人的故事都很重要。”

你好吗？这种讲述自己故事的邀请不仅可以建立牢固的人际关系，还可以营造相互尊重的文化。因为同事们当然会反问：“你好吗？”他们也想听听对方个人和公司的故事。

如何衡量这个实用技巧的成功与否？你尝试一下！花点时间分享你同事的故事。定期做，成为同事可以依赖的一项例行公事。当你去旅行时，告诉大家离开的消息。把这个时间看作是一个重要的时间，而不是一个可以被其他看起来更重要或更紧迫的预约取代的时间。你会很快感受到，伴随着企业文化的发展，业绩的发展是多么出色，故事转化为利润了。

你是否已经知道了

如何将流言蜚语和背后闲话关联起来

概要

不要害怕流言蜚语和背后闲话。它们完成了一项重要的人际间的功能——创造了亲密感。为此，它们在进化中得以形成和发展。此外，流言蜚语和背后闲话是讲故事者的一所好学校。在一个具有公开透明的企业文化以及不到200名员工的公司中，负面故事的风险达到最低，个人亲密度比等级制度的影响要大得多。[①]

每天中午12点，相同的游戏在公司里到处都可以看到：助手们都站起来，拿着他们的午餐包，下楼去接待处。他们从后门溜进休息室。女接待员将总机和接待事宜交给培训实习生，关上门，与其他人一起坐在桌边。助理的非正式午餐会议开始了。

作为这家出版社的新人，我想象他们在那里讨论什么。我还想去偷听。但后来我想：无论如何，你很快就会知道。下午，所有业务部门都进入了一个新的认知水平：他们现在已经熟悉了当前的谣言和猜测，以及人类的戏剧和喜剧。

助理的这种工作比公司沟通更有效。他们讲述更好的故事。他们不会

① Stehpen Denning: The Leader's Guide to Storytelling, Mastering the art and discipline of Business Narrative. San Francisco: 2011. S. 205 ff.

用不必要的事实让他人无聊、厌烦。其中也有英雄和对手，目标和障碍，赢家和输家。感同身受的素材如：“你肯定认识五楼的卡尔。你不会相信他今天在电梯里对我说的话。他们想关闭开发部。真是莫名其妙。卡尔的上司赫尔穆特会被解雇。可怜的家伙，他什么都不知道，并且他的妻子刚刚生了第三个孩子。卡尔每周都会接到一个猎头的电话，他可以挑选工作，但是赫尔穆特还会再就业吗？……”感到羞耻的事情如：“我的周末过得怎么样？我在城里购物，突然……迈克尔总是说他不喜欢苏西……我在玛利亚广场看到谁了？就是他们俩手拉手。我移开视线，避开他们走过，但我听到身后有个声音喊：罗伯特！我停下来，真想找个地缝钻进去，但当时已经来不及了。他们说：我们是在这里偶然相遇的。我点点头。是的，看上去就是偶遇的样子。当时真是太尴尬了。而今天，在工作中，他们太有礼貌了……请千万不要再告诉别人，否则他们马上就会知道你是从谁那里得到这个消息的。”

流言蜚语和背后闲话很管用，因为从中可以找到好故事的所有元素。但还有一个原因：据一位在牛津任教的进化心理学家说，它们创造了亲密感。罗宾·邓巴是流言蜚语方面的专家。对他来说，流言蜚语不是负面的，而是人类群体的成功因素。

“人类所以称之为人类是因为说的话，那么让世界运转的是生活中的闲话，而不是智慧的珍珠……我们是社会生物，我们的世界就像大大小小的猿组成的世界一样，沉浸于日常社会生活的兴趣和细节琐事中。其方方面面都使我们无比着迷。”[①]

根据邓巴的论点，为了群体的紧密团结，流言蜚语和背后闲话对人类来说都是必要的。这就是语言应运而生的原因——为了搬弄是非和背后议论。那实事求是的话题呢？邓巴说，更少，也很重要，但那既不是起源，直到今天也不是中心功能。从进化论的角度来看，语言具有深刻的社会性。

---

① Robin Dunbar: Klatsch und Tratsch. Wie der Mensch zur Sprache fand. München: 1998. S. 13.

了解一下进化。有两件事确保了我们在热带草原上的生存：我们的体型和群体生活。猿类生活在大约有 50 个成员的群体中，智人则生活在大约有 150 个成员的群体中。邓巴说，在这些群体中，大家都互相了解，所有人都知道每个个体与群体成员之间的关系。这是进化研究的核心知识。由此可以推断：拥有 150 ～ 200 名员工的公司几乎可以组织得没有等级制度。邓巴持同样观点。如果人们在小酒馆偶然相遇，那么，这是人们可以毫无麻烦地喝一杯啤酒的人数，这是人们可以交谈并保持联系的人数，这是人们可以相互背后议论的人数。当一家公司变得更大时，等级制度和官僚制度就取代了这些密切的社会联系。

回到进化的话题。猿类是如何建立亲密关系的？通过轻挠彼此。邓巴说，猿类互相轻挠不仅是为了卫生，更重要的是表达友谊和忠诚。它们形成了轻挠派系。轻挠是它们的社交黏合剂，这也保护了它们在群体中的地位。猿类花费多达 20% 的时间来做这件事。

邓巴说，随着群体规模的增加，社会的复杂性和合作伙伴的数量也在增加。轻挠变得效率低下。在进化过程中，轻挠逐渐被语言取代。1∶1 的关系变成了 1∶3 的关系。同一时间，我们一次只能轻挠一个人，但可以和三个人舒服地交谈。这样看来，语音是一种更有效的轻挠形式。

流言蜚语和背后闲话通过在群体中创建更小的群体来建立亲密关系，至少在背后议论的时候，这些小群体可以使自己与其他小群体划分出界限。这样，人们同时也创造了距离感，通过距离来亲近。

为了验证自己的假设，邓巴分析了各种各样的对话。结果显示，大约 2/3 的谈话涉及人际关系。关于私人关系、个人好恶、个人经历、他人行为等的讨论也在其中。没有其他话题占据了超过 10% 的谈话时间……即使是体育和休闲活动加起来也只占 10%。①

---

① Robin Dunbar. Klatsch und Tratsch. Wie der Mensch zur Sprache fand. München: 1998. S. 158.

至少十万年以来，流言蜚语和背后闲话一直使得社会群体稳定。它们存在于我们的基因中。在这方面，它们当然也是公司成功的因素。一种有利于员工非正式聚会的工作环境会带来好处。

“这些在咖啡机旁的偶遇、在复印机旁的闲聊算是一个成功的组织和一个不太成功组织的差别。”①

根据邓巴的调查研究，负面的评论只占闲聊谈话的很小一部分。我对此深信不疑：公司越坦诚、公开地沟通，战略、使命、目标、每个员工的工作意义就越明确，对公司负面的流言蜚语就越少。而要是有负面评论呢？我对此的比喻是镜子。负面的流言蜚语只反映了一个群体的领导行为。无论是好的还是坏的，我都有过这样的经历。在我看来，最有效的对策是保持联系，走近并接触人们，倾听他们的故事。另一方面，自吹自擂或闭门造车是禁忌。对一个管理团队来说，以虚伪的主题秘密地举行一系列会议就足够了。它们在周围传播极快，为流言蜚语大开方便之门。换句话说，如果人们不想听到负面的流言蜚语，无论是自己还是周围的环境都要阻止它。我想不出更好的解决办法了。就像讲故事大师斯蒂芬·丹宁所给出的技巧，可能在愤世嫉俗的政治圈子里奏效。除此以外，在我看来只会招致流言蜚语。

---

① Robin Dunbar. Klatsch und Tratsch. Wie der Mensch zur Sprache fand. München: 1998. S. 263.

童话中的老奶奶和自我推销者

故事怎么传播

概要

如果想传播某些内容，人们就应该做两件事——讲故事，无论是用文字、照片还是视频讲述；另外要考虑到个别人物法则。这意味着，要将其同时传播到上千个方向。根据问卷调查，人的一种品质至关重要：虚荣。它是这些行动背后最主要的推动力。当然也不排除有些人出于完全不同的动机而采取行动，例如想让世界变得更美好，只是他们在脸书或雅虎的问卷调查中很少暴露自己。

"我的名字叫赫尔加·索菲·约瑟法，我是一名现场主播……当他们经过榛树时，两只小鸽子坐在榛树上大喊：'再回去！咕咕，再回去！咕咕，鞋子里有血，鞋子太小了，这不是你的新娘！真正的新娘还坐在家里。'"这位在 YouTube 上直播阅读《灰姑娘》童话故事的女士今年 85 岁，自称"果酱奶奶"。在 2017 年初被 YouTube 明星格隆赫发现之前，她每次直播有 1000 ～ 2000 名观众。但从那以后，她童话节目的点击量成倍增加。

畅销书作者马尔科姆·格拉德威尔说："创意、产品、信息和行为方式就像病毒一样传播。"[1] 根据格拉德威尔的说法，要发生这种"流行病传

① Malcolm Gladwell: Tipping Point. Wie kleine Dinge Großes bewirken können. München: 2002. S. 13.

播”，需要三种改变的载体：个别人物法则、锚定和环境威力。对“果酱奶奶”来说，最重要的一点就是格隆赫推荐了她。个别人物法则说明，最终只有选定合适的人，才能让事情以指数级的速度传播。正是这些人能够将各种不同的人聚集在一起，他们身处不同的世界和亚文化中，接受一个想法并“同时向上千个方向传播”。比如，人们喜欢格隆赫，他的 YouTube 频道有 450 万个订阅者，推特上有 90 万个粉丝，脸书上有 100 万个关注点赞。

是否绝对需要这个世界的“格隆赫”们，某一事物才能像病毒一样传播呢？似乎是这样。但哈佛大学工商管理教授泰勒斯·特谢拉表示，当涉及需要传递的内容时，也需要故事。特谢拉调查了网络广告的病毒式传播现象。他说，要让视频病毒式走红，有两件事必须结合在一起：计划讲述一个激动人心的故事必须以熟悉的模式讲述，如“从前……”；并且必须引起那些足够外向和以自我为中心的人的兴趣。因为正是这些人喜欢分享视频。他的建议是：把目标精确对准这些用户，因为他们起着关键作用。[①]他们希望通过分享喜欢的东西来维持他们的联系，或者以此展示自己的喜好和态度，无论是在专业层面还是在私人层面。他们创造了自己的形象。

再回到“果酱奶奶”。她朗读的童话故事已经流传了几个世纪。这些故事只是在自我主义者中间传播？当然不是。在世界各地，父母或祖父母给他们的子女或孙子辈讲童话故事，这种传统已经持续了几千年了。这些故事代代相传，尽管也可能很残忍，但可以使儿童接触到人类经验的宝藏，并使他们更密切地融入文化。然而，在大多数情况下，这发生在一个大多数公民既不会读也不会写的社会。德国直到 17 世纪中叶才引入义务教育，而在德国的某些地区还要晚得多。格林兄弟（收集德国儿童和家庭童话，19 世纪出版）或安托万·加朗（翻译《一千零一夜》，18 世纪出版）

① Thales S. Teixeira: The new Science of viral ads. In: Harvard Business Review, März 2012: https://hbr.org/2012/03/the-new-science-of-viral-ads

等童话收藏家对童话故事的重大发展贡献很大。他们让更多的受众接触到童话故事，并迅速推动了童话的传播。这些故事的书面版本也构成了电影、广播剧和图画书等的基础。这发挥作用是因为这个世界的“格隆赫”们。当然，如今由于社交媒体，它的工作速度和范围与 20 世纪大不相同。作为全球最大的社交媒体平台，脸书在 2020 年初拥有约 25 亿个月活跃用户和约 16.5 亿个日活跃用户。仅在欧洲，每天就有 2.94 亿人活跃在脸书上。[①] 其中，91% 的人每周分享一次，28% 的人每天分享一次。

在社交媒体上，人们最喜欢分享什么？脸书说：“有一件事是世世代代都一样的：每个人都喜欢笑。”[②] 宾夕法尼亚大学的乔纳·伯杰和凯瑟琳·L. 米尔克曼在他们的研究“是什么让网络内容病毒式传播”[③] 中得出结论：用户主要分享引发强烈情绪（钦佩、愤怒、担忧）的帖子。没有什么比故事更能传达强烈的感情了。

① https://allfacebook.de/toll/state-of-facebook

② Facebook-Studie von 2016: http://www.frac.tl/research/facebook-sharing-habits

③ What makes online contet viral? In: Journal of marketing research, Dezember 2011: http://abinoda.com/clippings/What-Makes-Online-Content-Viral.pdf

难以言喻
身体在讲述自己的故事

概要

了解 55–38–7 规则后再忘记它。确保你和你的故事是表达一致的，这样你所说的内容和你的肢体语言就不会产生矛盾。如果你真实地、热情地、引人入胜地讲述你的故事，那么你就能说服人们并让他们追随你和你的想法。

美国联邦调查局探员乔·纳瓦罗是一位非语言交流专家，他讲述了下面这个故事：一个男人坐在桌子旁，神情平静。他回答了联邦调查局探员的所有问题。他的不在场证明成立。虽然他并不是主要嫌疑犯，但探员进一步询问后，感到有些不对劲。探员问了四个关于凶器的假想问题。“如果你实施这一犯罪，你会使用枪支吗？”接着探员重复这个问题，分别用“刀”“冰镐”“锤子”来代替“枪支”这个词。冰镐就是凶器，但只有凶手才可能知道。

当提到“冰镐”时，嫌疑犯垂下眼帘，直到探员提到下一个可能的凶器。眼部的这种运动最终使该男子被定罪。纳瓦罗解释说，这是一种露出了马脚的规避策略。[1] 他称这种信号为“告知”。

肢体的动作会泄露一个人的真实想法和感受。人们可以从电视上了

① Joe Navarro: Menschen lesen. Ein FBI-Agent erklärt, wie man Körpersprache entschlüsselt. München: 2011. S. 9 f.

解这一点。像优秀侦探夏洛克·福尔摩斯或电视剧《别对我撒谎》中的卡尔·莱特曼博士，可以识别和解读任何一个像这样的不显眼的微表情。人们也可以从现实生活中了解这一点。在很多管理研讨会上，我经常被告知：你说的话无关紧要，你的声音和肢体语言才更重要。故我们必须对其进行训练。1967 年提出的一条规则被反复使用：55–38–7（见图 1–5）。它出自心理学家阿尔伯特·梅拉宾，这条规则显示：肢体语言占演讲者效果的 55%（肢体语言指的是姿势、面部表情、手势、眼神交流），38% 归因于声音的音调，只有 7% 归因于内容。然而，这个规则并不是普遍适用的，仅适用于梅拉宾在一系列实验中调查的说话者的特定情况（这主要涉及情感和态度的交流）。这个规则可以检测吗？只是太过于麻烦，在我看来这简直是在浪费时间。每个孩子被发现说谎时都会体验到，身体和声音分别讲述各自的故事，这些故事会过于强调或破坏说话表达的内容。

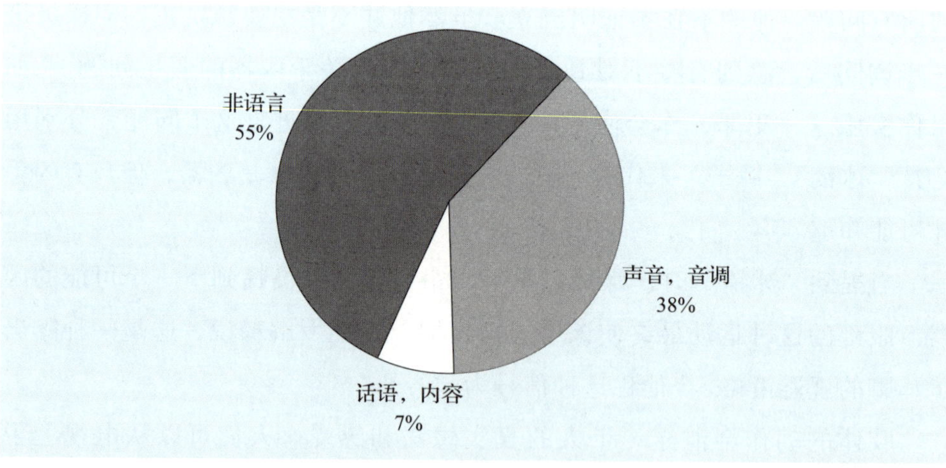

图 1–5　心理学家阿尔伯特·梅拉宾认为，在情感和态度的语境中，我们的话语内容在交流中只起着从属作用

演讲者也深知这一点：内容虽精彩绝伦，但演讲效果不知何故只是马马虎虎，没有迸发出激情的火花；或者内容只是马马虎虎，但效果激情四射。

“好的故事讲述需要的不仅仅是语言。”阿尔伯特·梅拉宾说。相对于现在就预订视频培训课程，跟着演员一起勤奋地润饰声音，练习给说话者以力量、令人信服的手势，我只建议讲好故事，再加上熟悉的人的反馈（对内容和肢体语言的）。那些讲述令人信服的故事的人将事实与情感结合起来，并将它们带入一个让人好奇的结构中。选择掌握这门艺术的人也会选择信任和开放的价值观，这和可持续的成功而不是张口即来的谎言有很大关系。当讲故事的人不做作的时候，故事讲述的效果最好。没有面具！没有漠不关心的冷漠！

你讲的每个故事都揭示了你自己，你的价值观，以及你的人生观。正是讲故事的这一特点引起了情感和人与人之间的亲密关系。作为叙述者，你就是你自己——充满激情、信念坚定、真诚正直、真实可靠。因此，这产生了一个巨大的副作用：故事的力量使你不必使用销售技巧就能促成订单，不必劝说就能成为一名说服者，不必谄媚就能让人心生好感。

如果你在诚实地讲故事，那你根本就不会看出联邦调查局探员询问嫌疑犯时，嫌疑犯有什么问题。叙述轨迹、声音区域和肢体语言之间就不会有任何偏差。这是非语言交流中最重要的一点。一切都应该配合协调，并让听众觉得是有声的。谨防默克尔式的小屋顶手势：指尖在胸前相互接触，形成屋顶。据纳瓦罗的观点，这是最强烈的自信和优越的表达形式之一。即使是这样，这种姿态也给大多数人留下了偏离叙事轨迹和声音区域的印象，因为这种手势根本不适合。每个人都应该使用适合自己的手势，否则事情就会出差错。内容和认同都很重要。

我在一篇关于 TED 大会演讲人十诫的论文中发现了类似的方法。他们大多是专业领域的专家，而不是受过修辞、模仿和手势训练的政治家或企业老板。

TED 大会演讲人的十诫[①]

1. 作为 TED 演讲者，不要摘下你平时的面具。

2. 做一个远大的梦，展示一个令人惊奇的新事物，或者分享你从未分享过的东西。

3. 作为演讲者，展现你的好奇心和热情。

4. 讲个故事。

5. 公开评论其他演讲者所说的话，以建立联系或引发争议。

6. 不要炫耀自我，要示弱，像谈论成功一样谈论失败。

7. 不要出售与你的舞台相关的任何东西，不管是你的公司、你的产品，还是你的书。

8. 永远不要忘记：笑是好事。

9. 永远不要以演讲者的身份朗读。

10. 不要把时间浪费在那些在背后议论你的人身上。

这里有没有一个关于肢体语言的词？没有。它被理解为好奇心、激情、脆弱性等其他因素的作用。毕竟，它关乎现场，关于用自己的梦想展示自我。无论谁这样做，都会充满激情、热情、迷人、真实可靠，同时也是自信和脆弱的。这是成功的演讲、面试或销售宣传的秘诀。

---

① Tim Longhurst: The TED Commandments-rules every speaker needs to know. Mai 2008: http://www.timlonghurst.com/blog/2008/05/16/the-ted-commandments-rules-every-speaker-needs-to-know/

当我不得不作报告时，我自己也会紧张很长一段时间。这项任务让我既着迷又害怕。其中存在很多不确定性。我的身体发出了明显的紧张信号，呼吸变浅，开始出汗。这种情况无法控制，也无法对任何人掩饰。我没有逃避登台表演，而是对自己说：没关系，去做吧，总有一天它会变得更好。我注意到的第一件事是：观众发现我的身体信号根本就不像我自己认为的那样糟糕。我当时在现场，只是呼吸有点急促，汗流浃背。无论我是面对 30 人还是面对 300 人讲话，现在这都几乎不再是问题。我已经游刃有余。当然，我知道，如果我多加注意的话，我的肢体语言会更有说服力。正如一位伟大的非语言交流专家向我展示的那样，我可以更频繁地展示我的手掌，张开双臂，更冷静地站立。我正在努力这样做。但我不是演员。改变我肢体语言瑕疵的唯一原因是听众不再喜欢听我说话或不再相信我在说什么。就像联邦调查局探员揭穿冰镐杀手一样，因为他垂下了眼帘。

实践：用你的激情故事打动他人

激情故事讲述了自己的激情。它所涉及的不是技能、素质或职业名称，而是关于每天早上是什么驱使一个人起床，原因是什么。这种热情具有很强的传染性。因为我们不只是用话语来分享它，还用我们的身体来讲述它。自动找到舒适的声音区域，运用面部表情和活泼的手势、目光寻找接触。故激情故事是观察你肢体语言的绝佳方式。

这背后的理念是：人们不仅分享同样的激情，他们也会被其他人的激情所感染，即使他们对这件事不感兴趣。人们被一个分析师的故事所感染，肯定不是因为对数字有激情。其实是触及了讲故事者所散发的欣悦感，但和这种感觉的目的没有关系。讲故事对此有帮助。这里有三个步骤：

1. 火花

重点在于对这个问题的回答：我的激情是什么？其模式是："我喜欢 XY，因为……""最好的事情是……"我以自己为例："我喜欢商业故事，因为它有助于说服人们。最好的事情是，商业故事至少在基本准则中可以很容易掌握并立即应用。因为故事遵循普遍规律，所以它们适用于世界上任何地方的任何人。"

2. 火焰

重点在于对这个问题的回答：我怎样帮助他人？这涉及如何回答对方经常提问的问题。其模式是："我通过……来做到这一点。"例如："我举办讲故事的研讨会，以便令尽可能多的人学习如何在实践中应用。我很着迷于在一天的研讨会结束时看到结果有多好，我想象参与者将来会如何用他们自己的故事来激励和启发他人。"无论如何，你不能在这里提供太多细节，那样只会让人困惑。这不是下载信息。相反，只需要一个简短的回答，留下一些信息空缺。谁如果抵挡不住诱惑，那火焰马上又会熄灭。

3. 烈火

现在开始一个对话。主题是你的工作，你的激情，以及你的生活。当然还有对话者的工作，他的激情，以及他的生活。例如："我在柏林生活学校工作。你对此有了解吗？""从来没有听说过。""这是一所由伦敦一位哲学家创立的成功的生活学校。同时，生活学校在世界各地都存在。学校的重要课程是情商。它也包括讲故事。""听起来很有意思！我认为情商很重要。"等等。

如果你不确定你的激情是什么，有两种方法可以帮助你找到答案。

第一种是黄金圈法则：你问为什么，怎么做，是什么。这样，你从你的激情转移到你做什么和如何做。在“故事的核心之旅：黄金圈”一节中，我会介绍黄金圈。第二种方法是问五次“为什么”！开始的问题是：我的激情是什么？对这两个练习，你都找一个搭档，这样会更容易进行。

还剩下一件事：找到合适的事件来讲述你的激情故事，以此测试话语和肢体语言的效果，优化故事和肢体语言，达到用你的激情故事打动其他人的目的。而为了了解自己肢体语言的最佳形式，也可以将其用于其他故事。

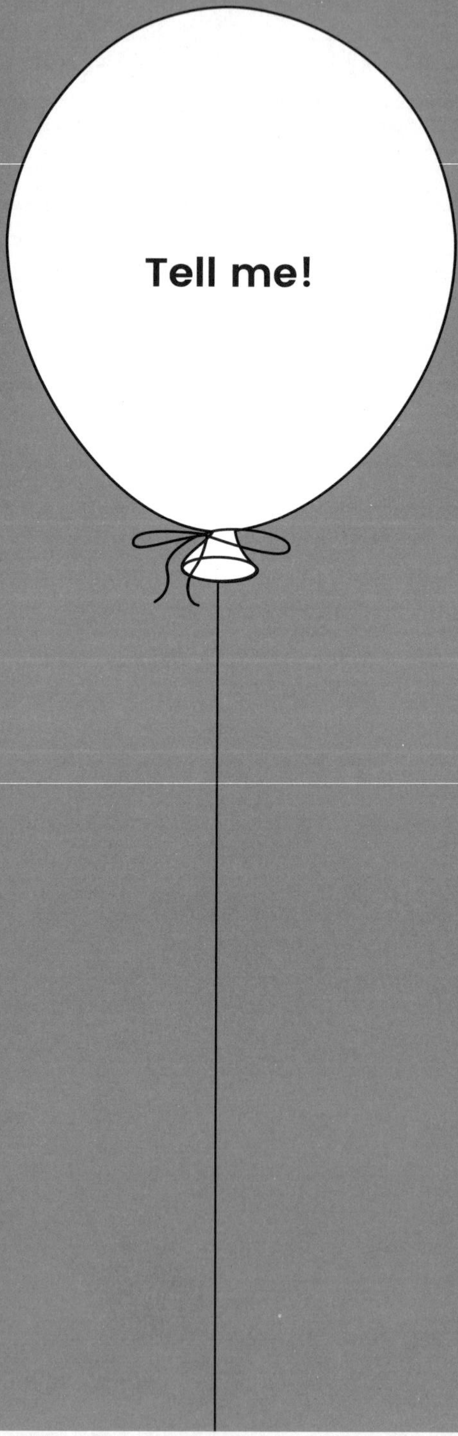
Tell me!

沉默的艺术

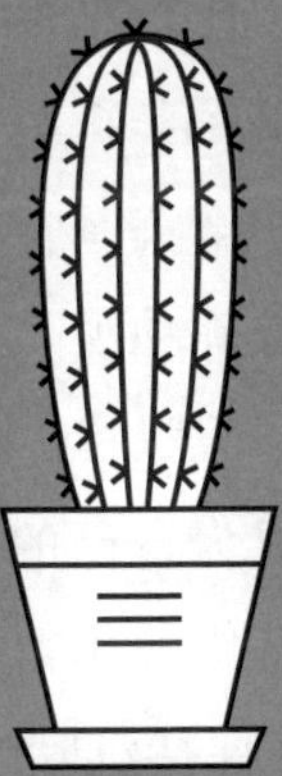

1

停顿 I

有时候沉默是最好的答案：它讲述了最强大的故事。

保持片刻的沉默。闭上眼睛，让自己放松，也可以抚摸猫或狗，以及冥想。放下书，别碰电话。一切都暂停了。

沉默的艺术与讲故事究竟有什么关系？是讲故事！我们不应该高估语言的可能性。沉默也同样强大。准确地说，言语和沉默就像硬币的两面一样，同属一体。在很多情况下，沉默讲述着最强大的故事，比如在谈判中。优秀的谈判者使沉默的力量成为自己的力量。他们闭口不言，相信沉默的效果。好的演讲者使用沉默就像音乐家使用休息时间一样。好的故事讲述者对他们知道的大部分事情都保持沉默。

沉默的艺术涵盖很多方面。一旦你开始对其进行研究，就会发现它越来越多。

赫尔穆特·施密特般的沉默

赫尔穆特·施密特是一位停顿方面的大师。在发表了重要声明之后，人们可以在脑海中数：……21、22、23。直到那时，时任联邦德国总理的演讲才继续进行。大家都对内容清楚明白。现在这很重要。

无论谁以这种方式说话且保持沉默，都被视为确信有把握。然而，对演讲者来说，这需要大量的练习。对于站在讲台上的人来说，3 秒钟的沉默似乎是一个小小的永恒。

爵士乐音乐家迈尔斯·戴维斯已将停顿作为其音乐的造型媒介。他没有尽可能多地演奏音符，甚至从嘴里拿出小号去倾听。“音符之间的间隔和音符本身一样重要。”这句话被认为出自他之口，即使其出处无法考证。作曲家克劳德·德彪西说得更准确：“音乐是音符之间的沉默。”赫尔穆特·施密特也是一位优秀的钢琴演奏家，他也将这一音乐原则内化为一种修辞原则。

欧内斯特·海明威般的沉默

美国作家、诺贝尔奖获得者欧内斯特·海明威的写作风格是基于沉默。这就是他找到冰山比喻的原因。他所写的只是顶端部分，而在其之下的部分则全部省略。

“如果一个散文家对他所写的东西足够了解，就可以省略他所知道的东西，而如果作家写得足够诚实，读者就会对这些省略内容产生一种强烈的感觉，就好像作家提到过它们一样。冰山运动很庄严雄伟，原因在于它只有八分之一露在水面上。”[①]

因此，真实的讲述将被隐瞒。它被隐藏起来。为了研究海明威的写作风格，我推荐短篇小说《杀手》。在这个精彩的故事中，所有的暗示和想象都留给了读者。因此，沉默被证明是叙述强有力的一面。这也适用于世界级文学吗？那是自然。不过，这需要大量的练习。海明威风格就是严格地压缩每个句子、每个段落、每一个篇章。就像美国总统亚伯拉罕·林

① Ernest Hemingway: Tod am Nachmittag. Reinbek bei Hamburg: 1982, S. 163.

肯，他传奇般的“葛底斯堡演说”只持续了两分钟。该说的都说完了，而在表面之下同样也存在一座冰山。

沉默如苹果公司

“沉寂—大爆炸—沉寂”。这就是苹果公司的沟通理念。公司的谈话矜持是战略性的，是公司长期发展定向的一部分。苹果公司每年推出的为数不多的新产品的保密措施是投入巨大的。苹果公司从来不会像宝马公司一样，在大街上或慕尼黑停车场会看到其大批的原型车。正是这种非沟通才有助于实现目标，因为当人们一旦说出并表现出来时，它是伴随着巨大力量的。专注。长时间的休息为猜测、谣言和好奇心创造了空间。沉寂—大爆炸—沉寂：简单但高效，可传递性好。这种形式的沉默的积极意义在于高度的约束力。定下一个确切的日期，然后我们沟通——不是之前，也不是之后，而就是在这一天。与此同时，好奇心也在增加。

你试试看！你所要做的就是发起一个约会，制定一个激动人心的邀请文本，然后问题就开始了。展望：2021 年的机会与风险！介绍：我们的新产品和我们将不再生产的产品。市政厅会议：新战略。介绍：新的机构。或者简单地说：管理层 / 分行管理层 / 部门管理层通知。每个人都想马上知道更多，只是瞄一眼帷幕后面。和自己、同事、朋友有关吗？将会发生什么？

这种沉默的力量优于一个故事。重要的仅仅是：在出现令人担忧的问题时，必须尽快兑现公告中做出的承诺。

沉默如狮身人面像

有些情况下，你无法用言语来评分，因为最好的故事已经没用了。沉默是合适的选择。人们仍然像古代的狮身人面像一样神秘莫测。它可能看起来显得傲慢和不尊重，通常也真是这样。在最有利的情况下，沉默的深层感觉是次要的。古罗马人说："如果你保持沉默，人们会认为你是哲学家。"我反复确定，在许多人看来，这种行为似乎违反直觉。他们做的恰恰相反，就像我经常做的那样。人们说啊说啊，尽管人们非常清楚，沉默才是更好的方式。艺术是及时咬住你的舌头，记住狮身人面像——这个介于人和狮子之间的神话生物，要么保持沉默，要么放弃谜题。

史蒂夫·乔布斯般的沉默

苹果又是一个很好的例子。史蒂夫·乔布斯最棒的视频之一是1997年在旧金山举行的一次开发者大会即WWDC[①]上拍摄的。观众问他的问题带有侮辱性的语气。人们担心，他会勃然大怒。但是乔布斯是怎么做的呢？他拿了个凳子坐下，喝了口水，然后深呼吸。在一种永恒的感觉之后，他说："你知道，我们可以在某些情况下满足某些人……"[②]

乔布斯非常冷静地给出了一个解释苹果公司策略的答案。简单、清晰、真实，这个挑衅的提问者对此没有任何明显的愤怒。相反，那段沉默、那个凳子、那口水——当你观看视频时，就可以感受到，就是那个停顿时间让乔布斯发表了就我所知的关于公司战略最好的即兴演讲之一。这正是问题的关键：即使在挑衅中，也要保持冷静，集中注意力，沉思几秒钟，独立思考并整理思绪，以给挑衅者最好的回答。

沉默是关键。自信建立在沉默的基础上。它可以让人放松并帮助人们理解彼此的愤怒，而不会让愤怒感染彼此。在短暂的沉默中，我们回归自我，回归平静，按住内心的暂停按钮，专注于真正重要的事情。这是一个"星球大战"的时刻，在这个时刻中，我们给了力量与我们同在的机会。

---

① WWDC的全称是Worldwide Developers Conference，即苹果全球开发者大会。——译者注

② Steve Jobs auf der WWDC, Mai 1997 in San José: https://www.youtube.com/watch?v=FF-tKLISfPE

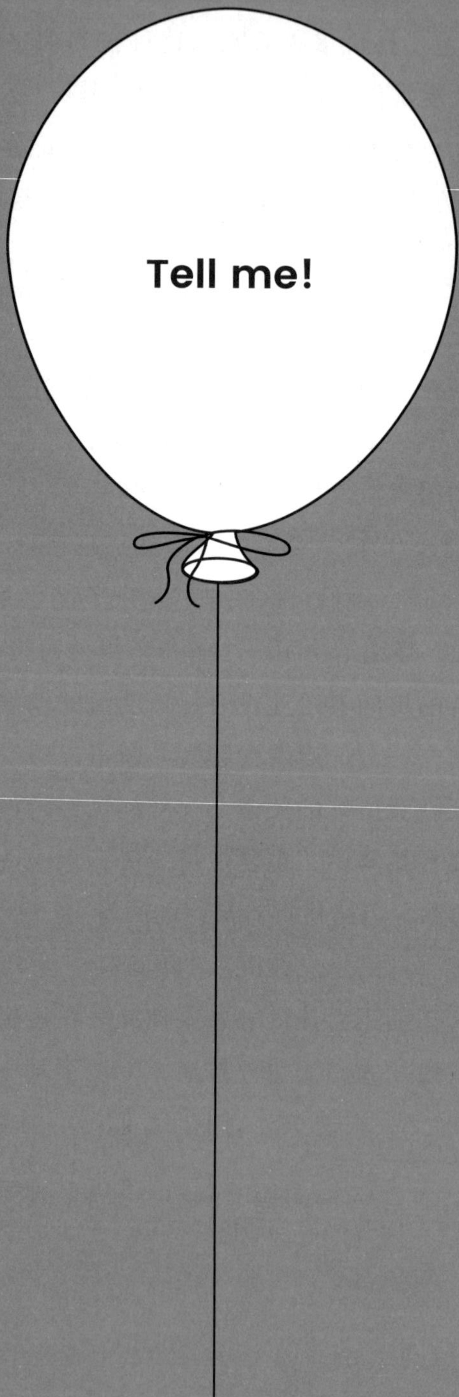
Tell me!

模仿

成功故事的图纸

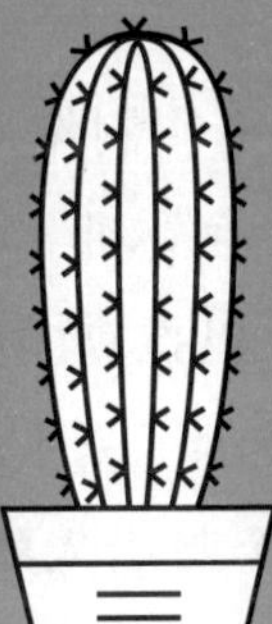

2

第2章

故事就是结构。本章让你熟悉可以用作故事讲述模板的最重要结构，如英雄之旅。

欢迎来到故事讲述者（作家和电影制作人、政治家和企业家）的世界，来效仿一些著名人物：J. K. 罗琳、阿尔弗雷德·希区柯克、山鲁佐德、史蒂夫·乔布斯、马丁·路德·金、巴拉克·奥巴马、戴安娜王妃，他们都是讲故事的好老师。他们向我们展示了紧张的氛围是如何产生的，一个故事的原因和结局是多么重要，一个吸引人的故事是如何用几句话来讲述的，一个演讲怎样在几分钟内完成的。文字、图像和视频也越来越重要，尤其是在数字世界。

在本书的这一部分，你会了解一些**模式、模板、模型和工具**，它们会帮助你吸引听众。其中有些是古典之作，比如传说中的英雄之旅。我会借助例子来解释它们，比如奥德修斯的故事和《星球大战 7：原力觉醒》中女主角蕾伊的英雄之旅。《星球大战》和《奥德赛》之间有将近 3000 年的历史跨度，但故事讲述的主线是一样的。

好的故事讲述是永恒的。但是我怎么知道，我讲的故事是否正确、合适呢？什么时候一个故事才算是一个故事？答案是：你可以使用在我处理故事工作的进程中开发的新工具来确认这些。“狐狸—刺猬矩阵”帮助你讲述正确的故事，三个关键问题可以快速、明确地告诉你一个故事是否值得讲述。

你可以把这些工具用作复制模板。重要的不是把所有的工具都付诸使用。最好的方法是了解它们并对其产生一种感觉，哪种工具适合于什么使用目的。你要通过实验来找到适合你的方法，帮助你成为最好的故事讲述者。

一条好莱坞的鲨鱼

整个故事用三个词写成

概要

你点燃一根火柴，试着在火柴燃烧的时间内讲述你的故事。火柴演讲——如果你已经掌握了它，那就试着把它表达得更紧凑些，以使火柴的燃烧时间越来越短。一直练习，直到它不再值得你去点燃一根火柴，因为你可以用三个词来讲述整个故事。

“太空版的《大白鲨》”(Jaws in space)。句号。结束。

好莱坞时间紧，节奏快，必须以简短几句话就令人信服地描述一个电影项目。“你的电影《异形》项目主要内容是什么？”对于一位制片厂老板的这个问题，导演雷德利·斯科特和他的编剧只回答了一句话：“太空版的《大白鲨》。”

史蒂文·斯皮尔伯格的电影《大白鲨》是20世纪70年代中期一部轰动一时的电影。雷德利·斯科特的短篇演讲，即使是在好莱坞的条件下也显得简短，给人的理解是：我也会给你一部这样的大片。与《大白鲨》的模式相同，但是，这是一部科幻小说。正中下怀！20世纪福克斯电影公司出品的《异形：来自一个陌生世界的诡异生物》获得了奥斯卡奖，创造了一种新的类型，也使导演雷德利·斯科特闻名于世。这一切都是从那一句话开始的。他们讲述和推销这个故事，而不沉溺于令人筋疲力尽的细节。

“这是不是有点太短了，只有一句话吗？”你现在可能会想。“如何能用几个词来描述我复杂的观点？不可能的。”其实这是可能的。

YouTube 创始人查德·赫尔利、陈士骏和贾德·卡林姆出售了他们 2005 年建立的称作“视频 Flickr”（Flickr fürvideos）的平台。大家都明白。你所要做的就是，在脑海中用世界上最大的视频平台取代世界上最大的照片平台。这是一种典型的推销。同样地，只有几个词，与“太空版的《大白鲨》”的模式相同。

当阿克塞尔·施普林格在战后德国申请报纸许可证时，他回答过这个问题——“谁在希特勒时期的德国迫害过他”：“我只被女人迫害过。”没有政治上的抱怨，没有谎言，也没有回避。取而代之的是一张有趣的照片：花花公子和女人。几个字和足够的想象空间。八年后，施普林格建立了欧洲最大的报业帝国。

“待售：童鞋，崭新”（For sale: baby shoes, never worn），作家欧内斯特·海明威在餐巾纸上潦草地写着，并赢得了和其他作家的一个赌注——10 美元，如果他仅用六个字成功讲述一个故事的话。这种叙事技巧被称为快闪小说——一个像闪电一样的故事。

教皇约翰·保罗二世有一次被问到，能否用一句话来描述教会的使命。是的，能做到。他只说了一个词：“宽恕”。这在听众的脑海中闪现出了很多电影——《圣经》充满了宽恕的故事。

选择了这种简短的形式，就要相信读者或听众的想象力。最后他们给自己讲了个故事，叙述者只是给予了一种推动。删减可以增加注意力，激发想象力。如果哪个人需要太多词语、过分的修饰，那么都有被忽视的危险——无论是销售一种产品、传达一项战略还是描述一个品牌。

做一件事情时，有一个可以帮助你切中要点的实用小工具，就是火柴演讲。你点燃一根火柴，然后在大约 20 秒内迅速回答一些问题，比如：你正在做什么？你的项目内容是什么？请你给我解释一下你的产品。重点是，在你烧伤手指之前，从客户的角度讲述要点。你了解在电梯演讲吗？这是同样的事情，除了一个电梯演讲至少持续 30 ～ 90 秒，一个没有烧到自己的火柴演讲最多持续 20 秒，这取决于你拿火柴的方式，显然火柴燃烧的时间更短。火柴演讲是回答工作中关键问题的安全模板。它总是在适当的时候起作用，并且严格按照计划叙述。根据具体情况和目标群体，我会对文本瘦身，那听起来显得不那么死记硬背了。重要的是它变得清晰，就像表明一件产品的价格。一个简单的模板[①]有助于说明这一点。

火柴演讲：20 秒内切中要点

对“目标群体”

这“关于需求的陈述”

是“产品名称”

一种“产品类别”

这“核心利益”

不同于“最主要竞争对手”

我们的产品呈现“进一步差异化”。

《异形》的火柴演讲会是什么样的呢？或许是这样的：对于追求动作和悬疑的影迷来说，《异形》是一部完全照搬《大白鲨》成功方案的科幻电影。与所有科幻电影和动作电影不同，《异形》拥有一位伟大的女主角。

从这里到“太空版的《大白鲨》”仅仅还有一小步。点燃火柴，说话，两秒钟后再吹灭。如果用英语说“太空版的《大白鲨》”（*Jaws in space*）中，几乎不值得点燃火柴。

---

① Inspiriert von Geoffrey A. Moore: Crossing the Chasm. New York: 2006. S. 154.

实践：唤醒对新事物的好感

一位图书代理商告诉我："为了卖新的东西，我把它和我熟悉的东西联系起来。这就是我成功的秘诀。"雷德利·斯科特的"太空版的《大白鲨》"正是遵循了这一模式。通过拿来和"太空版的《大白鲨》"对比的、为大家所熟知的《大白鲨》电影的成功，这部新电影立刻引起了人们的好感。即使该方案看起来很简单，但在实践中开发此类措辞表达仍具有挑战性。

我建议分小组（每组 3 ～ 5 名参与者）花 15 分钟的时间进行主题的火柴演讲。你只需填写我的模板。紧接着在最多 5 分钟的时间内，为"太空版的《大白鲨》"探寻精彩措辞，记下所有措辞表述并选择出最好的。然后，各小组间相互展示并讨论各自的结果。

在这一过程中，不仅会产生一个非常好的火柴演讲，还会出现精彩措辞的很多方式。在与数字交易提供商的一次研讨会上，立即出现了"数字瑞士"一词。再次说到成功的模式：把新的事物与熟悉的、有声望的事物联系在一起。措辞出自员工本人，而非机构。其过程仅仅花费几分钟时间。

尼莫遇见一只乌鸦

结束就是开始

概要

那些想讲故事的人应该从故事的结尾开始，即使一开始这种做法令人很不习惯。从结尾出发，针对一个具体的结尾，这样一切都更容易编写了。结局本身也需要深思熟虑，因为它可以使整个故事给人留下最强烈深刻的印象。在商业环境中，积极的结局是首选。

深夜，一个男人独自待在房间里，无法入眠，对爱人的去世感到悲伤。外面狂风怒号。传来一阵敲门声，但没有人在门口。在窗户前，那人发现一只乌鸦在用翅膀拍打窗户。他打开窗户，乌鸦飞进房间，落在一位希腊女神的头上，她的半身像挂在门上。乌鸦用恶魔般的眼睛看着这个男人，头顶上的灯把它的巨大影子投射到地上。男人开始和这个可怕的动物说话，这只鸟儿单调地重复着一个词："永不再。"

"永不再"是一首最著名的美国诗歌《乌鸦》[①]（作者是埃德加·爱伦·坡）的结尾词。这首诗出版于1845年。不久后，爱伦·坡写了一篇文章，解释了《乌鸦》是如何创作的：用作曲的方法。爱伦·坡在这篇文章中声称，独创性是可以学习的。爱伦·坡说，这与其说是一个灵感的问题，不如说是一个行动的问题。这和天才无关，所涉及的是分析、计算和

① Edgar Allan Poe: Der Rabe. Berlin: 1982. 其中也包含文章《作曲方法》。

组合。没有计划就没有诗歌。爱伦·坡解释说，好的作家会从他们写的每一个字、每一句话、每一行文字看到结尾。从结尾开始，反过来塑造作品。重要的是艺术作品应该在读者那里达到的效果，以及预期的印象。爱伦·坡完全从读者出发思考，而不是从他自身出发，也不是从批评家或是从同事出发。从读者出发，他构建了情境、人物和情节。只有这样做了，他才开始动笔——也就是先写最后一节。在那之后他写的所有内容，都以这个结尾为目的。

2011 年，皮克斯公司的一名女员工在推特上发布了一系列关于讲故事的格言。艾玛·科茨解释说，这些都不是她在皮克斯官方学到的。然而，这一点被忽略了。相反，人们认为这与皮克斯的官方规则有关，艾玛·科茨的推特信息被收集为世人熟知的“皮克斯的 22 条讲故事规则”①，作为皮克斯的咒语，作为《海底总动员》《玩具总动员》或《料理鼠王》的蓝图。这些规则对于如何讲述伟大的故事有着深刻的见解，可以从电影转移到任何媒体或叙事环境中。因此，皮克斯在这本书里的见解总会和你的想法碰出火花。有趣的是，尼莫和爱伦·坡笔下的乌鸦相遇了。皮克斯的说明与爱伦·坡的见解几乎相同。该推文的第七条是：“在你思考中间部分的内容之前，确保你的结尾提前完成。千真万确。结尾很难写，确保让你的结尾从一开始就起作用。”

电影中的故事是倒叙的。先结尾后开始。这很有戏剧艺术意义，也是一种叙述技巧。当一个团队正在编写一个脚本时（就像一个团队在做一个演示或一个讲座），准确地了解结局是很有意义的。这样大家都朝着同一个目标前进。如果结局仍然是开放的，那么每个人可能都会有自己对结局的设想，从而编写自己的故事。这样，团队合作是不可能的。

皮克斯的另一位员工斯蒂芬·弗拉基米尔·布加伊写了一本关于 22 条

① Hier findet sich eine Zusammenfassung der Tweets von Emma Coats: http://www.pixartouchbook.com/blog/2011/5/15/pixar-story-rules-one-version.html

规则的小书。[①] 对第七条规则，他指出，一个应用该规则的作者应采取以下步骤：

1. 描述大致的开始和结束。

2. 详细描述结尾：核心冲突的解决，所有问题的答案，以及英雄的情绪状态。

3. 详细描述故事的开始：棘手的关键冲突以及主人公的情感初始状况。

4. 将中间描述为从开始到结束两点之间的一个圆弧。

对每一个讲故事的人来说，把戏剧效果归因到结局是一个大主题：这就是为什么人们永远不会忘记，究竟要去哪里。具体来说，故事或演讲是如何结束的？所有的冲突是如何解决的？

像《海底总动员》一样，大多数商业故事都是有效的。美国讲故事大师斯蒂芬·丹宁说，故事必须有一个积极的结局，否则它们看起来就没有刺激性和激励性。[②] 这正是故事的功能，在结局时提升情绪。结局为什么会这么重要？对此，心理学家丹尼尔·卡尼曼给出了答案。他说，事物的最终形象对我们的记忆至关重要。[③] 如果结局是积极的（无论是一次谈话、一个故事，还是一次看病），我们都会对整个事件保持良好的记忆。相反，如果结局是负面的，不管到目前为止故事有多么正面，我们都会保留负面记忆。讲故事的人应该仔细考虑一个故事的结尾方式。在我看来，皆大欢喜的结局不是一种责任，而是一种偏好。在特殊情况下，结局也会有一定的开放性，只要它不使得观众茫然，而是刺激观众反思。然而，有趣的是，人们对糟糕的结局印象特别深刻，比如在爱情故事中，或者在失败的创业计划中。

---

① Stephan Vladmir Bugaj: Pixar's 22 rules of story (that aren't really Pixar's). Gratis-E-Book: http://www.bugaj.com/blog/2013/10/31/pixars-22-rules-of-story-analyzed-as-a-pdf-ebook

② Stephen Denning: The Leader's Guide to Storytelling. Mastering the Art and Discipline of Business Narrative. San Francisco: 2011. S. 15 ff.

③ Daniel Kahneman: Schnelles Denken, langsames Denken. München: 2011. S. 505 ff.

情绪上的过山车

俄狄浦斯、百威和一只小拉布拉多犬

概要

从古代悲剧到超级碗广告短片，从俄狄浦斯到丢失的小狗：张力曲线遵循由哲学家、作家或编剧家确认的相同的概念，起始、中段、结束。引子、对峙、解决。每一个优秀的故事讲述者都会把他的主人公和观众送上包含这些不同阶段的旅程。戏剧和故事片比视频剪辑花费的时间更长，但三者都让观众坐上情绪的过山车。

一只小拉布拉多犬作为“偷渡客”和它的主人一起开车进城。在那里，当汽车不得不停车时，它又跳了出来，但没有被发现。当它的主人拼命寻找它的时候，这只狗独自坐在雨中的一辆旧汽车里，然后在田野里奔跑，直到它浑身脏兮兮的，回到自己的家。此时已是夜间。一只狼站在它和农场之间。四匹克莱德斯代尔马，听到好朋友的吠声，冲出马厩，赶走狼，安全地把小拉布拉多犬带回了农场。

2015 年的《丢失的小狗》是超级碗最成功的广告之一（见图 2–1）。这是百威公司的广告短片，小拉布拉多犬和克莱德斯代尔马已经是第二次成为超级碗的视频短片的参与者。为什么这个广告如此成功？是因为这些动物吗？非常简单，弥赛亚学院营销学助理教授，《社交媒体战略》一书的作者基思 · A. 奎森贝里说：“讲述一个完整的故事，这就是它成功的秘诀。”

图 2-1 《丢失的小狗》——在一分钟内讲述戏剧性故事的艺术

资料来源：https://www.youtube.com/watch?v=TPKgC8KPBMg.

“在研究了两年超级碗广告后，我们发现，除了性感、动物、幽默或名人之外，演示稿之间最重要的区别在于：成功的演示稿讲述了一个完整的故事。”①

起始，中段，结尾——古希腊哲学家亚里士多德用这种方式描述了一个完整的故事。他在公元前 4 世纪写了一本关于诗歌艺术的书。他称之为《诗学》。亚里士多德观察了他那个时代的伟大故事和戏剧，并从中推演出规则。故事和戏剧的构建模式是：起始，中段，结尾。一切都是出于必然而产生矛盾分歧，然后观众喜欢跟随，和主人公融为一体并深入所讲述的故事之中。艺术是将事件引导到一个戏剧性或情感的高潮，这是在中段发生的，也是故事的转折点。情节突变，例如，在索福克勒斯的戏剧《俄狄

① Keith A. Quesenberry: William Shakespeare holds the key to a great super bowl ad. In: Time, 01.02.2016: *http://time.com/4200086/best-super-bowl-ads/*

浦斯王》中，俄狄浦斯承认，他杀害了自己的父亲并成了母亲的丈夫，王国的不幸是他自己在不知不觉中造成的。从那时起，俄狄浦斯戏剧化地走上了一条不同的道路。英雄失明，然后成了一个被遗弃的乞丐。

亚里士多德的这种三角结构的描述既合乎逻辑又含糊不清。

“一个完整的故事由起始、中段和结尾组成。起始是指不必继承他者，但要接受其他应该存在或后来者的出于自然之继承的部分。与之相反，结尾是指本身自然地继承他者，但不再接受继承的部分，他的继承或是因为出于必然，或是因为符合多数的情况。中段是指自然地承上启下的部分。因此组合精良的情节不应随便地安插其起始和结尾。完整的故事应该符合上述要求。”[①]

一个故事的所有部分都应相互关联，它们像拼图的各部分一样相互啮合，有一个戏剧性的转折点，只有这样的故事才是协调的。亚里士多德举例说明了内容是如何起作用的。他关于成功的起始和结尾的想法也可以表述为：没有长的开场白，晚些完全进入故事，而又尽早走出。俄狄浦斯之前的经历不是戏剧的一部分，这些事是以已知为前提的。这部戏剧展示了因俄狄浦斯揭露自己有罪而产生的冲突，显示了他从国王到乞丐的过程，而他乞讨生活中发生的一切都无关紧要。

根据亚里士多德的说法，其他人加深了这种叙事概念，直到 2000 多年后，将它应用于一只小狗的故事中。这只小狗打动了超级碗的观众，并在互联网上产生了 4000 万次点击。

每个讲故事的人都应该知道两种模式，因为它们属于戏剧和电影理论的经典，被反复印证。这两者是古斯塔夫・弗赖塔格的戏剧金字塔，以及悉德・菲尔德的三幕剧结构。德国作家古斯塔夫・弗赖塔格将 19 世纪亚里士多德的模型扩展为五个步骤，描述了情节从引子到解决的过程。相对

---

① Aristoteles: Poetik. Stuttgart: 1982. S. 25.

于起始、中段和结尾，这一模式只是描述得更详细了一些（见图 2-2）。

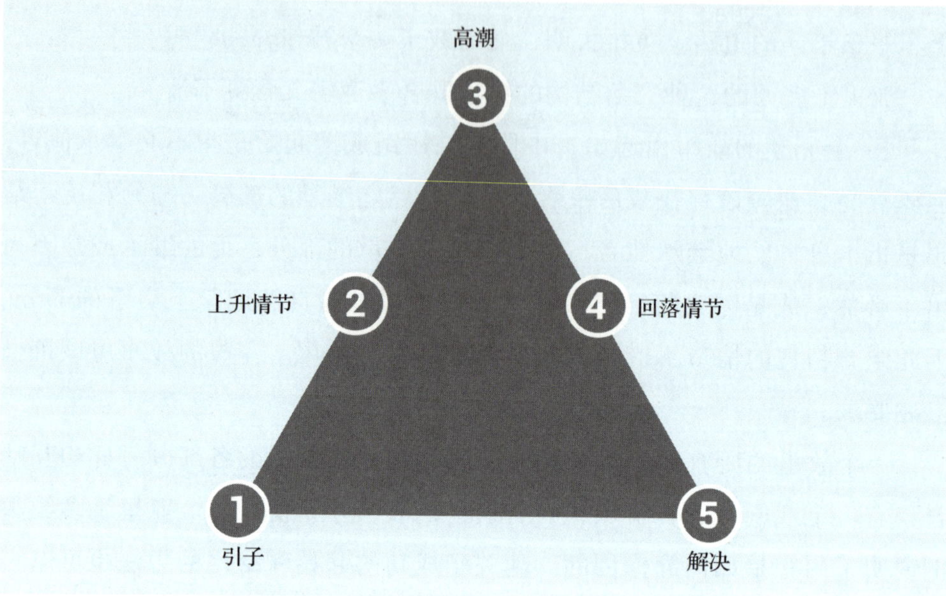

图 2-2　古斯塔夫・弗赖塔格的戏剧金字塔

戏剧从引子开始，它显示了起始状态。第二幕包含一个上升的情节，情况恶化。第三幕是高潮，情节发生转折。第四幕的主要特征是一个回落情节。在第五幕中，重大的冲突得以解决。

《丢失的小狗》正是根据弗赖塔格的戏剧模式改编的。第一幕介绍了农夫、克莱德斯代尔马和小狗，他（它）们都生活在熟悉的农场里。在第二幕中，拉布拉多犬潜入拖车并走失了。第三幕首先显示它迷失在雨中一辆旧汽车里，然后是它如何在雨中成功回到家并受到狼的威胁。克莱德斯代尔马一起冲出马厩，冲上山丘，救了小狗。在第四幕中，农夫醒来，看到克莱德斯代尔马一家正和拉布拉多犬一起沿着大路向农舍跑去。第五幕是农夫给丢失的小狗冲洗，自己在马厩里舒服地和拉布拉多犬、克莱德斯代尔马及百威啤酒在一起。一部经典的戏剧不到一分钟就面世了。

美国电影剧本作家悉德·菲尔德在三幕剧的基础上描述了电影剧本的写作方法——引子、对峙与解决（见图 2-3），这是一种熟悉的模式。在第一幕中呈现主角及其生活环境。在第二幕中，主角面临一场冲突。在第三幕中，冲突解决。菲尔德补充了两个情节点，好莱坞称之为戏剧表演的转折点。在第一幕和第二幕中，发生了意外事件，由此故事有了不同的进程，类似于《俄狄浦斯王》或《丢失的小狗》。它们各自的情节点是什么？

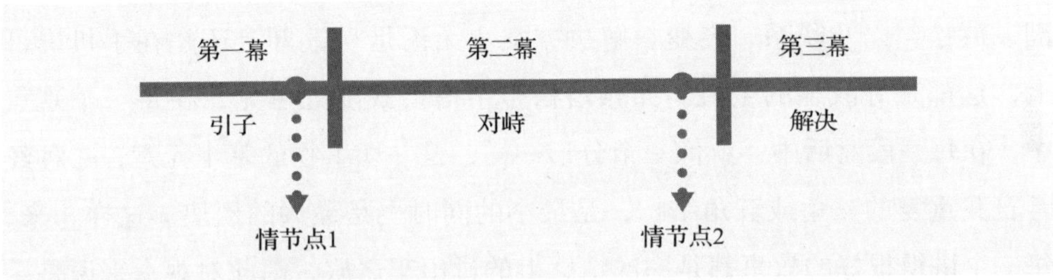

图 2-3　悉德·菲尔德的三幕剧结构

情节点 1：邪恶笼罩着他的王国，俄狄浦斯决定调查原因；当汽车在城里停下时，小拉布拉多犬就溜走了。

情节点 2：俄狄浦斯知道自己的行为是灾难的原因；狼威胁小拉布拉多犬。

无论你最终采用哪种模式（亚里士多德的、弗赖塔格的或是菲尔德的），这都是感觉的问题。所有戏剧理论的核心都是相似的。但合乎时代的叙事还有一个特点，即它是对观众注意力持续时间缩短、注意力高度分散和紧张的反应，这并不意味着旧的原则不再适用。相反，《迷失的小狗》恰恰表明，这些原则仍然行之有效，但视频剪辑适用特殊规则。

哈佛商学院教授泰利斯·泰泽拉扫描了眼睛的运动和面部表情，以此来研究，当观众在观看比如视频剪辑时，他们的行为以及感受。其结果是：

“广告商必须设计一个情感上的过山车。”[①]

所涉及的是一个一次又一次制造紧张再将其化解的问题，就像在过山车上一样：直线滑下、曲线、环路、另一个环路、直线、螺旋……

就像过山车一样，视频短片必须传达两种情感中的至少一种——喜悦或惊喜，最好两者兼而有之。毕竟不同于戏剧或电影故事片，视频剪辑在观看或分享时不会花费很多时间。

戏剧要遵循戏剧的规则。每个场景都有开端、高潮和结尾，或紧张、高潮、放松，以及联系、突变、解决方案。无论是在银幕上还是在手机屏幕上，这都是好故事的生机。弗赖塔格金字塔模式随处可见，在每一个观点中，在每一段对话中，就像一个分形一样，是一切事物的基本元素；一种经常自我重复的三角或五角结构，是最小的同时也是最大的模块。这样一来，每一个讲得很好的故事都是一次情感上的过山车之旅，因此对观众来说是一种乐趣。[②]不同之处在于：一个故事一旦变长，就需要更多的变化——非常平稳的、非常短的，或者经常是不同序列打断事件。因此，观众不会感到厌倦；相反，在这些以其他方式制作的序列之后，观众会更加专注。

实践：把故事画成发烧体温曲线

你通过目视化来发展故事！不是作为图片故事，而是作为图表，作为波状线，这样就产生了一个情绪发热体温曲线。故事中刚刚发生了什么，为什么曲线会上升或下降，你可以写在曲线的每个振幅中。

下面是它的工作原理：首先，你画一个水平时间轴，例如在白板或

---

① Thales S. Teixeira: The new science of viral ads. In: Harvard Business Review, März 2012

② 罗伯特·麦基也有一个关于这个主题的激动人心的描述。在《故事：剧本写作原则》中，他把一个剧本分成若干小剧本。麦基说：“在大的剧本中有的结构，也可以在小的剧本中找到。每一部好的故事片都由许多这样的迷你电影组成，它们准确地捕捉到了彼此：幕、序列、场景、节拍。在每一个层面上，情节都是有节奏进展的。”

活动挂图上，简单的一条水平线，大致在中间，然后在左边缘绘制垂直的值轴（例如成功 / 失败）。它有一个正值区域和一个负值区域（刚好在时间轴的上方或下方）。基本图绘制完毕。

现在你开始记录故事的情感发展：在故事的发展进程中，主人公感觉如何？无论多么简单或复杂，都会有一种波动。主人公的生活起起伏伏。通过绘制这条发烧体温曲线，你会对你的故事有更深入的了解。如果你的故事缺少跌宕起伏，那么你的故事可能在情感上太蹩脚了；相反，如果它起伏不断，那可能会让人过于紧张。如果曲线主要在零线以下，你的故事可能过于消极；如果它主要运行在零线以上，你的故事可能过于积极。

要学习如何处理这条发烧体温曲线，请你在开始时画一些真实的故事，例如你的生活、你过去一年、你在公司的时间。你要记住，曲线描摹的不是客观数字，而是代表情感，所以它极其主观。

如果故事讲得好，观众就会产生共鸣。故事自身的情绪会沿着主人公的发烧体温曲线移动。最终，观众不仅在理性上，而且在情感上达到了你的故事想要引导达到的状态。

令人信服的演讲结构（第一部分）

火花如何闪耀

概要

如果你使用微线图曲线工作，你将永远不会忘记你的目标和受众。你得到了一个通用戏剧学的示意图，很快就会对你的演讲有一个更清晰的了解，不要在第一步之前走第三步。使用附录中的画布坐标系（Canvas）快速付诸实施，你将会看到，这样工作是多么有趣，你的演讲将更加成功和令人信服。

一位管理层的同僚，我想称他为莱纳，举止反常。有一场演讲即将开始，这让他坐卧不安。他比平时早到办公室。他的办公桌上摆满了研究材料。他几乎无法进行其他工作，在会议上他似乎心不在焉。

我非常了解他，于是我问他："你的演讲进展到什么程度了？"

他把我拉进他的办公室。"你想看看图表吗？"

我点头。20 分钟后，我筋疲力尽，将目光从他的屏幕上移开。

他满怀期待地看着我："很好，不是吗？"

有一百多张图表，没有一张是正确制作的，几乎都是草图。"你还有多少时间？"

"15 分钟。你能帮我把演讲缩短一点吗？"莱纳问道。

莱纳会收集材料，但不会舍弃。莱纳知道很多，但他讲不出来。莱纳喜欢沉浸在数据、Excel 表格、统计数据中，但又从来不切题。首先，因为他不从受众出发来思考，不会以受众的角度通过他的材料和他的想法进行逆向思考。他根本不知道人们想听什么。其次，因为他头脑中没有成功的演讲结构来帮助他整理材料。

在演讲中，成功讲故事的最佳工具是 Sparkline（见图 2-4）——微线图曲线。它形象地展示了演讲的戏剧性过程。我在美国演示设计师南希·杜瓦特的一本书中发现了这个工具。南希是硅谷的明星。但在我看来，她的微线图要求太高，几乎令人生畏。在这里，我给你展示一个简化版本。

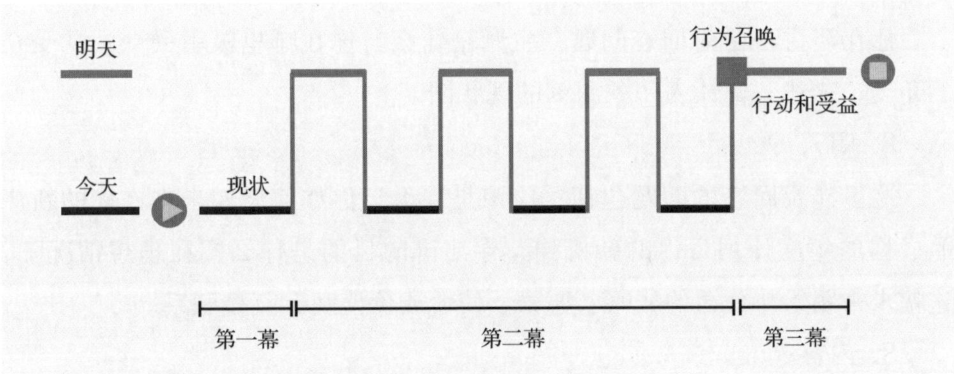

图 2-4　微线图曲线——有效演讲的一种戏剧性模式

资料来源：strategisches-storytelling.de.

演讲就是你带领受众的旅行。你接上“今天”的人们（具有一定知识水平、一种生活方式、一套价值观），把他们带到一个“明天”（你的想法、你的产品、你的愿景）中。

即使你只是想展示事实，比如月份的数字等，你的演讲背后仍然有一个意图。你想撼动你的员工或同事，表扬他们，让他们对于改变有正确的心态。说服他们。

循序渐进：你根据微线图准备一次成功的演讲。本书附录中的画布坐标系将引导你完成各个问题（见图 A-1）。在第一轮中你花 15 分钟的时间完成操作。这会让你对自己的演讲有一个更清晰的了解。在处理详细内容之前，你要先阐明总体思路。请求同事也填写画布体系。通过这种方式，你可以有效地比较各种想法。只有当画布完全填满了，你才开始设计图表并编写文本部分。你会发现，使用画布体系做起来要容易得多。你也可以阅读下一节。在那里，我展示了一个画布体系示例：史蒂夫·乔布斯在斯坦福大学的著名演讲《找到你喜欢的》。

微线图模型

1. 今天

你在演讲开始时回答问题：主题是什么？你在哪里吸引受众？从受众的角度，描述一幅让人印象深刻的现状图。

2. 明天

这里涉及回答的问题包括：应该是什么？你如何展望未来，你的新产品、你的年度计划、你的新机构、你演讲的目的是什么？在理想情况下，这幅未来图景与公司的战略、愿景、使命或价值观有直接联系。

3. 内容

把你演讲的内容总结成一个句子。这句话应该回答三个问题：你自己的立场是什么？受众为什么要听？内容如何与公司的战略相联系？想象一下有人问你："你的演讲到底是关于什么主题的？"

然后不要回答："是关于月球任务的。"

那太简洁了。

也许更应像约翰·肯尼迪那样回答："所涉及的是关于美国应该主宰太空，因为这是美国在地球上未来的关键。"

这句话回答了三个问题。肯尼迪把登月任务放到了一个大背景下。

4. 持续时间

这听起来微不足道，却是一个无法及早回答的关键问题：讲座需要多长时间？这与你所得到的时间或你所能得到的时间无关，而是与讲座的目的有关。你能在 5 分钟、10 分钟、15 分钟或 20 分钟内做得更好吗？我不会推荐更长的时间。除非你整合到不同的媒体和人，像史蒂夫·乔布斯在他的发布会上那样。这样的话费用会增加很多倍。TED 大会的演讲对我来说是很好的蓝本。[①]

5. 效果评测

如何判断你的演讲是否成功？有一个答案我已经听过很多次了：这行不通。这不可能。你必须想到它。如果你事后无法判断讲座是否成功，你将如何学习？重要的是掌声吗？演讲时的情绪如何？提出了多少问题？对下一步行动的热情如何？你一直认为重要的内容是：先把它写下来，并确保通过投票工具，通过观察对其测评。优秀的组织者会对会议参与者的演讲进行评估。

6. 行为召唤

这涉及一个问题：在讲座的最后，你对受众的期望是什么？号召行动是在召唤冒险（号召受众跟随你的思想之旅）之后，是演讲的第二大转折点。最重要的是，这是演讲的决定性转折点。你把这些期望记在一个待办事项清单上，使之成为非常具体的行动。如果你的想法要转变为现实，应该采取哪些步骤？在理想情况下，行为号召是针对不同的受众群体量身定制的。每个人都应该能够想象，什么和自己相关，这会给群体和自己带来什么。

7. 受众

核心问题是：你的受众是谁？在计划讲座之前，你应该研究受众。你要说服他们认可你的想法，要使他们开始某种转变。

举个例子：如果你区分创业者、创新者、支持者和影响者，你就应该确定，如何融入每个群体中。你还应该确定一种独特的行为召唤。这看起来难吗？可能确实很难，但这是值得的。有一句美丽的格言：在你不了解

---

① TED 大会允许演讲持续 18 分钟。每一次演讲都是舞台上讲故事的完美蓝本：https://www.ted.com.

的受众面前演讲，就像给“主管单位”发一封情书。有了这封情书，你会希望爱情能得到回应。演讲也一样。受众会分享你的观点，支持你的想法。

8. 第一幕

演示文稿的微线图曲线分为三幕。第一幕不应超过演讲总持续时间的15%。重要的是，你应该与受众站在共同的立场上。你应该清晰地描述现状，使得房间里的每个人都会说：没错，就是这样的。通过这样做，你便可以在邀请受众去旅行之前与他们建立联系，想象你的“明天”。

9. 第二幕

第二幕是紧张弧线，占用演示文稿总持续时间的大约70%。这是在现状和未来之间的切换，造成了戏剧性的紧张。受众喜欢这种对比。你要展示，如何权衡新的和现有的冲突。你可以在这里和谐地开始，并戏剧性地使得这些对比尖锐化，以此逐渐接近目标。你代表不同于受众的新观点。他们想知道你是否对所有都深思熟虑。在这样一种互动之中，冲突会被描摹得非常精彩。

你确保这些对比不仅是分析性的，而且是情感性的。你也要确保，有一个与印象、战略或愿景相关的链接。

第二幕以行为召唤结束。

10. 第三幕

第三幕解释了行动和收益。它不应超过演示文稿总持续时间的15%。从心理学的角度来看，第三幕尤其重要，因为最后一幕说的话最容易被记住。因此，不要以号召行动结束——那样激励不了任何人，在最后一张图表中阅读待办事项清单。最后，最好将大家所期望的展示给大家：如果跟随你，会有哪些好处。

你要像唱片骑师或剧作家一样审视自己的演讲。他们的目标是创作一个难忘的事件，你要和同事或客户谈论某些内容，对他们产生一定影响，使他们成为你想法的载体。

实践：详细了解受众

我在本书中经常提到，了解受众是多么重要。我对受众的每一个细节都了如指掌，无论是在一次演讲中、一次文稿演示中、一封电子邮件中、一件档案中、一次产品描述中、一次战略描述中、一项任务中还是在一次价值观陈述中，这增加了我成功的机会。我能更好地和他们建立联系。为了简化这一过程，这里提出了一些指导性问题，它们简化了通常和受众之间异常复杂的互动：

- 受众的商业目标是什么？
- 受众的价值观是什么？
- 受众对所说的话有认知偏见吗？
- 受众熟悉这个主题吗？
- 受众是否有必须要回答的问题？
- 受众对此问题的立场是什么？
- 受众自身资历（即职位和经验）如何？

回答这些问题的人，可以清楚地了解他的受众，并在自己的故事中考虑到所有这些要点。当然，除此之外，人们也可以开发一些人格面具，即受众的原型代表。这样会变得更加清晰，但工作强度也更高。

令人信服的演讲结构（第二部分）

史蒂夫·乔布斯的演讲《找到你喜欢的》

概要

史蒂夫·乔布斯的演讲是讲故事的教科书。他使用了微线图曲线，使用了简单的语言。他讲故事，会直截了当地表达一个清晰的信息，这个信息能产生百万倍的回音。

史蒂夫·乔布斯是商界最好的演讲者之一。在他2005年斯坦福大学的开幕致辞中，微线图曲线被诠释为伟大演讲的模型。[①]

与他在苹果公司的产品展示不同，这次演讲感动了所有人，不管他们是否喜欢苹果公司的产品。乔布斯的斯坦福演讲为人称颂的是其深刻的人性。它在各个方面都简单明了：没有复杂的单词，关键段落前后的长时间停顿长达6秒。该结构通常跟数字“3”有不解之缘，即列举细目中的魔力数字“3”，它把一切联系在了一起。

乔布斯演讲的微线图曲线

1. 今天

向观众致意：“你们通过了大学毕业考试。我本人没有大学学位。”乔布斯的表达言简意赅。

---

① Steve Jobs: You’ve got to find what you love. Stanford, 14.06.2005: https://www.youtube.com/watch?v=UF8uR6Z6KLc

2. 明天

而他又在停顿了一下后才说："你们将离开哈佛，我建议你们：遵循自己的内心和直觉。"在演讲开始时，还没有人知道他想的是什么，直到他说："今天，我想给你们讲述我生活中的三个故事。"

3. 内容

用一句话表达："找到你喜欢的。"

4. 持续时间

时长一共不到 15 分钟。与其他篇幅较长的毕业演讲相比，这是一个合适的时长。在我看来，即使是在辞藻上才华横溢的奥普拉·温弗瑞在哈佛大学的开幕式上也遭遇了一场"海难"，她的演讲长度是乔布斯演讲的两倍，内容斑驳庞杂。你要做出自己的判断。[①]

5. 效果评测

我只能猜测：通过这次演讲，乔布斯想留下一份非常私人的遗产——他的人生哲学。不仅是给 2005 年的斯坦福大学毕业生班，还是给全世界的。演讲很成功。

6. 行为召唤

"保持饥饿，保持疯狂。"几个字，重复三次。它们在观众的脑海中燃烧，找到了百万倍的回音。

7. 受众

2005 年斯坦福大学毕业生班，斯坦福校友。通过录像：苹果员工，旅伴，全世界。因为演讲非常个性化，乔布斯的演讲不仅仅是针对其面前的学生，而是面向每个人。

8. 第一幕

对现状的描述只用了两句话。

---

① Oprah Winfreys Harvard Commencement Address, 30.05.2013: https://www.youtube.com/watch?v=GMWFieBGR7c

9. 第二幕

第二幕占用了90%以上的发言时间。乔布斯讲述了他生活中的三个故事，没有一般的事实。每一个故事都包含着深刻的见解，乔布斯对其进行了普遍化的描述。这三个故事来自他的过往经历，但对学生们来说是未来的生活提示。在他分享故事的经历、他从中学到的东西和认为可以传播的东西之间，乔布斯来回穿梭切换。这就是他保持紧张的方式。这三个故事都以各自的方式讲述了生命的循环，都涉及生、死、重生，所以它们感动了每一个人。

10. 第三幕

第三幕约占演讲时间的5%。收益是什么？真实、充实的生活。当然，在字里行间，还有一个成功的人生。如果这不是好处和收益，乔布斯作为有史以来美国重要的经济领袖之一，还有谁会追随他的足迹呢？乔布斯肯定不会这么说，但乔布斯最终是以行为召唤结束演讲的。这不一定要推荐。然而，在他的案例中，这发挥了尤其重要的作用，因为这不是一个待办事项清单，而是一个只有几个字的呼吁，它的措辞也很漂亮："保持饥饿，保持疯狂。"

林肯和奥巴马
切中主题

概要

演讲不要花费太多时间，但要切中主题。时间越长，效果反而越不好。问题是怎样才能在最短的时间内，在观众中达成既定的目标（在论据方面和情感方面），通过故事？ 2分钟～20分钟是一个很好的标准值。

当摄影师把装备架设完成时，甚至连一张照片都没拍，演讲就结束了。前一位发言者讲了两小时，有足够的时间安静地拍照。但这位在1863年11月用演讲谱写历史的人只讲了两分钟：一共10句话，270个单词。在美国内战期间，亚伯拉罕·林肯总统在葛底斯堡战场上发表了演讲。[①] 在这么短的时间内，林肯带领听众踏上了一段旅程，从美国建国开始，到演讲时为止，此时由于内战而满目疮痍的美国正处于十字路口。林肯的目标是：确保美国人选择正确的道路。

我举这个例子，是因为我经常听到一个说法：好的演讲必须有一定的长度，否则就不能说出所有重要的事情，或者人们将无法充分地说明主题或自己的意图。一位总统只发言两分钟，这显然不适合他的角色。但当我阅读林肯的演讲材料时，我觉得没有什么遗漏。一切都说了，只是和他在

① Der Redetext von Abraham Lincoln, auch in deutscher Übersetzung: https://de.wikipedia.org/wiki/Gettysburg_Address

150 年前已经考虑到数字化世界的注意力时限有所不同，我们对简洁和速度有着绝对渴望。

对巴拉克·奥巴马而言，20 分钟是演讲时长的上限。正如这位美国前总统的长期首席演讲稿撰写人约翰·法韦劳所说，不超过这个长度是他的黄金法则之一。他有一些成功且有针对性的演讲技巧，不仅在政治上有效。[①] 通常它们主要是用演讲说服人们的艺术。

奥巴马成功演讲的黄金法则

1. 最长持续时间：20 分钟

无论观众有多异质，主题有多复杂，重要的是要切中要害。演讲时长不超过 20 分钟。

2. 内容比文字更重要

在目的完全明确之前，咬文嚼字毫无意义。然后是演讲的结构和内容，最后是词语。

3. 在演讲中加入反对者的论点

在政治上尤其重要：找到反论点，将其纳入演讲并进行反驳，而不是事后再讨论。

4. 准确了解听众

演讲者需要从听众的角度了解世界是什么样子。对奥巴马来说，一个重要的成功标准是用听众熟悉的语言说话，并谈论那些让听众感动的问题（作为总统几乎是不可能的）。这就是为什么奥巴马的演讲对所有在众多不同听众面前演讲的人来说都是一个很好的例子，与他的继任者的演讲形成鲜明对比。

---

① Zusammengefasst von Trevor Ambrose: https://www.linkedin.com/pulse/obamas-speechwriter-shares-5-storytelling-tips-trevor-ambrose?forceNoSplash=true

5. 感情需要理智

激发听众的关键是情感。关于最后这一点，有一个例子：2008 年胜利演讲[①]的战略主题是“改变”。通过奥巴马讲述的一个小故事，其效果才充分发挥出来。每个人都记得安·尼克松·库珀的故事，当然也记得演讲中的口头禅“是的，我们能”。奥巴马说：“她与今天排队等待听这次选举发言的数百万人没有什么不同。除了一件事：安·尼克松·库珀已经 106 岁了。”然后，他带领听众从 19 世纪到了 20 世纪、21 世纪，并录制了林肯“葛底斯堡演说”的台词。每个听众都能感同身受，因为这不是一次抽象的演讲，而他们都与安·尼克松·库珀一起走过这条道路，这已经到达了演讲的真正主题——我们能。奥巴马开始了一部贯穿人们思想的电影，这是一部为他的美国而拍摄的宣传片，其目标只有一个：强化“是的，我们能”[②]的精神。

他的声音响起：“她属于出生在奴隶制结束后的一代人，那时街道上没有汽车，天空中也没有飞机。当时像她这样的人因为两个原因被禁止投票：一是因为她是女性，二是因为她的肤色……今年，在选举中，她用手指触摸屏幕并发出自己的声音。因为在美国生活了 106 年，经历了好的时代和糟糕的时代，所以她完全知道美国能改变多少。是的，我们能。”

实践：将 100 张图表缩减为 1 张图表

我每一次成功的演讲都很简短，大约 3 ～ 30 分钟。原始版本通常要长得多。在一个“蒸馏”过程后我获得最终版本。以下是演示示例的步骤：

---

① Barack Obamas Siegesrede auf Deutsch: http://www.spiegel.de/politik/ausland/obamas-rede-im-wortlautdas-ist-euer-aller-sieg-a-588507.html

② 伟大的“是的，我们能”是一句名言，由德国总理安格拉·默克尔化用为“我们能办到”。1972 年，凯萨·查韦斯使这一口号成为他创建的联合农场工人联盟的座右铭。载 https://en.wikipedia.org/wiki/S%C3%AD_se_puede.

设定严格的时间限制，以便有足够的空间与观众进行有价值的对话。

对 100 张图表的起始材料，要彻底地削减：10 张就足够了。

建立一个清晰的故事情节，就像林肯在他的演讲中所做的那样：美国的建国、战争、对开国元勋精神的记忆与未来。

表达一种行为呼唤：我想要实现什么？我表达的重要信息是什么？林肯想要的是自由国度的回归。

你要彻底剔除一些内容。你要问自己：每一张卡片、每一句话、每一张图片是否真的有必要？一次又一次地检查演示文稿，并与同事一起检验。

如果有 10 张图表，你能不能再次从根本上进行缩减：1 张图表够不够？

如果还剩下 5 张卡片，你会感到满意：图表 1 表示初始情况，图表 2 ～ 4 表示复杂化，图表 5 表示解决方案和行为召唤。

你真的想把所有的内容都放在图表上吗？我的建议是：你这是借助这些图表，把听众带入故事之中。你展示一张关于业务发展的图表，展示竞争对手的产品征服市场的图片，展示新业务领域研究的核心。无论如何，通过这个“蒸馏”过程，你会记住演示的其余部分。

《我们都是教皇》
什么时候故事才是故事

概要

新闻业的三个问题是：什么是故事？为什么我们现在要讲这个故事？这个故事是为谁而写的？它们是如此基础，以至于每个讲故事的人在交流时都会面对它们。它们是电子邮件、销售宣传和演示的绝佳指南。它们易于使用，且节省大量时间。那些在讲故事之前问自己这些问题的人，要么写出了正确的故事，要么因为实际上根本没有故事而保持沉默。

在新闻业最重要的讲故事经验可以总结为三个问题。这三个问题引出了故事的核心，检验了故事是否适合吸引读者并促使他们购买或点击。故事的内容是次要的。无论故事是长是短，无论是刊登在杂志上还是在网上、出现在照片中还是在视频中，无论它是否更具信息性或实用性，都不重要。重要的是，我们要找到一种在正确的时间为正确的观众讲述正确的故事的感觉。

新闻业的三个基本问题

1. 什么是故事？
2. 为什么我们现在要讲这个故事？
3. 这个故事是为谁而写的？

什么是故事？这个问题的答案还没有定论。答案可以由三个要素组成：大字标题、导语以及图片或视频。大字标题以最短的方式讲述了这个故事，同时还会激发读者的好奇心。导语用几个短句讲述故事，就像一个扩大的标题。故事本身也是一种扩展的表现形式。相应的图片是一个反向金字塔。它从一般到特殊（至少在新闻里是这样）。在我看来，实用新闻文体是在商业情境中讲故事的一个很好的例子，因为它客观、清晰、中肯。最后一个元素是图像或视频。它以自己的方式讲述故事，主要是情感上的，并补充了标题。下面的例子是 2005 年 4 月《图片报》中的经典作品：

《我们都是教皇》

这是千禧年轰动一时的事件：来自巴伐利亚小镇、因河之畔马克特尔的枢机主教约瑟夫·拉辛格（78 岁）成为新教皇！482 年来第一个在罗马教廷的德国人！全世界超过 10 亿天主教徒的领袖！

这样有效地赢得了读者的关注，无论是情感上还是事实上。因此，第二个问题已经在标题中得到了回答。为什么我们现在要讲这个故事？在新闻业中，这是不言而喻的，即使它并不总是优雅而醒目地被解决，像有教皇在圣彼得堡的阳台上挥手时照的头条标题的《图片报》那样成功。但在商业故事中，这个问题也必须在一开始就得到回答：为什么我现在要写这封电子邮件？为什么我们现在开这次会议？为什么我现在要举办这个讲座？如果答案不好，电子邮件可能是多余的，会议或讲座的情况也是完全一样。但是，如果答案是明确和实质性的，则应与主题或引言相关联。就像《图片报》一样：标题、图片和导语以简短的形式讲述了整个故事。

以这种方式进行沟通的人，会确保他们的受众始终知道，所涉及的主要是什么内容，以及为什么这一点现在很重要。如果没有引起兴趣的标题和导语，没有让人感动的图片，就很有可能没有故事可以讲述。这节省了叙述者和受众的时间。毕竟，新闻的艺术在于，区分开重要的故事和不重要的故事，关注要讲述的故事，其他故事不做考虑。

最后，关键问题是：这个故事是为谁写的？在教皇的例子中，这是显而易见的：对每个德国人，《图片报》最大的目标群体。就这方面而言，这是一个对这一标题的完美故事。每个故事也包含了读者的想法，无论是提到的“我们（所有人）都是教皇”，还是没有提及的。一封电子邮件或一条信息有一个清晰的收件人群体；一个会议会有一份参会者名单；一次演讲，其听众通常事先可以得知。如果受众变多，那会是另一番景象：究竟谁是我们产品的买家？谁使用我们的服务？谁会坐在礼堂里听我的演讲？

在新闻业中，我发现了两种有效处理这个话题的方法：一人一小组和模范型读者。当然，市场调查也可以采用更大的方式，但这增加了复杂性。“一人一小组”是我的前老板——博达首席执行官保罗·伯恩哈德·卡伦经常使用的一句话，用一个人来代替所有读者。这通常指的是编辑本人，但他也需要建议。做什么？询问同事，还是更喜欢咨询编辑部以外的人？他代表了所有读者的浓缩，是某种超级读者？长期担任《多彩》杂志总编辑的帕特里夏·里克尔喜欢谈论她的清洁女工，这位女士后来晋升为一名管家。在紧急关头，她得到的是咨询，而不是昂贵的顾问：她应该能够从与《多彩》的主题相关的内容开始。她代表了很大一个读者群体并使得《多彩》很接地气。[①]一人一小组，就像两人一小组或三人一小组一样，有助于获得巨大、快速、直接的反馈。那些想成功讲述故事的人，那些想创造灵感、感动和鼓舞人们的人，应该成立这样一个小组。

模范型读者，通常也称为人格面具，有些抽象。目标群体被分为最重要的几个类型。他们被描述得很形象。比如，约尔根，一位热爱足球的父

---

① 来自帕特里夏·里克尔的肖像——《人们说的那个女人》。载于《时代》杂志，2010 年 3 月 18 日。

亲，45 岁，选择了社会民主党并购买《乡村情感》杂志，因为他的梦想是在孩子们走出家门自立门户后，和妻子一起离开城市；或者大学生彼得，他使用 CHIP Online，因为他总是想了解数字世界的最新动态。每个讲故事的人都需要对他想与之攀谈的人有一个大致的了解，不仅仅是在新闻界存在这种情况。根据我的经验，讲故事最常见的失败之一就是对目标群体及其愿望和兴趣没有充分了解。

介绍模范型读者的一种美好而引人注目的方式是叙事。阿克塞尔·施普林格在战后几年内建立了欧洲最成功的出版社。他一次又一次地向《汉堡晚报》的编辑们讲述在阳台上拿着天竺葵盒子的一对夫妇的故事：下午，他们在喝咖啡，然后邮箱发出“啪嗒”声，是《汉堡晚报》来了。阿克塞尔·施普林格说，他们现在可能想读什么？他没有等待回答，而是自言自语：阳台上的丈夫刚从船厂下班回家，不想知道亚马孙河洪水或非洲丛林大火的任何情况。这既引不起他的兴趣，也引不起他妻子的兴趣。他想知道他周围发生了什么。他感兴趣的地方一定在报纸首页，且在首页的顶部。[①]

实践：制作精彩的大字标题

作为总编辑，多年来我以成功的新闻标题谋生。我知道好的新闻标题是如何产生的。但老实说，很多都是凭感觉和经验。尽管如此，我还是想试着描述一下自己是如何得到好的大字标题的。我们假设要描述一个关于新产品的故事：

产品部经理描述了 5 ～ 10 条大标题，是他自己或与团队一起制定的。

① 迈克尔·尤格斯在他为阿克塞尔·施普林格所写的传记中讲述了这则逸事。Der Fall Springer. Berlin: 1995.S. 161.

- 它们突出了对客户的好处并激发了客户的欲望。
- 它们尽可能短（没有图表，没有附加语句）。
- 它们的表达方式是每个人都能理解的（没有外来词）。
- 它们都很具体（没有兜圈子的话）。

这些标题由产品部经理分两个圈子讨论，内部与销售部同事讨论，外部与（潜在）客户讨论。

带着新获得的知识，产品部经理回到自己的团队并优化这些标题。

然后从头开始，直到选出可以销售出产品的大标题。

这个标题或精选的最佳标题仍然可以在市场研究中进行测试，也许还可以与图片结合使用。

对，是这样的。不管是谁在做这件事，都不是把销售交给代理机构，而是由自己来总揽一切。当然可以向一家代理机构请教。但那些过早这样做的人最终将无法评估他们的提案，因为他们自己没有积累任何经验。

在苹果公司可以找到许多关于精彩的大字标题的例子，比如，史蒂夫·乔布斯在预告 iPod 时说的一句话：“ iPod：1000 首歌曲在你的口袋里。”这句话简洁明了（仅仅几个字），具体明了（1000 首歌），并且突出了个人用途（歌曲可以放在我的口袋里）。引起共鸣的是：许多记者都为之所动，直接将其转用作大标题。

这句话从何而来？所有迹象都指向史蒂夫·乔布斯本人，而不是营销部门，更不是代理机构。

这种方法也可用于演讲题目、图表题目、电子邮件主题以及公司网站上的投稿：它是通用的。即使付出了很大的努力，你也要记住：好的标题会引起好奇心和兴趣，坏的标题会毁掉一切。

斯蒂芬·金吸引人的初始情境

“如果……会怎么样”

概要

一个引人入胜的初始情景对吸引观众进入故事至关重要。斯蒂芬·金建议简单地问“如果……会怎么样”，并相信它会带来一个激动人心的故事，这个故事在第一秒就令人着迷，在最后一秒仍保持活力。

直觉还是计划？小说家是如何获得他们的故事的？英国作家埃德加·华莱士在30年内写出了120部侦探推理小说，他事先构思好整体框架，之后几周完成写作。尽管他不会再知道了，至少有一个谣言持续不断地流传，他打开了小说家的幸运轮，这被称为埃德加·华莱士的情节轮。[①]在那里，他读到诸如“敌犬”“流言蜚语”或“勒索者”之类的字眼，然后拿走了出现的内容。这个幸运轮背后的理念是：化解写作时出现的紧张情绪。有些时刻，什么都让你提不起兴致：没有创意，没有语句，没有故事。情节轮说：好吧，新情况！如果现在有一只敌犬出现，那怎么办？到时候会怎样呢？即使这个想法可能完全荒谬，但它会让你发笑，消除当事情没有继续下去并且所有想法似乎都错了时可能出现的沉重感。

埃德加·华莱士就是这样做的。侦探推理小说以模板构建，但在行为细节上留有自由空间。在我们讨论斯蒂芬·金和他关于强势起点的观点之前，

① 还有一款作为智能手机应用程序的创意自动机，叫作头脑风暴者。

让我们先从更高、更远的角度来看起点问题：小说实际上是如何产生的？它们是根据事先制订好的计划来写的吗？这个计划提前详细描述了每一章节和所有人物，并围绕开头和结尾，提前准确定义戏剧性的高潮？或者，它们是按照一种直觉产生的，并不知道故事的走向、如何结尾和出现哪些人物？

美国作家斯蒂芬·金是开放型处理方法的激进代表：

“情节方案（即详细说明情节的方案）在我看来是好作家最后的避难所，也是傻瓜的首选。这样的故事只能听上去是人为的和虚构的。”

他自己也有过不好的经历。我只能证实这一点。在简单故事中表现出色的东西，在小说中很快就会变得令人尴尬。当一个故事完全提前计划好的时候，就很难写得生动。就像一次完全安排好的旅行，没有任何偏差的余地。像“我喜欢这里，让我们再住两晚”之类的插入性建议就几乎不会出现，计划就是计划。

替代方案是什么？金说：“一个足够令人信服的初始情况，使整个故事情节的问题变得多余。”他不像埃德加·华莱士那样以他的情节轮事先计划好一切，而是提出一个简单的问题，让故事自由运行：“如果……会怎么样？”

如果吸血鬼入侵了新英格兰的一个小村庄，会怎么样？如果一个年轻的母亲和她的儿子在一辆抛锚的车里受到一条疯狗的威胁，会怎么样？

这是金的观点。这个问题可以成为许多故事的起点：如果你所知道的世界真的是矩阵，会怎么样？如果你的戒指拥有毁灭或拯救世界的力量，会怎么样？或者，暂时对影视剧避而不谈：如果我可以在旅行中独自居住而不是住酒店，会怎么样？如果我辞掉工作并最终创办自己的公司，会怎么样？如果明天我是部门负责人，会怎么样？

生动的情境正在出现。没有图表，没有目录，有的仅是有形人物的故事——关于人们和他们在旅行中遇到的人，关于实现他们的商业理念的人，关于事业升迁。

斯蒂芬·金的观点的伟大之处在于：他激发了想象力，因为问题之中已经蕴含着紧张。我们现在对世界有了不同的想象。有些事情会改变的。一条裂缝贯穿整个世界，然后会发生什么呢？

金写道："我将角色置于某种冲突中，然后旁观他们怎样试图摆脱困境……在某些情况下，结果正如我想象的那样。然而，大多数时候，小说的结局是我从未预料到的。"[①]

任何故事，无论多长、多复杂，都可以用一个以"如果……会怎么样"开头的句子来讲述。以这种方式处理主题的人，不仅会激发自己的想象力，还会激发听众或读者的想象力。会出现生动的场景，因为大家都在继续考虑这个问题。"如果……会怎么样"是一个让想象力自由驰骋的邀请。

斯蒂芬·金认为，故事实际上是自己书写自己。如果它们成功了，那它们就创造了奇迹。

"读者……首先希望把一个吸引他们的好故事带上飞机，然后身临其境的感觉促使他们继续翻阅。在我看来，如果读者在书籍中人物的身上、他们的行为中、他们的环境中和谈话中重新发现了自己，就会发生这种情况。如果读者从书籍中得到自己生活和自己观点的回声，他就会更深入地研究这个故事。"[②]

这就是恐怖大师。你只需简单地换个词就行，把"读者"一词替换为"员工/同事/老板/客户"，将"书籍"一词替换为"讲座/对话/电子邮件/宣传"。

实践：在产品规划中开发生动场景

"如果……会怎么样"的方法轻松实现了任何类型的未来规划。产品规划示例：以这个问题开始的人，会贴近市场并开发出生动的场景。

---

① Stephen King: Das Leben und das Schreiben. München: 2012. S. 200 f.

② Ebd. S. 195.

你不妨尝试以下步骤：

以小组为单位，你用“如果……会怎么样”描述初始情境并研发生动的场景。将15个参会者最好分成5组，每组3人。这些小组现在针对给定的主题制定答案。示例：“如果我们恢复了早期的一种狂热祭礼，会怎么样？”

每个小组都将该场景描述为一个小故事。这个故事应该遵循一定的情节，把一个客户作为主人公放在中心位置。这个故事讲述了客户怎样以及为什么找到该产品。为了尽可能简单，我推荐以故事主线作为模板，故事主线会在“从前：一个简单的童话模式和营销方案”一节中介绍。

紧接着，“如果……会怎么样”型故事被呈现出来，并且选择了其中最好的那些故事。小组现在的任务是用事实和数字来支撑故事。

新会议：展示结果并选择最好的故事。

重要提示：所有参与者再次将这个故事提交到“如果……会怎么样”方法中，这一次带有一个否定的预兆：“如果我们的故事和我们对事实的评估是错误的呢？”这也像第一步一样，3个人组成一个小组，开发出不同的故事。在这些故事中，反对的一方想使该计划失败。

通过这个简单的讲故事练习来探讨产品规划主题的人，很快就能感受到市场并与客户保持密切联系。故事可以一再地试用、进一步发展，以及反驳否定的故事（悲剧），直到否定的故事看上去不太可能，以此使成品故事显得强大。

故事的核心之旅

黄金圈

概要

玩转黄金圈：为你工作的公司，为你钦佩的公司，为你自己。你会看到："为什么"的答案已经基本包含了整个故事的核心。

两个中学同学米凯拉和罗伯特，在毕业很长一段时间后在街上偶然相遇。两人客套地寒暄了一番。毕竟两人都有约会，就急于知道对方的近况，对方现在在做什么，对方要去哪里。他们决定，通过脸书进行联系。下次一定再会，但现在要快点，别迟到了！当他们拥抱道别时，罗伯特问："米凯拉，为什么你现在做了教练，而不是律师？"米凯拉开始喜形于色，把罗伯特拉进一家咖啡馆："让我给你讲个故事……"

两小时后，他们仍然坐在那里，各自的约会都取消了。

每个故事的核心是什么？是什么激励和联系着人们？不是他们做了什么，不是他们怎样做，而是为什么他们做某事激励着人们。这就是畅销书作家西蒙·斯涅克在他的书中所说的："总是问为什么。"[①]

由此构建了一个小工具，即黄金圈（见图 2-5）。它主要用于公司管理。对于讲故事的人来说，无论故事是关于米凯拉和罗伯特这样的人还是

① Simon Sinek: Start with why. How great leaders inspire everyone to take action. London: 2009. 在我看来，与西蒙·斯涅克一起观看这段视频，比阅读他的书更有效率：https://www.youtube.com/watch?v=u4ZoJKF_VuA.

关于公司，黄金圈都是一个很好的工具。

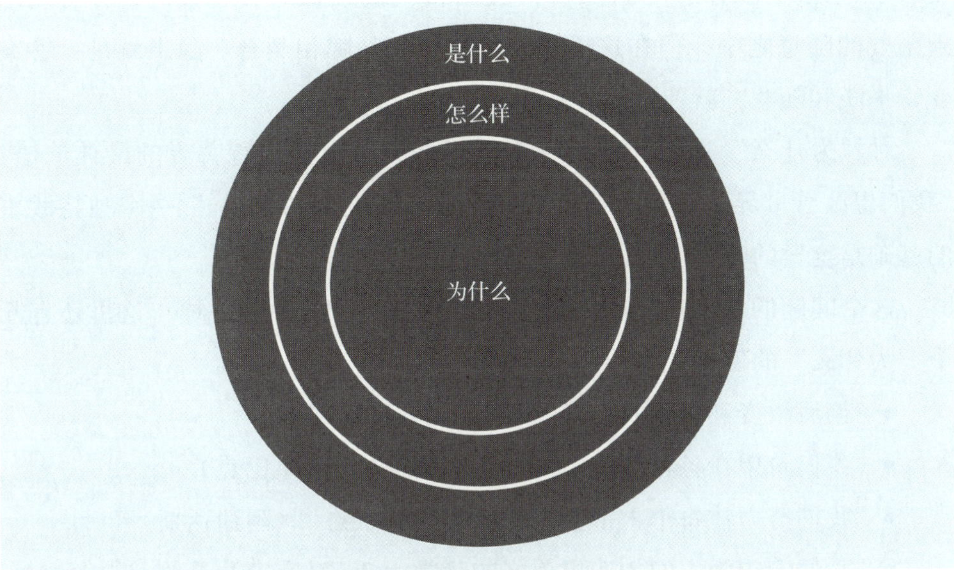

图 2-5　三个关键问题：西蒙·斯涅克的黄金圈法则

黄金圈说：问三个问题——为什么、怎么样、是什么。在回答中，你会发现第二个问题和第三个问题并不难回答，但有一个问题很难回答。你为什么做现在所做的？你的公司或部门为什么在这里？它存在的理由、它的起源及其目的是什么？

例如，以下是哈雷·戴维森[①]对这三个问题的回答，我是在网站上发现的：

- 为什么：实现个人自由的梦想。
- 怎么样：我们所做的一切，都致力于通过创新的产品、精密的制造以及强大的经销商和供应商网络，创造卓越的客户体验。
- 是什么：打造经典摩托车。

① 哈雷·戴维森是哈雷·戴维森贸易有限公司生产的摩托车品牌。——译者注

如果我自己没有经历过关于这个主题的研讨会，我会认为找到答案会更容易，尤其是针对“为什么”。在哈雷·戴维森的表述中，它有可能陷入俗气的随意之中，但在这里它完美地与该品牌相契合。隐患就是：答案变得平淡和随意，就像讲故事一样。

对“为什么”这个问题的答案，不是简单地挑选行善者的最佳谚语：“我们想改善世界。我们想要创造一个可持续发展的未来。”一个独特故事的基础是这样的吗？

这个问题的答案应该像一套剪裁考究且合身的西装一样。这里还有几个“为什么”的例子：

- “彻底改变和重塑我们经营的每个部门。”（维珍）
- “我们希望在各种环境中激发人们的灵感。”（星巴克）
- “我们努力让每个人都实现自己的最佳状态。”（阿迪达斯）
- “我们希望为人们创造更美好的日常生活。”（宜家）

这些例子表明，这个问题可以在许多层面上得到解答。至关重要的是，这些公司反复讲述的故事占据了这一核心。像理查德·布兰森这样的创始人会自然而然地做到这一点。

带着维珍的精神进入新的业务领域是他 DNA 的一部分。他是个冒险家，不在乎失败，他会重新站起来。他做出了“为什么”的榜样。他代表了答案。布兰森讲述的每个故事都会自动围绕这个主题展开，因为这不是他的工作，而是他的生活。

如果创始人退休了，继任者必须找到自己的方式，尽管如此，仍然要接续最初的“为什么”，以避免失去客户、合作伙伴和员工。这并不容易，却是必要的。

“为什么”会激发、唤起幻想，并创造故事。它增加了价值，使其与众不同，并使其在行业中独领风骚。它简化了采购决策，给客户和员工一种良好的感觉、凝聚力，以及他们每天早上上班或决定选择一种特定产品的原因。它以一种深刻的方式将人们联系起来，例如，在街上碰巧相遇的老朋友，他们通过询问“为什么”找到新的开始。

实践：“为什么”的两个方面相互连接

在研讨会上，我经常注意到，以黄金圈工作的人会自发地从一种主观视角回答“为什么”。

“你为什么作为护理教练独立工作?”

“因为这个主题在我的生活中起着核心作用。”

这是一个很好的答案。它应该出现在自己的网站上吗？无论如何，还应该有一个关于护理主题如何进入教练生活的故事。但光靠这一点还不够。

这个内在的“为什么”还需要和一个外在的“为什么”相连接。外部的“为什么”描述了我们给客户的东西。

“你为什么作为护理教练独立工作?”

“因为我想帮助我的客户认识到什么是对自己最好的，并让他们过上最好的生活。”

对我来说，好的“为什么”讲故事（或目的讲故事）模式意味着将这两个方面结合起来，就像在一个网站演示的范围内，外部“为什么”在前台，而内部“为什么”可以在“关于我”的部分中找到。这样，一个可信的故事就诞生了。

魔法师和探险家
原型的世界

概要

原型允许同时以轻松和结构化的方式处理故事。它们给了我们一系列的人物形象，我们可以从中选择最合适的。因为原型是普遍有效的，所以它们在全球不同的文化中都起作用，如可以对人员、品牌、产品或公司进行归类。

原型使成功讲述故事变得容易。它们代表了各种人物角色和形象，观众可以立即从中识别出人物形象——智者、傻瓜、情人、叛逆者。原型直接对我们的无意识说话，而不绕路经过我们的思想。它们解决了我们的梦想、愿望和向往。它们不仅适用于人，也适用于公司或品牌。

任何曾经开发过原型故事的人都知道，借助它们工作是多么惬意舒适，即使归类并不总是让人感到容易和明确。自发地、几乎不假思索地尝试在12个原型的圆圈中发现自己、你的朋友和同事或你最喜欢的品牌。你将看到，当这个任务简单可行时，感觉是多么美好。

心理学家卡尔·古斯塔夫·荣格对原型进行了详细描述。[①]对他来说，原型代表了所有时代和文化中普遍存在的心理结构。它们出现在神话、童话、寓言、绘画、小说或电影、梦或符号中。荣格写道，我们所有人都在这些原型模式中运动，它们决定着我们的生活。

① C. G. Jung: Archetypen. München: 2001.

荣格展示了每个原型如何讲述一个故事——关于控制或自由，关于变化或秩序。信息图将 12 个最重要的原型显示为一个圆圈（见图 2-6）。关于信息图的灵感来自原型专家卡罗尔 · S. 皮尔森的论文，她稍微简化了卡尔 · 古斯塔夫 · 荣格的原型世界。[①] 身处外边沿的是原型本身。外圈显示原型代表什么：创造者代表创新，叛逆者代表解放，傻瓜代表高兴。内圈将原型分配到四个部分：秩序、履行、联系、变化。我已经在“折断的树：听众想听什么”一节描述了一个与“灵魂方位”非常类似的模式。

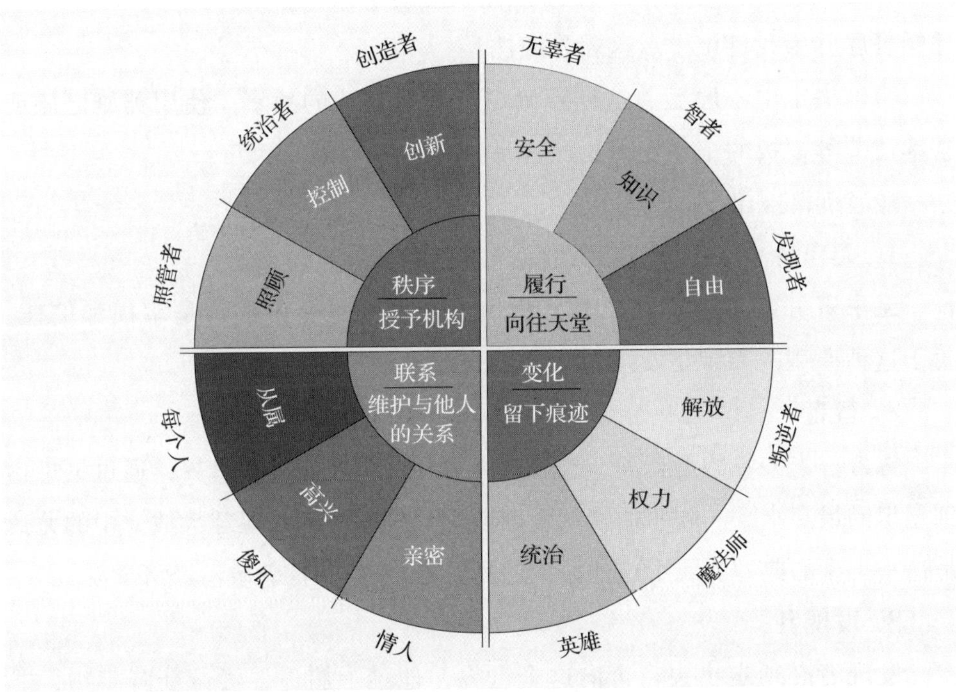

图 2-6　观众立即识别出自己的人物形象——卡尔 · 古斯塔夫 · 荣格的原型世界

即使在原型圈中，处于相反方向的，所代表的内容也彼此对立：秩序相对于变化，履行相对于联系。然而，这并不意味着它们是相互排斥的，

① Carol S. Pearson: The Hero and the Outlaw: Building Extraordinary Brands Through the Power ofArchetypes. New York City: 2001.

而是相反，它们是相互补充的。

在讲故事中，原型很有用，因为它简化了故事。根据我的经验，用原型工作的主要任务是制定一个基本的方向。在实践中，经常出现不能明确归类的情况，比如一家公司。我们很快就能看出，它承载着和这些原型不一样的部分。这是一幅拼贴画。例如，谷歌是一个经典的魔法师，同时该公司是创新的缔造者，并且已经在最初的愿景中阐述了这一点（“我们的目标是组织世界信息，使其在任何时候都可供所有人访问和使用”）。尽管如此，魔法师显然处于中心地位。谷歌借助于人工智能，使我的手机自动呼叫餐厅并为我订位子。这就是魔法！

明确决定中心原型，这样就确定了我们讲述的故事。使用英雄之旅或基本情节等模板的工作变得更加容易。

12 个原型和例子详解如下。

1. 无辜者

无辜者好奇、自发和乐观，相信美好。其主要价值观是幸福和信任。属于这种原型的品牌是安娜图拉和依云。

2. 智者

智者首先关心的是真理，想通过智力和分析技能了解世界，通过冥想达到意识的最高水平。阿尔伯特·爱因斯坦、柏拉图或《星球大战》中的尤达是这一类型的典型。属于这种原型的品牌是 TED 和伦敦政治经济学院。

3. 发现者

发现者必须走出去，奔向这个世界。他踏上旅途，尝试新鲜事物，非常重视个性和独立。莱因霍尔德·梅斯纳尔是典型的发现者。属于这种原型的品牌是维珍和乐斯菲斯。

4. 叛逆者

其座右铭是：规则是可以被打破的。其方法是激进的——破坏、革命或震慑。叛逆者代表价值观。特斯拉创始人埃隆·马斯克是一个典型的叛逆者，他以环境之名与传统汽车世界作斗争；或者还有年轻的史蒂夫·乔布斯，他反抗强大的IBM。属于这种原型的品牌是哈雷·戴维森和特斯拉。

5. 魔法师

魔法师使其他人认为不可能的事情变成可能。他想了解宇宙的规则，以便让世界变得更好。典型的魔法师是《指环王》中的甘道夫和成熟的史蒂夫·乔布斯。属于这种原型的品牌有苹果和谷歌。

6. 英雄

其座右铭是：有志者事竟成。英雄掌握了改变世界的能力，不惧怕困难的情况。典型的英雄是奥德修斯、詹姆斯·邦德和弗朗茨·贝肯鲍尔。属于这种原型的品牌是保时捷和耐克。

7. 情人

情人总想让别人觉得自己与众不同，渴望在情感上快乐。典型的情人形象是玛丽莲·梦露。属于这种原型的品牌是“大内密探”内衣和香奈儿。

8. 傻瓜

傻瓜寻求快乐、喜悦。其他人的同情对他来说很重要，所以他会使人们得到消遣，为他们助兴。他享受当下，活在此时此地。典型的“傻瓜”是查理·卓别林和斯特凡·拉布。属于这种原型的品牌是梅地亚家电超市和“斧头”。

9. 每个人

他是不起眼的同乡人，是一个否定特权和优先权的民主主义者。他脚踏实地，是一个忠实的伙伴。典型的“每个人”有创立Aldi的阿尔布莱希特兄弟，还有弗洛里安·西尔贝里森和海伦·菲舍尔。属于这种原型的品牌是大众、宜家，当然还有Aldi。

10. 照管者

其热心而敏感地关心他人，想要帮助、支持和保护他人。典型的照管者是特蕾莎修女或戴安娜王妃。属于这种原型的品牌是德国汽车俱乐部

ADAC 和安联。

11. 统治者

统治者追求控制和权力，但同时也追求一个和谐的环境。这不是为了统治而统治。其目标是将其力量用于善，比如为了一个群体的繁荣。典型的统治者是安格拉·默克尔。属于这种原型的品牌是梅赛德斯－奔驰和劳力士。

12. 创造者

乐于实验和富有创造力是这种原型的标志。创作者是发明家、农民和艺术家，他们希望将愿景付诸实施。典型的创造者是列奥纳多·达·芬奇、诺曼·福斯特爵士或安迪·沃霍尔。属于这种原型的品牌是 Lumas 和辉柏嘉。

实践：使用原型进行成功的工作面试

一次成功的面试取决于我们讲述自己故事的说服力。作为一条红线，沿着原型讲故事会大有裨益。

重要的是传达一个清晰的自身形象。坐在对面的人想知道：我是谁？我适合他的公司吗？我如何为他的公司成功作出贡献？任何在这种对话中迷失方向的人都会失败。

在轻松地描述自己故事的方面，原型是一种非常有效的方式。我是无辜者、智者还是发现者？叛逆者、魔法师还是英雄？情人、傻瓜还是每个人？照管者、统治者还是创造者？请选择！

例如，我把自己说成是一个不断跨越国界的叛逆者："我是激进的，我想改变世界。在你的公司也一样。"辅之以"每个人"原型："同时我脚踏实地，勤勤恳恳。我在一个农场长大。"

怎样找到自己的原型？正如在研讨会上反复展示的那样，这种归类接近方法相当感性，通常很难选择出准确的原型。我建议最多选择三个原型，并建立一个清晰的层次结构。这些原型应该来自原型圈的不同部分，从而在面试中形成一个关于自己人格的更全面的形象。

从《奥德赛》到《星球大战》

英雄之旅

概要

英雄之旅对讲故事的人来说是一个很好的工具，这就像一条贯穿一个故事的红线。那些想借助于英雄之旅工作的人，都会显得从容不迫。正是因为它含有许多站点，所以这个概念才显得复杂。被当作例子的故事非常近似，尤其是电影（如《冰河世纪》《海底总动员》《海底总动员 2：多莉去哪儿》或《指环王》)。你用圆规画一个圆圈，把你最喜欢的英雄画到各个站点。这对个人品牌战略也同样有效——你把自己的故事作为一个英雄之旅，一步一步地讲出来。每个人都会跟着你紧张、激动。客户、同事、竞争对手的故事也可以这样操作。或者像我在我的图书项目中所做的那样，你描述一下生活中发生改变的一段时间。

约瑟夫·坎贝尔的书《千面英雄》于 1949 年出版。[1]这是一本专业神话学领域的书，充满了各个文化群体的故事，不容易阅读。这本书比较了神话、传说、宗教，并寻找它们之间的相似之处，寻找将它们结合在一起的核心。这本书引起了不小的轰动，使坎贝尔闻名于世，但那是多年之后的事了。直到 20 世纪 70 年代，它还是职业界的一个头衔。后来一位名叫

---

① Joseph Campbell: Der Heros in tausend Gestalten. Berlin: 2011.

乔治·卢卡斯的年轻导演和电影制作人求助于坎贝尔：他要写这样一部太空传说，也是一个典型的英雄故事或科幻神话。哦，坎贝尔说出了一个有趣的项目，他向卢卡斯解释了神话是怎样发挥作用的。

第一部《星球大战》电影于1977年上映，票房大卖，使其创作者一举成名，后来又使他成为神话学领域的顾问。20世纪80年代，约瑟夫·坎贝尔与乔治·卢卡斯在天行者牧场会见了记者比尔·莫耶斯，并拍摄了一系列关于神话的采访:《神话的力量》，令美国电视观众激动不已。

这次小小的轰动也惠及坎贝尔关于各种英雄形象的书，它们不久便妇孺皆知。它有一个简单的名字“英雄之旅”(见图2–7)，并准确地描述了这一点：英雄的故事、冒险之旅。“英雄之旅”很快成为好莱坞剧作家的标准，这是一种经典的叙事模式，就像《星球大战》一样，是一种定向辅助手段。它在奥德修斯、杰森和阿尔戈纳等人中，在亚瑟王中，在《圣经》中，在萨满和羚羊牧师的故事中，或者在山鲁佐德的《一千零一夜》中起作用，也装满了好莱坞的宝库——时至今日依然如此。此外，最新的《星

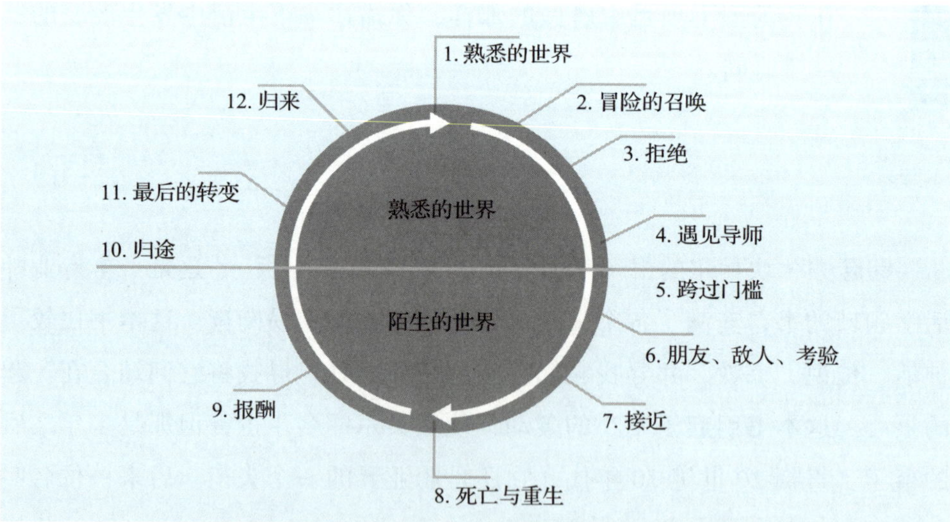

图2–7　一部不仅仅针对作家的经典之作——约瑟夫·坎贝尔的“英雄之旅”

球大战 9：天行者崛起》依然严格按照英雄之旅的模式制作，就像《海底总动员》《指环王》或《哈利·波特》的所有冒险故事一样。

坎贝尔的英雄之旅早已超越了好莱坞的范围：广告商、游戏开发商、心理治疗师或变革管理者都在使用这种模式。我相信这个模式可以帮助每个人讲述更好的故事。对讲故事的人来说，这是一个奇妙的工具，无论是制作一部电影还是仅仅制作一个视频短片，无论是讲述一件逸事还是讲述一个伟大的故事，无论是制作一个图表还是做一次演示。英雄之旅有助于构建假日故事或体育赛事，是日常冒险的一种有用的叙事形式。它适用于工作和私人生活，也适用于传记。人们可以用它玩得非常有创意，但它并不是讲故事初学者的工具。

英雄之旅的基本设计让人想起时钟的刻度盘。故事的指针沿着数字转动，从起点到终点：12 个钟点刻度。英雄之旅是在一条环形轨道上运行的，所有的冒险和经历都适合安放在 12 个站点上。旅程开始于英雄的世界，结束于英雄的世界；在中间，英雄进入一个奇怪的、通常是危险的、梦一般的世界。

在快速通道路段：英雄出现在他的日常世界中。在那里出现了冒险的呼唤。起初他拒绝了，但后来他找到了一位支持他的导师。英雄跨过门槛进入另一个世界，在那里他必须通过考验，找到朋友和敌人。他进入这个世界的内部，在那里他通过了最难的考验，得到了一笔财富，然后踏上归途。在原先世界的门槛上，在原先世界从他的财富和他的转变中受益之前，最后的考验在迎接他。

总是这么按部就班地运行吗？完全不是。几乎从来不这么运行。但吸引人的正是这种变化。此外，坎贝尔在 200 页关于英雄之旅的描述中，设置了 17 个站点，故站点多少实际上并不十分清楚。坎贝尔是一位教授，而不是一位讲故事的顾问。我一直在遵循编剧专家克里斯托弗·福格勒的模式，因为它更清晰。它只有 12 个站点。①

① Christopher Vogler: The Writer's Journey: Mythic Structure for Writers. Studio City: 2007.

你可能会问自己，英雄之旅真的与我以及我的生活有关吗？谁觉得自己是英雄，谁会踏上像这样的旅行？没有人——但在一定范围内，我们所有人都会，不仅仅是在我们玩电脑游戏或感觉自己是电影英雄时。英雄之旅是一个放之四海而皆准的模式，但是过于详细，每当坎贝尔描绘它时，总是有太多过大的数字。但基本上，这只是对一个人离开舒适区并为自己设定新任务时所发生事情的详细观察。任何人都可以讲述自己的故事。也许我们把它简单地称为旅行，让英雄踏上征程吧。但有一件事很重要：只有当我们把它讲述为一连串的挑战和克服困难时，它才会打动其他人。因为每个人都知道，生活并非其他。拒绝、咬牙切齿地接受、错误估计、与自己和他人的对抗、我们实现和错过的目标、踉跄、绊倒、站起来和继续前进、朋友和对手、挫折和反击、失败和所有我们实现的伟大的事情，这就是英雄之旅的全部内容。讲述这些事情意味着对它们进行排序归类，将它们与我们联系起来，理解它们。

此外，英雄的旅程是复杂的。根据我的经验，区分外在和内在的旅程是非常有帮助的。我们现在来看三个例子：荷马在《奥德赛》和《伊利亚特》中讲述的奥德修斯的故事，在《星球大战 7：原力觉醒》中讲述的年轻蕾伊的故事，以及我自己的一个小故事——把这本书的起源故事描述为英雄之旅。最后，以“便利贴”为例，我绘制了一个产品的英雄之旅。这也是可能的。让我们详细了解一下所有的英雄之旅！

奥德修斯：外在英雄之旅

希腊史诗《伊利亚特》和《奥德赛》起源于近 3000 年前，标志着叙述形式从口头叙事向书面叙事过渡，内容是关于特洛伊战争和希腊英雄奥德修斯迷失方向的长途漂泊。直到古希腊后期，荷马的作品一直是希腊教育体系的支柱。如果没有奥德修斯的历险，即使是我的童年也会更加无聊、单调。

故事可以这样简单概括：奥德修斯，特洛伊战争中的英雄之一，在20年后回到了他自己王国内的家庭之前，从特洛伊归来的路上经历了很多冒险和波折。

1. 熟悉的世界

奥德修斯在伊萨卡王国过得很快乐，他和妻子佩涅洛佩以及年龄尚小的儿子忒勒玛科斯住在那里。

2. 冒险的召唤

帕里斯把海伦带到了特洛伊。奥德修斯被邀请加入希腊舰队，与特洛伊开战。和所有海伦的前追求者一样，他发誓要帮助她的丈夫墨涅拉奥斯。

3. 拒绝

为了不去参战，奥德修斯装疯。他把牛和驴套在一起犁地、种盐。但使者看穿了他，他把奥德修斯的小儿子放在犁前，强迫奥德修斯结束装疯卖傻。

4. 遇见导师

导师在这里出现了两次：作为导师的人物形象，奥德修斯在离开之前把家庭事务委托给导师；作为他的守护神雅典娜，她将会把他从许多困难的处境中解脱出来。

5. 跨过门槛

奥德修斯前往特洛伊。这时候他还不清楚等待着他的冒险。他认为，挑战在于战争，而不是返回家乡伊萨卡王国的旅程。

6. 朋友、敌人、考验

十年后，特洛伊沦陷。奥德修斯发明了特洛伊木马，攻破了特洛伊。希腊人从此踏上返乡之旅。对奥德修斯来说，这将是他真正的冒险：一系列的考验。这次旅行将持续十年而不是两周。在奥德修斯激怒海神波塞冬之后，海神竭尽所能让他远离自己的家园。奥德修斯先后从塞壬、怪物锡拉、水上怪物卡律布狄斯和食人独眼巨人那里逃脱。奥德修斯找到了新朋友：女神喀耳刻和半人半神卡利普索。

7. 接近

奥德修斯前往冥界，与盲人忒瑞西阿斯会面。只有他知道怎么回家。忒瑞西阿斯预言了他的故事的结局。

8. 死亡与重生

在经历了更多的冒险之后，奥德修斯来到了半女神卡利普索的岛上，卡利普索爱上了他。她不让奥德修斯离开，承诺会让他长生不老。但是奥德修斯拒绝了她的提议，他想回家和家人团聚。他乘木筏航行 18 天，横渡大海。在奥德修斯即将到达陆地前不久，海神波塞冬掀起了一场风暴。木筏下沉，奥德修斯差点淹死，然后被冲上岸。公主娜乌西卡在那里找到了他。

9. 报酬

美丽的娜乌西卡想嫁给奥德修斯。他拒绝了。取而代之的是，他从娜乌西卡的父亲阿尔基诺斯那里得到的财富是回到家乡的通道。

10. 归途

费埃克斯人把奥德修斯带到了他的祖国伊萨卡岛。他们把熟睡中的奥德修斯放在伊萨卡岛的海滩上。当他们返回时，海神波塞冬用石头砸向船只和船员，以示报复。

11. 最后的转变

108 名求婚者纠缠着奥德修斯的妻子佩涅洛佩。他们只是等着杀死奥德修斯和他的儿子。雅典娜把奥德修斯变成了一个老乞丐，他得以进入宫廷。他让儿子和两个仆人认出自己。奥德修斯和他们一起在守护神雅典娜的帮助下，杀死了所有的求婚者，绞死了所有不忠的女仆。

12. 归来

奥德修斯通过最后的考验后，他的妻子佩涅洛佩也认出了扮成乞丐的丈夫。在 20 年后，他回到家乡。新秩序、和平以及宫廷里的幸福都是暂时的。只有通过诸神的干预，才能阻止被杀求婚者亲属的复仇行动。奥德修斯随身携带着什么宝藏？旅行结束，他把什么带回了家乡？是他自己，一个恢复旧秩序的光荣战士。

《星球大战 7：原力觉醒》：内在和外在的英雄之旅

《星球大战》的第一部于 1977 年上映，由此诞生了一部冗长的太空肥皂剧，且已经在地球上上演了四五十年。坎贝尔的英雄之旅可以在每一部中得到印证。我选择了 2015 年的《原力觉醒》，这是一个伟大的故事，其中第一次出现了一个女性主角。这也是最成功的一部《星球大战》电影，在有史以来世界上最叫座的三部电影中也能占据一席之地。

故事梗概：废铜烂铁的收集者蕾伊被迫陷入了一次冒险，这使她了解了绝地（一个组织）。她与抵抗军一起拯救了宇宙，对抗邪恶势力，并着手将绝地从自我选择的孤立中拯救出来。

1. 熟悉的世界

蕾伊是一个废铜烂铁的收集者，独自生活在沙漠星球雅库的一艘宇宙飞船残骸中。她在等父母回来。

2. 冒险的召唤

蕾伊将机器人 BB-8 从强盗手中解放出来。他告诉她，他在执行一项秘密任务，第一秩序和抵抗军都在寻找他。因为 BB-8 携带着一张星图，可以带他们找到绝地大师卢克·天行者。

3. 拒绝

蕾伊给 BB-8 指了去城市的路，但是机器人想要跟着她。第二天，她带他进城。

4. 遇见导师

在城里，强盗们想偷 BB-8。蕾伊制服了他们。接着，她遇到了冲锋队的逃兵芬恩，他把 BB-8 的秘密告诉了蕾伊。士兵们跟着他们，也在追踪 BB-8。芬恩与其说是一位导师，不如说是一位兄长和保护者。

5. **跨过门槛**

蕾伊、芬恩和BB-8逃离了第一秩序士兵的追捕，进入“千年隼号”宇宙飞船。蕾伊可以驾驶宇宙飞船，尽管她以前从未驾驶过。她内心的力量觉醒了。蕾伊和芬恩决定把BB-8带到抵抗基地。

6. **朋友、敌人、考验**

蕾伊找到了新朋友芬恩、汉·索罗和楚巴卡。他们与汉·索罗的疯狂商业伙伴以及蕾伊意外释放的凶残生物作战。汉·索罗向蕾伊和芬恩解释说，关于绝地以及原力的光明面和黑暗面的神话都是真实的。蕾伊觉得自己被这个世界深深吸引，但她想在任务结束后，回到雅库等待自己的父母。BB-8出示了星图，但它只是完整星图的一部分。

7. **接近**

蕾伊和她的朋友飞往塔可达纳星，去找玛兹·卡纳塔。汉相信她有能力把BB-8带到抵抗军那里。卢克·天行者的激光剑存放在玛兹酒吧的地下室。它召唤蕾伊，给她展示了过去和未来的照片。这样，她知道自己的父母再也不会回到雅库了。玛兹是另一位导师：她告诉蕾伊闭上眼睛感受原力。蕾伊意识到这不仅仅是要把机器人带回来——她的责任要大得多。玛兹要求蕾伊拿起剑，因为她认出了自己身上的绝地武士，但蕾伊跑掉了。玛兹把剑交给芬恩，相信他会去寻找蕾伊。

8. **死亡与重生**

叛逃到原力黑暗面的绝地弟子凯洛·伦追踪蕾伊进入森林，制服并绑架了她，将她带到了星际杀手基地。在船上的精神决斗中，他无法击败蕾伊。相反，她的力量在那之后更加强大了。

9. **报酬**

蕾伊通过凯洛·伦认识到她可以用精神力量引导人和物体。她制服了守卫，逃跑了。她的财富是每一分钟都在变强大的原力。这让她能胜利完成使命。

10. 归途

汉、楚巴卡和芬恩来营救蕾伊并摧毁了星际杀手基地。汉被他的儿子凯洛·伦谋杀。抵抗军对基地发动攻击，引爆炸药。同时，第一秩序的武器也装弹完毕。这是为了摧毁德卡行星——抵抗军的星球。

11. 最后的转变

凯洛·伦将蕾伊牵扯进一场凶残的决斗中。芬恩想用卢克·天行者的激光剑保护她，但他伤得很重。蕾伊意识到了自己的精神力量，并在与激光剑的战斗中击败了凯洛·伦。

12. 归来

楚巴卡救了蕾伊和芬恩，并把他们带回了抵抗军。在那里，机器人R2-D2从深度睡眠中醒来。他拿着星图的另一部分，可以引导人们去通往卢克·天行者的撤退之地。楚巴卡和蕾伊驾驶飞船朝他飞去。蕾伊拿起了天行者的激光剑。

没有英雄的内在英雄之旅

2016年夏天，我拿着白板坐在花园里，思考这本关于讲故事书的书名。之前的设计都不错，但没有一个足够好，重要的是在出版方面表现不佳。只在我人格有些分裂，并且我的图书经纪人对我指点迷津时，才出现了一个出版社。但随后代理人阻止作者写作。这段旅程比奥德修斯和《星球大战》中蕾伊的英雄之旅小很多，但对我来说也称得上是一次旅行，是一次内在的旅行。从作者到代理人，再回到作者，是这样一条路径。回想起来，我会称其为富有成效的人格分裂。

这是我没有英雄也没有真正旅行的英雄之旅。

1. 熟悉的世界

2015年秋季，我正在写我的第二部小说。同时，我也在研究叙述的技巧。

2. 冒险的召唤

在我寻找叙事技巧的过程中，我遇到了讲故事的主题。它好像带我来了一个 180 度转变，令我回到了原点，走向了公司和领导层。我考虑，是否更应该写一本关于工作中讲故事的书。因为不论我作为一名记者，还是一名管理者，我一直对这个主题着迷。

3. 拒绝

2016 年冬天，我决定放弃这个非小说类的写实作品项目，继续写小说。与此同时，我开始写一篇关于战略叙事的博客。

4. 遇见导师

2016 年春季，我在一系列讲故事的采访中遇到了很多导师。他们的想法启发了我。现在是写关于讲故事的书的时候了！自助出版还是找专业出版社？这个问题让我很焦虑。朋友给了我与出版商接触的机会。每个人都说：对一本非小说类的书，找一家专业出版社更好。我也有同感。

5. 跨过门槛

2016 年夏季，我与出版商第一次商讨。

6. 朋友、敌人、考验

讲故事的主题适合一本成功的非小说类书籍吗？什么是最佳的目标受众？这些是出版商提出的基本问题。在这之后，我和很多朋友交谈过。其中一个朋友还和我一起研究。后来，在没有我参与的情况下，他研发出了一系列标题创意。但所有创意都被拒绝了：太宽、太窄、太随意，好，但不适合我们的程序……书的内容我只字未写。一切仅仅围绕着产品概念及其营销。谈到这本书的主题，我就成了两个人：作者和代理人。我内心的作者茫然而烦躁。一封电子邮件里说："并不像你认为的那样，在我们会面后你会带着一纸图书合同回家。"不是这样的，但我曾把这个过程想象得很顺畅。我想过，我可以继续当作家。而分裂出的代理人让我记得，我曾经是总经理。他问："我们到底有什么？"并笑言，"嗯，可这会很可笑……"

7. 接近

我内心的代理人给作者的任务是：编写示例章节。忘记你迄今为止为这本书所写的一切！我们现在正在做完全不同的事情！我内心的作者服从了，终于又开始写作了。一周后，他展示了新的篇章。代理人笑道："要是这卖不出去……"而作者期待着"洛阳纸贵"。

8. 死亡与重生

代理人发送摘要、示例章节和大纲。这是一本美国风格的叙事性非小说类书籍。它具有情节结构且易于阅读，也不像大多数讲故事的书籍那样仅具有狭窄的目标群体，例如营销、公关、社交媒体或管理。它面向任何想在工作中取得成功的人。代理人小声对作者说："要么……，要么……！"作者掐了掐自己的胳膊：这是现实，还是在做梦？

9. 报酬

积极反馈来自各方。我内心的作者和代理人正在争论谁该是这本书的最佳出版商。在此过程中，所有图书出版商都表现出批判性、建设性和公平性。我们选择波恩的莱茵韦克出版社。因为和波恩人讨论的内容优势及出版质量使作者印象深刻，而出版条件打动了代理人。虽然他们建议的书名被拒绝，两人都表示不满，小声抱怨，但肯定可以一起找到更好的书名。

10. 归途

2016 年冬季，签约后，代理人大获全胜。"我是怎么做到这些的？赞美我吧！"他对作者说。而作者只是想：的确很好，但日期也太紧了。

11. 最后的转变

作者提醒自己说："让我开始吧！"而代理人内心非常轻松，他觉得"这本书现在就像写完了一样"。作者每天都下定决心：明天你要开始写这本书，明天是个好日子——但他并没有这么做。

12. 归来

被困在房子里和床上的这几天，作者又开始重新写作，而代理人则在为自己的命运悲叹。生病非他所愿。作者倒是喜欢时不时生一次病。书稿的页面正在增加，进展很快。作者向虚弱的代理人解释说："取消预约，给自己放个假。3 月底，手稿交完后，我会再见到你。"代理人点点头。假期也不错。3 月 31 日，他说："好书，如果现在数字也是正确的……"作者会意地微笑并保持沉默。

便利贴：一个产品的英雄之旅

英雄之旅是最成功的讲故事工具之一。它适用于电影和小说，也适用于公司和产品。我在便利贴上展示了英雄的产品之旅是什么样的。我为什么要这样做？因为有戏剧性故事的产品比没有戏剧性故事的产品更令人兴奋。在保时捷公司有效的方法，也适用于远不那么情绪化的产品，例如便利贴。我在便利贴的制造商和发明者 3M 的网站上找到了事实。[①]

以下是我的便利贴英雄之旅。

1. 熟悉的世界

20 世纪 70 年代，3M 公司的实验室正在研究新的黏合剂。

2. 冒险的召唤

3M 公司的科学家斯潘塞 · 西尔弗博士在他的实验室测试中发现了一种黏合剂，这种黏合剂虽然能牢固地粘附在表面，但也可以很容易地再次被去除。它可以用来做什么？当时的目标是开发一种特别黏的强力胶。他的新黏合剂根本不符合要求。

① Die Geschichte der Marke Post-it: https://www.3mdeutschland.de/3M/de_DE/post-it-notes/contact-us/about-us/

3. 拒绝

西尔弗没有放弃。相反，几年来，他一直在探寻黏合剂的新用途。但这一切都是徒劳，他没有找到。

4. 遇见导师

便利贴的创意出现在另一位科学家弗莱的脑海中，他在3M实验室工作。在教堂唱诗班排练时，他用纸条标出赞美诗中应该在下次礼拜唱的歌曲。但是纸条不适合作为书签，它们会不断脱落。他是第一个看到这种新型黏合剂的实际用途的人。

5. 跨过门槛

两位科学家开始研究黏性书签，即便利贴的前身。

6. 朋友、对手、考验

两人继续合作。没有对手，只有公司对开发强力黏合剂的要求。最大的考验是看到超越赞美诗集书签的实际用途。

7. 接近

弗莱怀疑这不仅仅是一个书签，还是一种新的交流方式。

8. 死亡与重生

书签“死亡”，作为便利贴的前身“重生”。

9. 报酬

便利贴的先行者的试验场是整个公司。3M的员工都很喜欢便利贴。

10. 归途

3M的英雄之旅，没有归途，一直往前，走向世界！这是小便利贴跨越的下一个门槛。便利贴在测试市场中试用，但没有马上成功。3M决定批量赠送便利贴，以便人们可以试用新产品。

11. 最后的转变

便利贴现在正在流行。弗莱回忆说：“这是一款内置广告的产品，因为买家将自己的笔记贴在文件里，然后再发送给其他人，这引起了收件人的好奇心。”[①]但便利贴仍处于测试阶段。直到现在才被证明，它是有效的。这是一种没有人想要但每个人都需要的全新产品。

12. 归来

到了20世纪80年代，便利贴终于上市了。便利贴是金丝雀黄色，大小为76毫米 ×76毫米。这是一个巨大的成功。美国《财富》杂志将便利贴列为20世纪最重要的发明之一，与冰箱、波音707和CD并驾齐驱。

实践：用英雄之旅进行战略沟通

“我们想把我们公司的故事作为英雄之旅来展示，你能帮助我们吗？”一家开发区块链产品的公司向我咨询。

“好的。”我说，“我们可以试一试。”

背景：公司有很多故事要讲，但伟大的故事已经丢失，只有框架。公司希望通过英雄之旅，再次找到这个伟大的故事。

我花了一天时间和不同的员工在一起，询问他们一系列问题。最重要的问题是：当看到英雄之旅计划时，你的立场是什么？正如人们所担心的那样，答案迥然而异。

在我对这些答案进行总结和分类后，我们找到了不同的方式，将公司的故事作为英雄之旅来讲述。我们达成一致，将其解释为一系列英雄进入外星区块链世界的旅程，所有的英雄之旅都没有通过某一项考验。这就产生了一个激动人心的故事。不仅易于理解，而且表明该公司在使用当前产品的英雄之旅中从未取得过如此巨大的成就。

产品、公司、行业都可以讲述英雄之旅。好处是任何人都可以理解和感受正在发生的事情，即使是在区块链这样的复杂问题上。请在你所供职的公司或你从事的行业尝试一下。

---

① Die Geschichte der Marke Post-it: https://www.3mdeutschland.de/3M/de_DE/post-it-notes/contact-us/about-us/

桌子底下的炸弹

阿尔弗雷德·希区柯克谈悬念的产生

概要

悬念是吸引公众注意力的有力手段。无论是侦探小说还是传记，其技巧都是一样的：读者或听众知道的比故事中的人物要多。他们知道危险，想向故事中的人物喊道：当心，桌子底下有炸弹！

“我们在互相交谈，也许桌子底下有一颗炸弹，而我们在进行一次普通的交谈，没有什么特别的事情发生。突然，“砰”一声爆炸声传来。观众很惊讶，但之前的场景很普通，也很无趣。现在让我们看一下悬念。炸弹在桌子底下，观众都知道。我们这样假设，因为观众看到了无政府主义者把它放在那里。观众知道炸弹会在1点钟爆炸，现在是12点55分，因为人们看见了一个钟表。还是同样平淡的对话突然变得有趣，因为观众参与了这个场景。他们想向屏幕上的人发出呼喊：不要谈论这些琐碎的事情，桌子底下有一颗炸弹，它就要爆炸了！在第一种情况下，当炸弹爆炸时，观众有15秒的惊喜。在第二种情况下，我们给予观众5分钟的悬念时间。由此可以得出结论，必须尽可能地告知公众。”①

这是一次电影制作人之间的对话：阿尔弗雷德·希区柯克（电影《群鸟》《精神病患者》《夺魂索》的导演）为弗朗索瓦·特吕弗讲解自己是如何

① François Truffaut: Mr. Hitchcock, wie haben Sie das gemacht? München: 1984, S. 64.

在电影中制造紧张气氛的。谈话发生在1966年，彼时希区柯克已经成名，而特吕弗仍处于职业生涯的最开始，他采访了这位悬念宗师。这段对话总共持续了50个小时，以书籍的形式出版，影响了一代又一代电影制片人。“希区柯克先生，你是怎么做到的？”这本书对任何想讲激动人心故事的人都是一个宝库。

回到希区柯克和桌子底下的炸弹。这正是它在每一本好书、每一部好电影、每一部短篇小说还有上一次度假中所起的作用。读者、观众或听众比故事中的英雄知道的更多，他们预感情况会变糟。观众担心剧中的人物，因为剧中人往往对即将到来的不幸一无所知。

电影《沉默的羔羊》中，朱迪·福斯特在黑暗中无助地摸索前行，而杀手以及观众，则享受着夜视设备的优势。在史蒂文·斯皮尔伯格的电影《大白鲨》的开场中，一名年轻女子在海里漫无目的地游动，而观众早已看到了逼近的大白鲨。

为了不提前给观众剧透，许多人凭直觉不采用这种叙事方式。论据是这只在电影院中有用。其实不尽然。你错过了一次精彩的脑洞大开的机会。观众的想象力正在渴求结果。它正在寻找一条出路，希望一切赶紧结束。

每一次经历都可以这样讲述。举一位朋友年轻时的一个例子：就像每天早上一样，他驾驶叉车穿过车间。由于疏忽，他不小心撞到了一位男士，因为这位男士违反规定仍在那里逗留。我的朋友严厉地呵斥对方：“你在这里干什么？请立即离开我的工作区！”当我朋友给我讲这个故事时，他稍做停顿，然后说：“我不知道的是，这个人是公司的老板。”他把这个出人意料的结局搞砸了吗？恰恰相反：他引起了我的注意，营造出了紧张气氛。我和他一样感到担忧。如果他没有马上告诉我最后这点，这个故事就会枯燥无聊。中午，当我朋友说接到老板电话时，我感到非常紧张。最后，故事发生了一个奇妙的转折，这是一个意想不到的惊喜：我的朋友没有被踢出公司，而是实现了一个梦想。

另一位紧张氛围的制造大师丹·布朗说：“我时刻提醒自己，读者阅读故事、小说和惊悚片，是因为他们想知道主人公最终对命运的期望。”不管故事是在什么样的背景下讲的，都是异曲同工。

我有一个梦想

马丁·路德·金与直觉的力量

概要

不管一个故事写得有多好，如果不能传达给受众，那么最好把手稿放在一边，即兴创作。为了保持放松，你可能会想到美国作家马克·吐温的一句妙语："我必须为一场即兴演讲准备四周时间。"他这句话打了折扣：这会需要一生的时间。

1963 年 8 月，华盛顿。当马丁·路德·金上台时，观众已经听过了许多演讲。天气炎热，疲劳蔓延，那是当天的最后一场演讲。金和他的顾问们向 25 万名在场者口述了他的演讲。应该需要 5 分钟，只有 5 分钟。他的顾问说："你在演讲中经常使用'我有一个梦想'这句话。今天不行。你不能一直谈论梦想，马丁。"[①]

此时，马丁·路德·金站在国家广场林肯纪念堂的台阶上（见图 2-8）。几分钟后，他将成为美国民权运动反对种族主义的领袖人物。但起初看来，他只是一个合格的演讲者。金在演讲开始时引用了林肯和美国独立宣言。他的话与这个地方的精神完美契合。但金看着手稿，神情有些僵硬。当他的演讲已经进行了三分之二时，歌手马哈丽亚·杰克逊感觉到金的演讲需要修正，她喊道："告诉他们你的梦想，马丁！"他开始脱稿，放

① Franz Kasperski: I have a dream. Die Rede, die ganz anders geplant war. SRF, 23.8.2013: http://www.srf.ch/kultur/im-fokus/der-archivar/i-have-a-dream-die-rede-die-ganz-anders-geplant-war

松下来，但仍然只字未提他的梦想。杰克逊非常熟悉金的演讲，重复她的呼喊：“马丁！最后告诉他们你的梦想！”

图 2-8 《我有一个梦想》：马丁·路德·金 1963 年夏天于华盛顿

资料来源：*https://commons.wikimedia.org/wiki/File:USMC-09611.jpg via Wikimedia Commons.*

金直视观众说：“因此，我告诉你们，我的朋友们，我仍然有一个梦想……这是一个深深植根于美国梦的梦想……有朝一日，我的四个小孩会生活在一个不以肤色而是以本性为评判标准的国家。”咒语被打破了。

《我有一个梦想》成为美国历史上最重要的演讲之一，触动了全世界。为什么我要如此详细地描述这个演讲？因为本书中的大部分章节都建议系统地处理故事。我也坚信这一点。但是如果计划不起作用，如果火花没有迸发怎么办？就像马丁·路德·金在1963年8月尝试过的，刚才的计划是否应该执行？

把手稿放在一边，说出此时直觉告诉你的话，这需要勇气：放下手稿吧，你没有什么可失去的了！即使是像马丁·路德·金这样有经验的伟大演说家也会犹豫。直到马哈丽亚·杰克逊打断他演讲的呼喊把他和他的直觉连接起来，让他做出了唯一正确的事情。

他演讲的目的是要打动听众，让他们有使命感。要做到这一点，这种与观众的联系是必要的。1963年8月的那一天，马丁·路德·金的直觉做到了，在他的直觉以及一位女性友人的坚持下。没有这种联系，最美的语言也无济于事。观众可以准确地感觉到他们什么时候只听到了漂亮的言辞，什么时候听到的内容是严肃认真的。对我来说，一个好的演讲（或一个好的故事）的明显矛盾之处，在于最个性化的也是普遍化的。金的梦想对数百万美国人来说已经足够大了。它成了美国梦。

金的演讲给我的另一个教训是：好的故事可以一遍又一遍地讲述。人们希望一次又一次地听到它，并且自己也会讲给别人。就像你喜欢的一首音乐作品，人们也是一遍又一遍地听。并没有太多这样人们想和他人分享的事情。因此，回顾过去，金的顾问们建议，偏偏把“我有一个梦想”排除在外，让金谈论美国发给有色人种的低薪（这是一个相当负面的形象），因此这并不是一个明智之举。它指向的是过去，而不是未来。这个比喻不会吸引任何人踏上旅行。

下回分解

《一千零一夜》的悬念

概要

《一千零一夜》是一所出色的叙事学校，讲述了栩栩如生、扣人心弦的故事。这是山鲁佐德的生存战略。巧妙地使用这种叙事流程的中断，还会在公司环境中制造紧张感，并引发好奇心。苹果公司非常擅长通过沟通空隙来吸引注意力。

“黎明时分，敦亚佐德对她的姐姐山鲁佐德说：‘这个故事是多么美丽和激动人心啊！结局到底是什么？’后者回答：‘明晚我会告诉你的，如果国王饶恕我，我还活着的话。那将比我今天所讲的更加美丽和激动人心。’国王自言自语：‘在我听到故事的结尾之前，上帝保佑，我不会杀死她。那我就明晚杀她吧。’”①

为了生存而讲故事：夜复一夜，美丽的山鲁佐德为国王讲述了一个又一个激动人心的故事，这样他就不会在第二天杀死她。在她之前，所有与他共度一夜的女性都在第二天被杀死了。她去找他并阻止他杀戮。她成功了：一千零一个夜晚后，宫中的邪恶游戏结束了。

现在我们可以从这个由精灵、飞马、磁石山、爱情魔药、强盗洞穴和神灯组成的魔法世界中学到什么？很多！《一千零一夜》距今已有一千多年的历史。大约三百年前，这些文本在没有作者的情况下来到欧洲，今天

① Tausendundeine Nacht. Aus dem Arabischen von Claudia Ott. München: 2012. S. 33.

大家仍在阅读和讲述它们。这些故事就像它们的叙述者山鲁佐德一样幸存下来。故事是永恒的。它们的架构具有深刻的战略意义——从结局开始思考。不是关于个人的故事，而是事关那位女性叙述者的生存和如何拯救其他女性。

叙述者可以从《一千零一夜》中学习五个规则。

1. 现实生活

山鲁佐德深入生活，将喜剧与冒险、犯罪相结合。无论故事多么精彩，核心始终是人性：贪婪、爱情、成功或复仇。尽管一切以事实为导向，但讲公司的故事永远不应忽视故事中人性化的一面，因为它才是让故事变得生动的原因。

2. 选手与对手

每个人物形象至少有一个对手。例如阿里巴巴：他有贪婪的兄弟，活不长。有想要谋杀阿里巴巴的强盗首领。没有这些对手，就没有故事。商业故事讲述也需要英雄和对手。在你确定一个英雄的那一刻，你必须立即确定他的对手，或者对方可能不是一个人，那就描述对立的力量。重点不是要找一个妖怪，而是要描述一个力场。

3. 简单的人物形象

《一千零一夜》的故事有时会走蜿蜒曲折的路，但人物形象总是简单的，因此很容易识别它们，尽管我们都知道现代人要复杂得多。这些都是每个人都认可的类型，几近刻板印象：狡猾的推销员，聪明的秘书，头脑冷静的老板，他的勇于冒险但有分寸的对手。个别精挑细选的细节使人物栩栩如生。[①]

4. 悬念

为了生存，山鲁佐德使用了一个技巧：悬念。她在一千年前就发明了

① 从托马斯·曼那里学习以细节描绘人物形象特别容易。对此，不需要一口气把他的长篇小说都读完，他在短篇小说中也运用了这种技巧。

连载小说。每天晚上的故事都在最激动人心的时刻结束。国王一整天都在急切地想知道这个故事第二天晚上会如何结束。当然，第二天晚上的故事也没有结束，而是沿着蜿蜒的小路通往下一个悬念。这是否是商业讲故事的一个有用原则：构建悬念。如《一千零一夜》或一部好的电视剧一样？是的。这不是拖延，而是建立桥梁。举个例子：每月在员工面前介绍公司情况时，可以谈到只有在下一次月度会议上才能解决的事情。对新项目或正在进行的项目进行展望，这会产生一个张力弧。

对悬念的心理学一瞥：20世纪20年代，苏联女格式塔心理学家布尔朱马·伍尔福纳·塞加尔尼克在柏林进行实验后得出以下结论："未完成的事情比完成的事情更容易被记住！"因此，许多记忆都与未解决的行为有关。这种现象被命名为"悬念效应"——悬挂在悬崖峭壁之上。①

5. 相信效果

山鲁佐德甘做志愿者。她看到国王如何夜复一夜地娶了一个新妻子，并在第二天早上杀死她。山鲁佐德想要停止这一杀戮，当然，她自己也想活下来。在这样做时，她相信自己所讲故事的力量。经过一千零一个夜晚，她实现了自己的目标。

所以任何使用它的人都应该相信这个强大的工具。讲故事的迷人之处和战略意义在于：你总是想着结局，想着目标。这与个人故事或某种特定转折无关，而始终与背后的目标有关。理解并坚持这个理论，意味着理解讲故事的力量。

---

① https://de.wikipedia.org/wiki/Bljuma_Wulfowna_Seigarnik

狐狸和刺猬

事关一件大事

概要

你不要对自己是一只聪明的狐狸而太过于自负。相反，你更要向刺猬学习，并找到你的大事（即主题）——不是你如何讲述，而是你讲述什么。你可以在关于激情、技能、目标群体和价值观这四个问题答案的交叉处找到。

狐狸洒脱、美丽、聪明，它总是有更多的想法，是一种赢家的类型。刺猬很无趣，除了它那张可爱的脸，看上去并不好看，它也没有更多的主意。总的来说，它只有一个想法：在危险中，它会变成一个带刺的球。狐狸偏偏在刺猬身上找到了大事。狡猾的狐狸一次又一次地潜入刺猬的洞穴，等待合适的时机发动攻击。但当狐狸认为时机成熟的时候，刺猬早已经预感到，于是蜷起身子，露出自己的刺。不管狐狸要什么花招，刺猬总是给出同样的对策：蜷缩起来保护自己。

"狐狸了解很多事情，但刺猬知道一件伟大的事情。"希腊诗人阿基洛科斯在公元前 7 世纪写道。[①] 这就是其意义所在：关于这件伟大的事情。好故事都会谈及大事，即使它们可能显得不起眼。伟大的事物又经常非常简单，就像一只刺猬一样。

哲学家以赛亚·伯林爵士区分了狐狸和刺猬的类型。一方面，伯林把

① Isaiah Berlin: Der Igel und der Fuchs. Frankfurt: 2009. S. 7.

狐狸型描述为俏皮而多变，他们热爱生活的多样性。另一方面，伯林将刺猬型描述为出色的简化者和聚焦者，他们将所经历的一切与单一的中心洞察联系起来。歌德是诗歌、戏剧、小说、游记的作者，也是自然科学家和戏剧导演，伯林认为他是一只“狐狸”。相对论的创始人爱因斯坦被伯林称为“刺猬”，因为他的思想和行动显得更加单一和专注。歌德知道很多事情，但爱因斯坦知道一件大事。

你是哪种类型：刺猬还是狐狸？对一只刺猬来说，本书几乎没有什么新东西。当然，你会说，终于有人在一个最喜欢狐狸的世界里认识到我的价值了。作为一只狐狸，这对你来说可能有点奇怪。我不得不费力又不情愿地学习刺猬的知识。我可以想象你的惊讶。但刺猬对本质、核心问题的眼光是决定性的。只有这样，你才能重新做一只狐狸，全身心投身于所有精致的故事创作中。

小刺猬不是教你如何讲精彩的故事，而是教你哪些故事是重要的；简言之，你选择什么主题。我们最好坚持一个核心主题，不断变化我们讲的故事，反复再三。这让它们看起来更明确，给我们一个清晰的身份。这事关一件大事。刺猬有时蜷缩得很快，有时又很慢，有时是因为它遇到了狗，有时是因为遇到了猫，有时是因为遇到了狐狸，但它总是蜷缩起来。你的大事是什么？你的主题是什么？

故事讲述者的刺猬知识是：要找到你的故事，请回答四个问题，并找到答案的交集（见图 2–9）。我的激情是什么？对此列出一个小清单，这个清单是起点，没有激情就没有成功，更谈不上有故事。现在你进一步问自己：在哪方面我可以是最好的？对比你的技能、优势和劣势，激情清单被缩短了。下一个问题：通过我自信可以带来出色成绩的激情，来让谁感到幸福？简而言之：谁是我的目标群体？你有你的主题，并且你可以找到关于这个话题的故事，但谁是你的倾听者？一旦回答了这组问题，你就知道了你的主题，并可以从中衍生出故事。

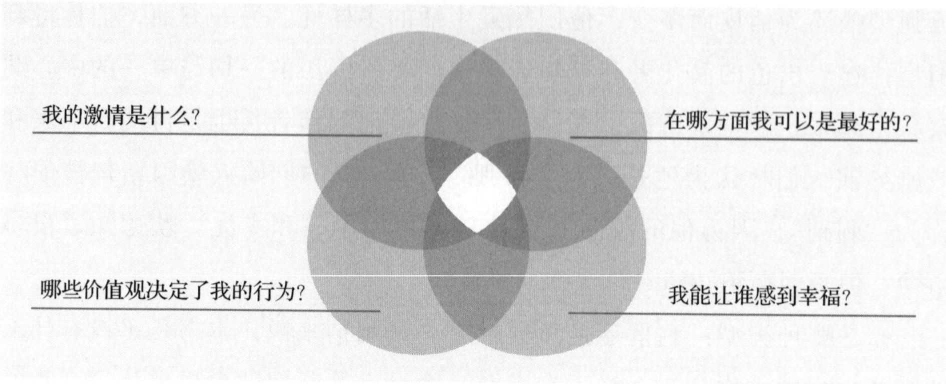

图 2-9　一件大事——在激情、价值观和能力的交叉点

注：在管理专家、作家吉姆·柯林斯的鼓励下，我完成了这张图和关于刺猬和狐狸的这一节。

还有一个问题，我认为它在道德意义上对你的故事也很重要：哪些价值观和信仰决定了我的行为？是安全、节俭还是创新？再次列出一个清单，然后问：我的主题的核心价值是什么？

如果你找到了主题，你就会找到合适的故事，一遍又一遍地讲述它们。它们就成了你的故事。当你的观众感到厌烦了，你应该找到关于你主题的新故事。更重要的是，了解了什么是你最关心的。你也会注意到，什么时候你已经超越了你的故事，什么时候你开始着手新事物。然后你也会有从旧故事中涌现出来的新故事，这样每个人都会立即认识到你本人或你的公司正处于一个新的发展阶段。

"从前"
一个简单的童话模式和营销方案

概要

简单的文本空白填充有助于讲述故事。即使在填充空白的时候，人们也会对故事有一种良好的感觉，并感觉到故事是否有潜力创造出脑内电影。这种方法既高效又有趣。这是一个完成讲故事的普遍且永恒的模式。

按数字画图：如果你填完这个文本中的空白，你就会有一个故事。这可能是你在睡前给孩子们讲的童话故事，一个公司的故事，或者是你自己的故事。

从前……

每天……

有一天……

这样……

进而……

直到最后……

从那天起……

这种名为"故事脊柱"的模式是故事的支柱，是在即兴戏剧的背景下发明的。今天，甚至皮克斯也用它获取对一个故事的灵感。[①]

---

① Eine schöe Darstellung der 22 Pixar-Regeln als Slideshow: http://de.slideshare.net/powerfulpoint/pixar-22rulestophenomenalstorytellingpowerfulpointslideshare

在这个简单的模式中的讲述是很有趣的。当然，这和创作一个伟大的故事相比还有很大差距，但它可以逐渐扩展。下面举三个例子。

从前：白雪公主

从前有一个国王的女儿，她的名字叫白雪公主，她与父亲和继母住在一座城堡里。

她一天比一天美丽，到她七岁那年，她美得连继母的魔镜都称她为这个国家最美丽的女人。继母问魔镜："魔镜魔镜，谁是这个王国最漂亮的女人？"魔镜回答道："女王陛下，你是这里最漂亮的，但年轻的公主比你还漂亮一千倍。"

有一天，为了再次成为国内最美丽的女人，虚荣的继母决定杀死白雪公主。但是她雇来的杀手猎人放过了白雪公主，让她跑进了森林。

她来到了七个小矮人那里，他们允许她住在自己的房子里。

然后继母多次乔装改扮，用美丽的东西引诱白雪公主，并毒害她。但她一次又一次地被解救，直到一个毒苹果卡在她的喉咙里。所有人都以为她死了。小矮人们把她放进了一个玻璃棺材里。

直到最后，一位王子来到七个小矮人面前，看到了躺在玻璃棺材里的白雪公主，并立即爱上了她。当棺材被运到王子的家时，苹果从白雪公主的喉咙掉了出来。她苏醒之后，两人结婚了。

从那天起，白雪公主过上了幸福的生活。善良战胜了邪恶、嫉妒和凶残的怨恨。

这里的思路是：在开头介绍主人公熟悉的世界，说出故事发生的地点和时间，与前面讲的英雄之旅非常相似，但没有细节，只是粗略的草图。不应该说得太多，而更要引起好奇心。接下来是展现正常的生活。读者看到了主人公熟悉的环境和习惯行为。

这部戏剧的扣人心弦之处从第三点开始：女主角的世界随着一个事件而改变——出现了一场冲突。女主人公要么恢复旧世界，要么寻求新的平衡，而白雪公主仍然很被动。在这里，就像许多童话故事一样，有一个和年轻美丽女孩演对手戏的女反派。暗杀企图看上去奏效了。但最后皆大欢喜，所有的冲突都解决了。在故事的结尾，用一种道德观解释了故事要表达的意义。

第二个例子是2015年名为“回家”[①]的埃德卡（Edeka）广告。

从前：回家

从前，有一个老人。他一个人住在他的公寓里。

每年圣诞节他都会邀请他的家人，但所有人都会回绝他，只是在答录机上和他说声“圣诞快乐”。

有一天，他发出了另外一种形式的圣诞邀请。

因此，所有家庭成员都很吃惊，而不是漠不关心。

然后，所有的家庭成员都从世界各地赶往老人的住处，因为他们认为，他已经死了。

直到他们最后看见了一张放着蜡烛、布置好的餐桌。他们的父亲/祖父站在门口，问道：“要不然，我怎么能让你们都聚在一起？”

从那天起，一家人又和老人一起欢快地庆祝圣诞节。

故事脊柱可以以任何方式使用，甚至用于战略演示。

① https://www.youtube.com/watch?v=V6-0kYhqoRo.

从前：一家出版社

从前，有一家德国出版社，生意不错。工作人员欣赏其文化和连续性。

每年，它的作品销售量和广告营业额都在增加。

有一天，出版商意识到出现了负增长。在调研的过程中，他了解到他的读者现在更喜欢互联网，因为它更快、更直接，最重要的它是免费的。

因此，他呼吁进行数字化转型，重建整个出版社，创建自己的互联网品牌，解雇老员工，并雇用了许多新员工。

然后，他购买了那些会在互联网上成功开展业务的初创公司，并为读者提供他们所需要的东西。他卖掉或终止了几项旧业务。

直到最后，出版社变得不再是一家出版社，成了一个媒体公司，可以通过线上和线下的所有渠道为其客户提供服务。

从那天起，生意变得更好。虽然没有以前那么好，但公司可以在变化的现实中生存。文化也发生了变化：变化将成为新常态。

你为什么不在供职的公司尝试一下呢？找一个改变的时间，因为所有的故事都是关于某个时间的，用“从前”模式来讲述这个故事，它总是有效的。在某种抽象意义上，像麦肯锡这样的咨询机构也和这一模式有异曲同工之处：初始情况、复杂性、问题解决。从这个角度来看，“从前”模式适用于所有涉及解决方案的地方，只是没有提出平面解决方案，而是讲述了衍生品——逻辑和讲故事的结合。

请留意讲述故事的时态：前两个故事我选择了过去时——这会让人平静，让人感到安全。不管故事结局如何，都结束了。在商业环境中，现在时往往是有意义的，因为它会令故事变得有现实性和紧迫性。你从看似最深刻的过去开始，延伸到未来。我在第三个故事中就是这样做的。在战略考虑的背景下，故事的叙述者发现自己陷入了错误和混乱之中。第 5、6 和 7 点是投影。未来的战略可以轻松且易于理解地传达。

向初创公司学习

灵活的研发故事

概要

想想棉花糖塔，它在很短的时间内被一遍又一遍地改造，直到搭建成功。这种快速方法对任何开发故事、做讲座或演示的人来说都是一个完美的例子。逐步从一个设计到另一个设计，直到结果正确。就像棉花糖塔一样，每个故事都是一片新大陆。

2012 年夏天，6 位高管在慕尼黑一间有些闷的会议室里，其中一位就是我。“你准备好建塔了吗？”敏捷教练问。我们点头。他给了我们 20 根生的意大利面条、用于捆扎的 细绳、胶带和一个白色棉花糖。一个数字钟投射到墙上，数字高达 1 米，开始逆时针旋转。团队用 18 分钟的时间建造尽可能高的塔，并把棉花糖放置在顶部（见图 2-10）。这是敏捷工作中一系列练习的最后一个。

我们马上动手干，很快便把塔建到有一根意大利面条的高度。但是教练只是带着同情的表情点头，我们只得继续。我们用不同的结构做实验，很快就明白了：两根意大利面条的高度是另一个不同的世界。粘住，捆住，根本保持不住。我们从一开始就像孩子一样玩。没有计划就没有实践。那又怎么样？没有人知道答案。没有人对力和静态有感觉。

如果谁有一个想法，那就尝试一下，而其他人帮忙。我最大的贡献可能就是作为首席执行官不再发号施令，让其他人放手去做。塔的形式从一个版

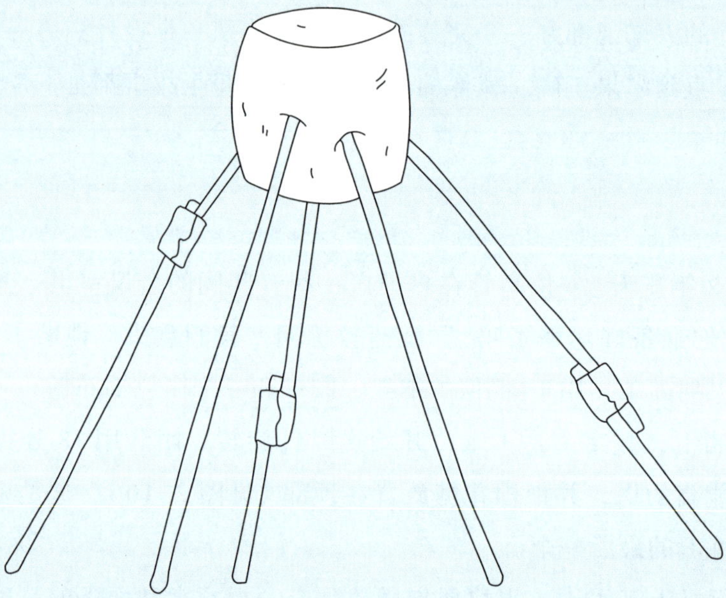

图 2-10　棉花糖挑战：谁建造了最高的意大利面条塔？模板：谁写好故事最快？

资料来源：https://www.playmeo.com/activities/team-building-problem-solving-activities/marshmallow-challenge/.

本变化到另一个版本，直到我们认为，我们要的就它了。但在最后一分钟，还是都倒塌了。敏捷教练得意地笑了。“现在总可以了吧！”我们告诉自己。所有人都在参与这座塔的重新建设，没有人说话，没有人思考，纯粹凭直觉。游戏结束前三秒钟，一位同事小心翼翼地松开了塔顶部的棉花糖。糖的一部分微微地向一侧倾斜。我们屏气凝神，避免任何震动和沉重的呼吸。

建塔停止了。

大家面露红光，击掌相庆。我们测量了一下，超过 60 厘米。教练解释说：与我们玩相同游戏的幼儿园孩子可以搭到 75 厘米。商学院毕业生平均只有 25 厘米。大多数的团队根本无法搭成塔。他们在蓝图上浪费时间，最终跌跌撞撞，误入歧途。顺便说一下，我们玩的游戏是一个全球游戏的一部分：棉花糖挑战。[①]

步子小，快速尝试，反馈，学习：这是幼儿园技术，也是在建造塔楼中成功的关键，而在开发故事中也是一样。不要害怕措施不彻底！欧内斯特·海明威说：“任何东西的初稿都是垃圾。”这位作家从一个草稿到另一个草稿摸索，完成了一部为他带来诺贝尔文学奖的作品，就像我们中的任何一个人将一个故事写在纸上一样，这就是方法。讲故事需要经历草稿、修订的绝望。当任何东西的初稿准备好时，接下来就是：加工，反复地修改加工。在有人试着把故事写下来之前，完美无瑕的故事只存在于人们的脑海中。瑕疵伴随着写作而来。通过反复修改，故事的质量再次获得了提升。它永远不会成为头脑中完美无瑕的理想版本，但它会变得越来越好。

那些一小步一小步不断设计、循序渐进的人，进步更快，乐趣更多，不会迷失方向并定期产出。正如史蒂夫·乔布斯在开发初代 Mac 时向他的员工解释的那样：你们是海盗，你们是艺术家。但不要忘记，真正的艺术家将完成它！[②]对作家和开发人员来说，产出不是一个很小的障碍。所以你

---

① https://www.ted.com/talks/tom_wujec_build_a_tower/transcript?language=de

② Walter Isaacson: Steve Jobs. München: 2011. S. 175.

应该倾尽所有，让产出成为正常的日常生活。如果你想开发出好故事，你绝对不应该给自己太多的时间——那只会令你停滞不前。

使用附录中的画布坐标系，会使这种形式的工作更容易，我称之为“精益讲故事”（见图 A–1）。该模型是由企业家兼作家埃里克·莱斯在其著作《精益创业》中开发的脚手架。莱斯遵循敏捷软件开发的模式，来展示如何成功运行初创公司：没有复杂的计划，只需启动并沿着确定的站点前进。

一开始有一个假设，然后就开始实验。不是一次，而是一次又一次。它会经历一个定义的反馈循环，描述从愿景到产品或故事的过程。写作、讲述、学习，这是三个步骤（见图 2–11），仅此而已。一再重复：写作、讲述、学习。通过反馈，结果在从一个开发步骤到另一个开发步骤中得到改进。

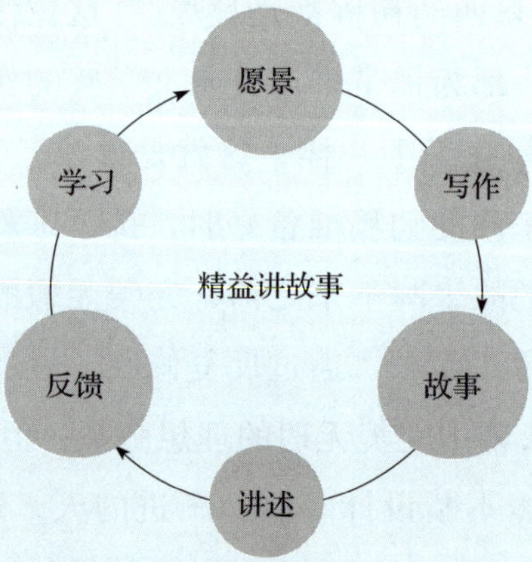

图 2–11　写作、讲述、学习、写作——精益故事的方式

资料来源：www.strategisches-storytelling.de.

这个框架的想法是：永远不要在闭门造车的情况下单独开发故事，而是与目标观众互动，直到出现最佳的措辞，例如“太空版的《大白鲨》”（电影《异形》的广告词）或“视频 Flickr”（YouTube 的广告词）。

我建议你起草一份反馈问卷，并将其用作讨论指南。问卷也应被视为学习循环的一部分，并不断改进。重要的是：提出开放性问题。

本次对话的目的是了解什么在故事中起作用，什么还没有起作用，观众真正的反应是什么，他们对什么反应冷淡。一摞反馈谈话就足够了。如果故事是在网上发表的，那么可以把实际数字与预期数字进行比较，然后在文本和标题的变化中进一步循环——你必须不断前行。

精益讲故事专注于快速学习和抓住真正的要点。它将措辞视为假设并不断质疑它们。每一个新的流程都应该回答一个明确的问题，直到在某一时刻，一切都合适了，进一步的互动几乎没有进展或者直到时间截止，就像搭建棉花糖塔一样。

实践：100 杯咖啡规则

100 杯咖啡规则注重从实际经验中学习。它表明：如果你想讲述一个故事，不管是关于新产品、你本人还是一个商业想法，那么首先要和 100 个人一起喝咖啡，然后把你的故事讲述给他们。你要仔细听对方的见解。

这样做的人不会长期闭门造车般地杜撰自己的故事，而是敢于站在观众面前，接受反馈，开发自己的故事或产品，这样会产生一个好的故事。在 25 杯咖啡之后，主要的话题会呈现。这个产品会有一个牢固的基础，故事同样如此。再喝 25 杯咖啡之后，这个故事似乎再没有改善的余地了——然后可以开始润色细节。

最后 50 杯咖啡可能无助于研发故事或产品，但肯定会帮助你传播这个故事。此时此刻，即使遇到特别挑剔的对话者，你也会感到十分有把握。仔细检查他们的反对意见，这个故事会变得更具说服力。

或者你可以换饮料。特别是在最后阶段，改用啤酒或葡萄酒并不一定是错误的。现在人们感到十分有把握，并且知道故事在头脑清醒时起作用，增加的想象力被激活了。有时它的作用让人感觉不可思议，有时作用微乎其微。你必须了解这一点。

盖蒂密码

戴安娜王妃与照片的力量

概要

如果你用图像来讲故事，那就避免刻板、平淡、可取代、无聊的照片，选择可以讲述故事的精彩图片。盖蒂密码告诉你，哪些标准是决定性的：真实性、文化相关性、感官品质和原型模式。

这位女士穿着一件带有花卉图案的连衣裙，戴着精致的金耳环和一条细长的金项链。她的头发是金色的，剪短了。她怀里抱着两个黑皮肤的小女孩，其中一个正在盯着女人看，嘴巴闭着，但她的眼睛熠熠放光。女人把头靠向另外一个女孩，面带微笑。这是戴安娜王妃，她怀里的是患艾滋病的孩子（见图 2–12）。1991 年，人们非常害怕艾滋病。大家都和患者保持距离，以免被感染。戴安娜却恰恰相反：她把患艾滋病的孩子抱在怀里。这是一个批评对艾滋病毒 / 艾滋病“标签化”的姿态，展现于照片中，传遍了全世界。它表现出另外一种态度：勇气和人性，令人感动。这张照片是策划的，同时也是真实的，就像所有戴安娜在慈善项目中展示的照片一样。“她比我们大多数人都更了解照片的力量。”[①] 全球最大的影像机构盖蒂图片社的首席执行官乔纳森 · 克莱因如此说。

① Jonathan Klein: Photos that changed the world. Vortrag auf der TED-Konferenz im Februar 2010: https://www.ted.com/talks/jonathan_klein_photos_that_changed_the_world

图 2-12　以讲故事批评对艾滋病患者的标签化（1991 年，戴安娜王妃在巴西与艾滋病儿童）

用话语在倾听者的脑海中创造一部电影，对这方面的内容你在本书中已经读了很多。在视觉时代，用图片讲述故事变得越来越重要。三分之二的社交媒体内容是图像和视频，而且数字还呈上升趋势。文字复杂，阅读需要时间。而我们拍摄照片要快 6 万倍，令人难以置信。像戴安娜这样的照片还有一个特点：它们需要一行文字，以解释孩子是艾滋病患者。有了这个解释，这张照片才会发挥作用。随后它就像存储在我们集体记忆中的所有伟大图片一样，展现出一种力量。比如，身处 39 千米高空、站在飞机前舱边缘准备跳跃的费利克斯·鲍姆加特纳、世贸中心燃烧的塔楼、站在一大块浮冰上孤独的北极熊、对纠缠不休的摄影师伸出舌头的白发苍苍的阿尔伯特·爱因斯坦，所有这些图片都讲述了一个故事，创纪录的尝试、恐怖主义、关于全球变暖的一个新现实和天才搞怪。

“在我的行业，我们相信图像可以改变世界……当我们面对一幅令人激动的图片时，我们都会选择：我们可以移开视线或研究这幅图片……在我看来，进行拍照的不是摄影师，而是我们自己。我们把自己的价值观和信仰融入每一张照片中，导致我们内心的形象引起共鸣。”[①] 乔纳森·克莱因说。关于精彩的照片怎样发挥作用，他的公司已经开发出了一个公式化流程。

“强大的视觉效果 + 唤起情感 = 更深的参与度”——唤起的强大图片会产生更大的参与度。但什么是“强大的图片”？盖蒂代码称：强大的图片是真实的，它们拥有一种文化关联、一种感官品质，它们展示了经典的叙事原型。

盖蒂代码的步步为营

1. 真实性

观众希望看到真实的人。他们不应该做作或显得做作，就像装饰演示文稿、小册子或互联网里优惠的无数库存照片上的人一样。因为那里的一切都是假的，就像在糟糕的广告中一样。相反，戴安娜在所有照片中看起来都很真实。她是如何把孩子抱在怀里，她是如何笑的——都是真实的，同时对摄影师来说也是完美的。

2. 文化相关性

观众想要符合时代要求的图片，即立足于当下的照片。盖蒂图片社表示，多样性就是这样一个主题。当然，对戴安娜来说，她曾经是世界上最

① Jonathan Klein: Photos that changed the world. Vortrag auf der TED-Konferenz im Februar 2010: https://www.ted.com/talks/jonathan_klein_photos_that_changed_the_world

好的王妃，现在也是。

3. 感官品质

在数字技术时代，我们能感觉、预感到的东西变得更有意义。具有这种感官性的图片看起来几乎与实际上人类接触到的一样强烈。戴安娜的照片具有这种深刻的感官品质。观众几乎可以感觉到，王妃抱着小女孩。他们也感受到，女孩们是通过目光和触摸来寻求与王妃的亲近。

4. 经典叙事原型

在故事中使用了数千年的经典原型是导师、英雄或他的对手，所有这些都是坎贝尔的英雄之旅中为大家所熟知的形象。当然还有更多的原型，比如，可以在戴安娜的照片中找到母亲或孩子。这张照片效果很好，因为它是经典的：母亲抱着和保护着她的孩子——一张每个人都看过上千次的照片，一张在人类历史上被一遍又一遍地绘画或拍摄的图片，一个几千年来一直发挥作用的形象。

实践：在网页上讲述合适的故事

用照片讲故事具有挑战性。就像好的文字一样，好的照片需要很大的耐心和毅力。这在自己的网站上可以清楚地显示出来。它需要照片，否则就不会起作用。几张好的肖像画没多大帮助。你如何寻找既能讲述故事又能营造一种合适氛围的好照片？它是这样完成的：

开发一个图片理论，囊括网站上的所有图片，并且也适合其内容的基本思想。

编排一个图片选集。我使用谷歌的图片搜索、维基百科和各类图片库等。我的目标是：找到免费的或只需几欧元的照片。

如果图像搜索没有产生令人满意的结果，那你就自己拍照或让别人给你拍照。过程中你要注意真实性。

举个例子：作为一名培训师，一位朋友最初想在他自己的网站上使用各种培训师（培训师和他的团队）网站上都能看到的图片。他很快意识到，用这样的照片，他只会讲述次优的故事："我和其他人一样。"

下一个想法：精心制作的工作室照片。据说，他和一些朋友策划实践了他的专业领域的抽象理论。过了一段时间，他才意识到，这些照片会讲述错误的故事，即使他本意并非如此："我喜欢成为关注的中心。"

新方法：这位网页设计师说，她完全可以想象所有照片都与水有关。她住在湖边。水突出了她作品中的平静和流动。图像概念就是这样产生的。她找到了很好的库存照片，在一个美丽的夏日早晨，我在湖边给她拍了照。

结果：一个真实而令人愉快的网站诞生了，并带有大气的图案。该网站没有一个供阅读的文字，就讲述了一个故事："你会在我的培训课程上感到舒适。"

我！我们！现在！

用奥巴马的方法对待人们

概要

当谈到在演讲或演示中吸引人们的情感时，奥巴马方法是最强的叙事结构。除了具体的内容外，它还要求认可你本人和你的理念的人，分享你的价值观和信念。为此，你需要讲述三个故事："自我的故事""我们的故事"和"现在的故事"。

为了让人们感动，一个令人信服的演讲会结合三个故事："自我的故事""我们的故事"及"现在的故事"。在哈佛大学，马歇尔·甘茨教授把这项技术作为领导力的核心要素来讲授。他称之为"公共故事"[①]。我直接将之称为奥巴马方法（见图 2–13），因为这位美国前总统已经完善了这项技术。它也被称作 TED 方法，因为许多成功的 TED 演讲遵循这一公共叙事的结构。

我在我的研讨会上教授奥巴马方法，结果令人惊讶，即使在最初的计划阶段也是如此。参与者的准备时间很少超过 20 分钟。但不管他们多没有把握，他们的准备工作多不完善，当他们讲述的时候，房间里也会变得很安静，每个人都聚精会神地倾听。故事里经常有神奇的内容：微笑、大笑、哭泣等，因故事而异。无论如何，这些故事都会产生持久的效果。它们打动听众，在他们的记忆中扎根。不同于微线图曲线，这是一种更客观

---

① Marshall Ganz: Leading Change. Leading, Organization, and Social Movements. Harvard: 2010. Download: http://marshallganz.usmblogs.com/files/2012/08/Chapter-19-Leading-Change-Leadership-Organization-and-Social-Movements.pdf

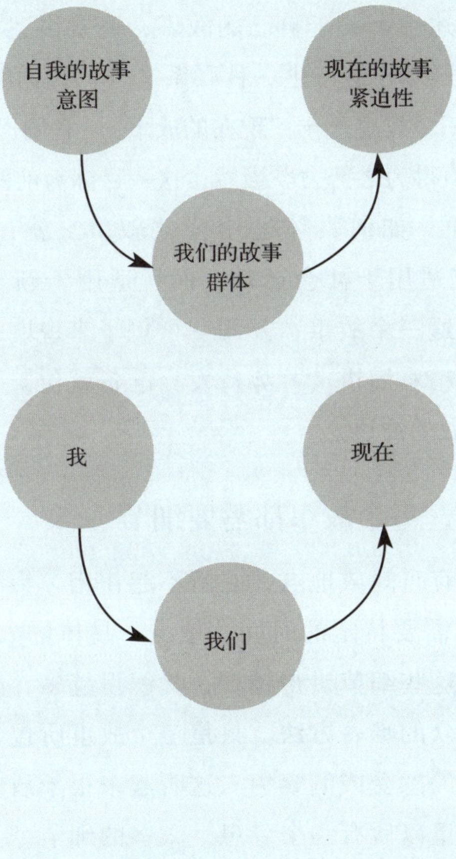

图 2-13　奥巴马方法：那些想说服别人的人应该讲三个故事：我、我们、现在，这些是关键词

的姊妹技术，奥巴马的方法旨在达到与听众情感上的亲近，通过要求演讲者把自己放在演讲的中心，让自己变得脆弱和有懈可击来达到这一效果，因为这种开放性要对听众兑现。

公共叙事的基本理念在于，在一次演讲中，你想为自己和自己的理念赢得人们的支持，除分享具体内容之外，还要分享价值观和信仰。方法不是说：我相信公正。这谁都会说。方法是借助于讲故事，通过故事传达你的价值观。因为故事是诚实的、充满感情的。这就是“自我的故事”。

但你不能仅仅讲述一个关于自己的故事，还要讲述一个想与之交谈并对接的群体的故事。这样才能产生一种联系——“我们的故事”。

最后，你讲述第三个故事——“现在的故事”。它确保提到一个非常具体的目标，在此时此刻值得为之努力。当然，这一目标与前两个故事密切相关。

理论就到此为止。如何具体运用公共叙事？就是说，如何让马歇尔·甘茨的理论不仅适用于社会运动，而且适用于领导、变革过程和营销？让我们依次讲述这三个故事，并用一个例子来说明它们的应用：巴拉克·奥巴马当选时的精彩演讲《蓄势待发！准备就位》，这是他于2009年9月在马里兰大学所做的演讲。

为了赢得他人相信，每个故事都需要细节

如果一个故事没有时间或地点，它就不起作用。为了让人相信，每个故事都需要细节。它需要特定的时间、地点、具体的人物、环境、情绪、声音、味道、颜色。这些细节讲得越多，交织得越多，故事就越精彩、强大。这是故事吸引观众的唯一方法。只是一个故事所包含的极端主观的体验会给我们带来普遍的感受或洞察力。这听起来很矛盾，却是所有电影和小说的基本原则。这里以后有一个隐患，太多的细节令人困惑。每一个细节都必须与情节的发展有关，只有这样才能证明其合理性。奥巴马的故事就是一个很好的例子。这里有足够多的细节，简直太多了。但如此随意地呈现，让人们希望更深入地了解这个世界。

自我的故事

自我的故事是讲述为什么做你所做的——为什么选择这个话题、这个工作、这个任务、这个使命、这个公司？你呼吁什么？这涉及你的目的，这与你公司的目的完美匹配。每个人都有一个故事要讲。它是我们人生道路上的经历，这些经历将我们带到了现在的位置。它涉及根源、转折点、价值观。从本质上讲，故事与你生活中的一个或多个关键时刻有关。它们是令人信服且获益的演讲的起点。

在这种情况下讲故事到底做了什么？甘茨写道："我们以分析和叙述的方式来解释世界……当我们考虑到，采取有针对性的行动应对挑战时，我们会问自己两个问题：为什么和怎样解决。分析思维帮助我们解决'怎样解决'问题——我们如何有效地使用资源、发现机会、比较成本，等等。但要回答'为什么'这个问题——为什么它很重要，为什么我们会对它感兴趣，为什么我们认为一个目标高于另一个目标——我们选择叙事形式。"[①] 简言之，故事点燃了最终导致行动的情感。它把恐惧变成希望，把惰性变成紧迫感，最后变成行动。

甘茨所说的故事是什么意思？他脑子里有一个简单的模型（见图 2–14），类似于一个相应的寓言。在一个故事中，一个角色（性格）面临着在自动驾驶模式下无法克服的新挑战。没有陈规旧例，没有人能确定该做什么。角色自己必须决定（选择），如何应对挑战——向左或向右走。根据所做出的不同选择，它会导致一个结果和一个完全不同的故事。

也许这就是整个故事，也许它会继续应对因决策而产生的新挑战。这会带来新的结果和新的挑战。在这当中，人物会了解自身及自己的意图（目的）。我们跟它一起学习，即故事的基本道德寓意。

---

① Marshall Ganz: Leading Change. Leading, Organization, and Social Movements. Harvard: 2010. Download: http://marshallganz.usmblogs.com/files/2012/08/Chapter-19-Leading-Change-Leadership-Organization-and-Social-Movements.pdf

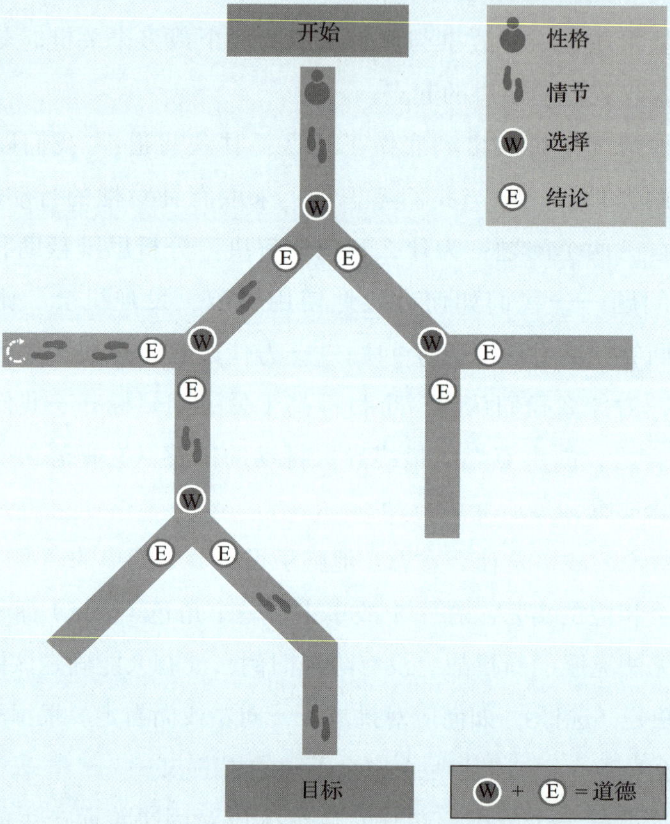

图 2-14　行动价值观：故事揭示了角色如何选择新的、具有挑战性的情境。这些决定会导致某一结果，导致某一情节，最终导致一种道德准则

为什么我们对这个故事感兴趣？很简单，甘茨说：“处理意外事件决定了我们生活的结构。电影院里没有票了、你丢了工作、你的婚姻有离婚的隐患。我们一直在学习如何处理不确定性，以及从其他人那里学习的最佳来源。”[①] 当然还有他们的故事。甘茨说，它们是塑造心灵的唯一途径。他们的道德，他们的教导，都在于情感上的理解。没有捷径可以到达心灵。我们说“欲速则不达”，那是一句美丽的谚语，但它永远无法取代我们听到一个故事时的体验，这个故事可能讲述的仅仅是：一个人只为了在紧迫的最后期限前完成任务，开车太快而失去了一切。

巴拉克·奥巴马：蓄势待发！准备就位！

巴拉克·奥巴马在这场演讲中讲述了这场竞选的故事。[②] 在谈论了 30 分钟的医疗改革之后，他说，我现在将告诉大家，这场竞选的主张缘何而来。不是每个人都知道。

然后他根据英雄之旅的模式讲述了一个精彩的故事（见图 2-15），最后把大厅里在座的每个人都吸引住了。他滔滔不绝，花时间研究细节，冷静地建构自己的故事。奥巴马说，现在是竞选时间，但我并不为人所了解。我参加了一个重大活动，我需要所有能得到的支持来赢得选举。我的邻居说，如果我到南卡罗来纳州的格林伍德看望她，她会投我一票。我喝了一杯葡萄酒，说，好的。

奥巴马带着他的观众——满大厅的大学生，一起踏上格林伍德之旅。这是糟糕的一天，漫长的旅途，细雨不停，礼堂里听他演讲的只有 20 个人。最后一位女士不停地喊：“蓄势待发？”其他人跟着喊：“蓄势待发！”此起彼伏。

奥巴马有点不知所措。他后来查明，这位女士是一名议员，她一直在

① Marshall Ganz: Leading Change. Leading, Organization, and Social Movements. Harvard: 2010. Download: http://marshallganz.usmblogs.com/files/2012/08/Chapter-19-Leading-Change-Leadership-Organization-and-Social-Movements.pdf

② Obamas Rede zur Gesundheitsreform vom 17.9.2009 in Maryland: https://www.youtube.com/watch?v=B29Nw6mjZzk

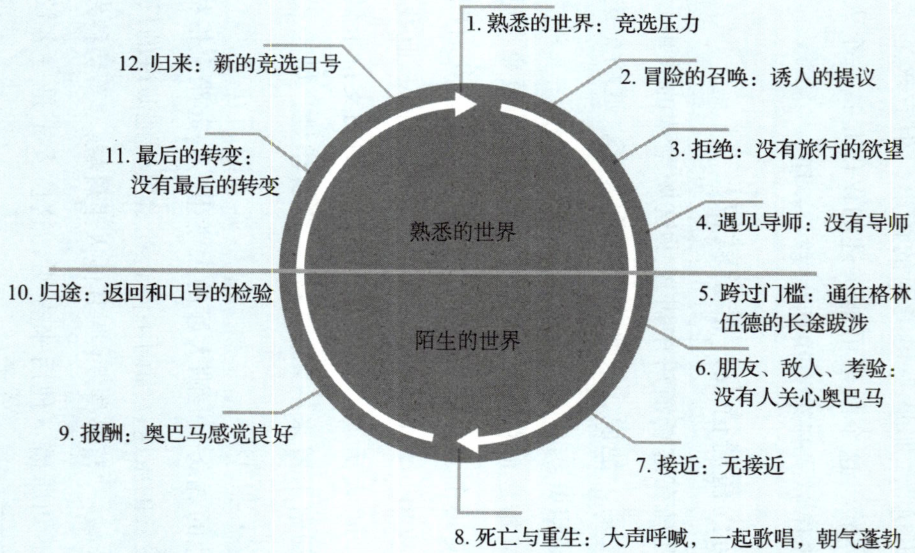

图 2-15　蓄势待发，准备就位：奥巴马的英雄之旅

资料来源：www.strategisches-storytelling.de.

足球比赛或议会会议上大喊这句话。此时此刻，她偷走了他的秀场。他作为总统候选人站在一个小镇几乎空荡荡的大厅里，人们只是大喊：“蓄势待发！准备就位！”

突然，奥巴马说，他觉得自己被感染了，蓄势待发，准备就位。他自己也加入了呼喊之中。在这一天剩下的时间里，他问团队中的每个人：“蓄势待发？”“是的，老板！”“准备好了吗？”“那是自然。”他知道：这就是我作为总统候选人竞选的新要求。这样，我会取得成功。

故事激发情感，引发行动

1. 迟钝：通过紧迫克服。
2. 冷漠：通过勇气克服。
3. 恐惧：通过希望克服。
4. 孤立：通过团结克服。
5. 自我怀疑：通过 YCMAD（你可以有所作为）克服。

我们的故事

这个故事讲述了一个社区或组织的目的、目标或愿景。它通常按照与“你的故事”相同的模板构建而成。这是一次小小的英雄之旅，一次群体或组织已经克服或将要克服的挑战。这个故事邀请每一位听众成为整体的一部分并参与其中，为“现在的故事”做好准备。或者，我们的故事与现在的故事相关联。几乎没有比我们的例子更优雅的了。

巴拉克·奥巴马：蓄势待发！准备就位！

奥巴马在演讲中改变了观点。他不再是旅程的叙述者。他转向礼堂，用了一句话："意义非凡，马里兰。"[①] 然后他解释了他的故事的寓意，解释了为什么这个故事与在座的每个人有关。

以下就是那些著名的句子："它向你们展示了——这对年轻人来说非常重要，它向你们展示了一个声音可以改变一个房间。如果声音可以改变一个房间，它也可以改变一个城市。如果它可以改变一个城市，它也可以改变一个州。如果它可以改变一个州，那么它就可以改变一个国家。如果它可以改变一个国家，那么它就可以改变世界。"[②]

奥巴马的个人故事变成了一场令人难以忘怀的宣讲，影响了所有人。每个人都可以在自己的小世界和大世界中有所作为。每个人，当然包括你。

现在的故事

现在的故事涉及的是群体或组织面临的挑战，如我们需要更多的教师、一个新产品和一个全球战略。我们在五年内不需要所有这些全部到位，但也要尽快。时间在流逝，我们必须采取行动，现在就开始吧！

现在的故事是紧迫的，它深深根植于你的故事和群体的故事中所传达的价值观。只有有了"现在的故事"，一场令人信服的演讲才能成为一场感动人心的演讲。"现在的故事"包含了行动的召唤。

巴拉克·奥巴马：蓄势待发！准备就位！

奥巴马的"现在的故事"，是对喧闹沸腾的观众讲述的。他说："我们将用你的选票改变世界。我们需要年轻人的选票来改变这个国家，以让它符合其信条意义。我需要你们的选票。现在我想知道：你准备好了吗？"人们齐喊：

---

① Obamas Rede zur Gesundheitsreform vom 17.9.2009 in Maryland: https://www.youtube.com/watch?v=B29Nw6mjZzk

② Obamas Rede zur Gesundheitsreform vom 17.9.2009 in Maryland: https://www.youtube.com/watch?v=B29Nw6mjZzk

“准备好了！”奥巴马喊道：“准备开始？”观众齐声回答：“准备开始！”[①]重复三遍。大厅沸腾了。奥巴马转身说了一句：“让我们开始改变世界。”离开了舞台。

一个令人信服的演讲需要这三个故事，它们是相互联系在一起的。哪怕是其中一个被省略了，比如“自我的故事”，由于人们更喜欢客观，那么可以对说话者产生信任的故事就不存在了。如果“我们的故事”不见了，就没有了联系。观众在想，这是个令人兴奋的家伙，但这与我有什么关系？如果“现在的故事”没有了，那就没有方向了，那只是一场建立了一种亲密关系的演讲。没有结论，没有行动，演讲者对我毫无期望。因此，谁要使用这个理论，就不能放弃三个故事中的任何一个。

实践：不要落入“我们”的陷阱

无论谁使用奥巴马方法，都会讲述一个“我们的故事”。“我们”对演讲者意味着他本人和听众：是什么将所有人联系在一起？还有另外一个“我们”，领导层尤其喜欢使用“团队的我们”。在他们的故事中，“我们”用来讲述“自我的故事”。他们避开“我”这个词，自动切换到“我们”。原则上非常值得称赞，只是这种方法难以奏效。因为适得其反：它令人困惑。“自我的故事”总是只讲述一个人，这就是规则。故事可以这样开始：我和我的团队刚刚试运行了新的更新系统。一切都进行得很顺利，一整天没有问题。我们回家后忘记了过去几周一直困扰着我们的话题。凌晨3点，我的电话响了，被告知所有系统都关闭了。我跳上车，汽车几乎还没发动，董事会就打电话给我。故事可以从一个“我们”开始，以表明这是团队合作。但后来肯定切换到“我”的模式。观众想知道的是，你是如何应对挑战的，在此基础上建立和你的亲密感。

---

① Obamas Rede zur Gesundheitsreform vom 17.9.2009 in Maryland: https://www.youtube.com/watch?v=B29Nw6mjZzk

9¾ 站 台

哈利·波特与魔法公式

概要

将 9¾ 站台作为代码，这样作为叙述者，你就可以创造神奇的时刻：触发启动按钮，让事情运转，或者像史蒂夫·乔布斯所说的那样，在宇宙中留下印记。你怎样做到这些？通过应用你在本书中读到的内容，并坚信，看似坚如磐石的东西，实际上是可以穿透的。

列车计划于 9 月 11 日上午在国王十字火车站发车。9¾ 站台。弗农姨父把哈利带到火车站，有些幸灾乐祸地指出这个站台可能不存在，并祝他在霍格沃茨学习愉快。哈利带着手提箱和他的雪鸮海德薇，无助地站在 9 号和 10 号站台之间。他问保安，但没有得到友好的回答。他问一个红头发的女人，这个女人带着一个红头发的女儿和四个红头发的儿子。她叫莫丽·韦斯莱。她说：很简单，只要穿过区分 9 号站台和 10 号站台的墙就行了。在墙后面，他找到了前往魔法学校的霍格沃茨特快列车。

在 2016 年夏末的一次采访中，我请一家大型广告公司的作家兼首席创意官佩特拉·萨默尔女士向我介绍她们讲述故事的成功公式。[①] 她从一个计数开始，从 1 到 4。此后不久，又有一次计数，从 1 到 5。这一切听起

① 对佩特拉·萨默尔的访谈可以在以下网址找到：http://www.strategisches-storytelling.de/glatt-ist-unglaubwuerdig-storys-brauchen-ecken-und-kanten/.

来都非常客观和直截了当。讲故事似乎仅仅就是一个正确过程和正确结构的问题，就像完成一份检查表的定位。结构是讲好故事的基础，那些不知道成功模式的人很可能会陷入困境。但也并非仅此而已。

我突然想起，哈利・波特是怎样进入魔法世界的。我开玩笑地说："进入魔法世界的火车不是在 1、2、3……9 或 10 号站台处行驶，而是 9¾ 站台。魔法就在站台之间的某一处。在那里还要跳过那堵墙。"我们大笑。

"是的，"她回答，"在结尾，每个好故事都会产生魔力，这让讲故事变得如此迷人。"

想用故事创造令人兴奋的想象的人，都应相信，自己可以给他人带来美妙的时光。在听众或者观众的脑海中形成共鸣的时刻，就是他们说"是啊，就是这样，完全就是这样"的时刻。突然之间，大家一起穿过一堵以前似乎无法穿透的墙，并认为这是理所当然的。而你，叙述者，就会想到哈利・波特，并知道：我让人们找到了 9¾ 站台。他们相信我。因为我找到了正确的语言和情感，使得火花迸发，使得事情运转。

作为叙述者、倾听者或读者，你肯定在生活中的某个时刻有过这种经历，无论大小。也许在将来，你会把 9¾ 站台作为心理和想象中重要的象征：感动他人，让他们觉得，我们天生就有改变世界的力量，把我们的名字放在生命之树上。这多么有趣，而且没有时间可以浪费。

从可可・香奈儿到比尔・盖茨，所有改变世界的人都是伟大的故事讲述者。他们所说的迟早也会成为现实，就像哈利・波特的作者 J. K. 罗琳一样。[①]刚开始，只是有一个想法存在于她的脑海中，现在，已经存在于数百万人的头脑和心灵中。罗琳在写她的第一部《哈利・波特》小说时，是一位靠社会福利生活的单亲母亲，有一个蹒跚学步的小孩。罗琳来自葡萄牙，用她的话来说，在那里，她背负着"史诗般的失败"。她补充道："通

① 罗琳的传记可以在她的网站 jkrowling.com 上找到，也可以在维基百科找到：https://de.wikipedia.org/wiki/Joanne_K._Rowling.

过失败，我能够击退一切不重要的东西。我不再自欺欺人地说我不是我自己，而是开始把全部精力集中在完成对我来说唯一重要的工作上。”[①]这项工作就是她的第一部《哈利·波特》小说。“我几乎每天晚上都在写作，然后用一台旧的手动打字机再次抄写，把前三章装订成一个漂亮的塑料文件夹，然后寄给一位代理人。手稿很快就被邮寄了回来，那本带着手写页的塑料文件夹可能在收到的当天就被退回了。”[②]

1996年，她找到了一个经纪人和出版商：布鲁姆斯伯里出版社。出版商建议作者找份工作，因为靠写书的收入生活举步维艰。《哈利·波特与魔法石》于1997年6月26日面世，最初印刷量为500份。出版三天后，出版商以10万美元购买了其美国版权。剩下的就是大家都了解的故事了。罗琳成为我们这个时代最成功的讲故事的人之一，与出版商的担忧相反，她可以靠她写书的收入过得很好。

罗琳的传记是一个基于“灰姑娘”模式的动人故事，英国人将这种叙事结构称为“白手起家”。这是一个给所有讲故事者勇气的故事，无论他们是写小说手稿还是商业计划书，写短篇小说还是讲座。在本书的这一章，你已经了解了相关的基本元素。9¾站台是这些元素中的最后一个。9¾站台是代码，无论你的目标是什么，都能以此释放魔法。这包括毅力和坚韧，以及相信我们的言行可以改变世界的信念，就像马丁·路德·金、史蒂夫·乔布斯、皮克斯、阿尔弗雷德·希区柯克、斯蒂芬·金、巴拉克·奥巴马和米歇尔·奥巴马，就像荷马或乔治·卢卡斯。我们已经拥有了为此所需的一切。

2008年6月，J. K. 罗琳在哈佛大学就想象力的约束力发表了一次精彩

---

① J. K. Rowling: The fringe benefits of failure, and the importance of imagination. Video und Text ihrer Redein Harvard am 05.06.2008: http://news.harvard.edu/gazette/story/2008/06/text-of-j-k-rowling-speech/

② 同上。

的演讲。

我们不需要魔法来改变世界，我们内心已经有了改变世界的力量：我们有能力想象出更好的东西……想象力不仅仅是人类独特的能力，可以让不可见的东西可视化，也是所有发明和创新的源泉……它是一种力量，使我们能够对自己没有经历过的、他人的经历感同身受。与这个星球上的所有其他生物不同，人类可以在没有任何具体经历的情况下学习和理解。你可以进入别人的头脑，想象自己处于另一个人的位置……想象力是……人类的一种独特能力，可以使不存在的东西变得可视化，因此，它也是所有发明和创新的源泉。①

如果可能的话，我们甚至可以想象穿过这堵墙，到达一个隐藏的站台。在哈利·波特的世界里，这是没有魔法的魔法。如果有谁对此费解，只需参观一下伦敦的国王十字火车站。墙上有一辆行李车，当然这就是通往9¾站台之路。

① J. K. Rowling: The fringe benefits of failure, and the importance of imagination. Video und Text ihrer Redein Harvard am 05.06.2008: http://news.harvard.edu/gazette/story/2008/06/text-of-j-k-rowling-speech/

Tell me!

倾听的艺术

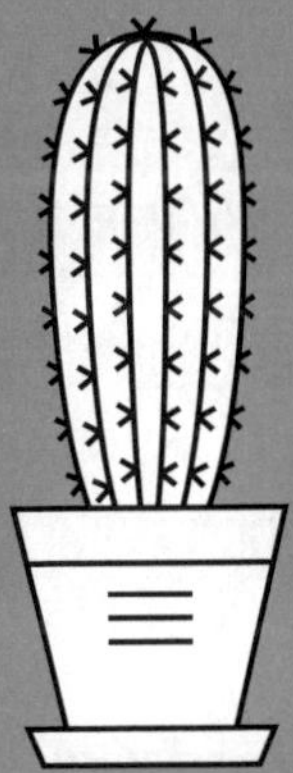

2

停顿 II

好的讲述者也是好的倾听者：这就是他们成功的秘诀。

概要

我们学习说话，我们学习阅读，我们学习写作，但我们没有学习倾听的艺术。在说服其他人或吸引他们的注意时，倾听与讲故事一样重要。细心的倾听者不仅会注意字词的本意，还会仔细观察，注意对方的语气、身体姿势或情绪状态。他们满是好奇心、充满尊重、善解人意。通过这种方式，他们营造了一种信任和相互理解的氛围。

在欧内斯特·海明威的一个故事中，有一位经验丰富的记者和一个新手之间的对话。新手想成为一名作家，向记者提出了很多问题。其中一个问题是："作家怎样实现自我提升？"海明威回答："当人们说话时，你要非常仔细地听，不要去考虑你现在要说什么。大多数人不会听，他们对此也不在意。当你走进一个房间，过了一会儿又离开，那么你就会知道你在里面所看到的一切，而不仅仅是知道这个房间。如果你在房间里有某种感觉，那么你就能够准确说出，是什么让你有那种感觉。你可以尝试着对此进行训练。”[①]

你是海明威所说的好的倾听者吗？好的讲述者有这种能力。没有听故事，就不存在讲故事。我所说的可不是喋喋不休的八卦能力。相反，这是一种有针对性的倾听，一种持续的双向式的倾听，也就是在讲述者和倾听者之间。好的讲述者提出问题，是为了让倾听者理解，而不是为了开始自己的故事。他们对人和话题表现出真正的兴趣，同时也不忽视他们的职责目的。任何与他人打交道的人都需要这种能力来建立关系并了解现实。倾听不仅对讲故事的人来说是一项重要的技能，对负有管理责任的人来说更是如此。只有那些询问并花时间倾听的人，才能理解并表达赞赏和尊重。

我听过最有激情的关于倾听和领导力的演讲，来自畅销书作家兼首席教练拉姆·查兰。[②]

“如果你在和某人交谈，你并不是在向他推销你的想法，而是在倾听并寻找与你相左的观点。”

2014 年夏天，拉姆·查兰在枫丹白露法国商学院欧洲工商管理学院（INSEAD）的一个研讨会上反复重复了这个句子。

“你仔细听！”

他知道，与大多数人一样，经理们更喜欢彼此交谈。

“不对。你要仔细听！”

查兰是一个很棒的讲故事的人，他像一只印度猛虎一样悄悄地穿过房间，和分到不同小组的我们说话。但当他走到每一个人面前时，就问：“你在干什么？”

“我在仔细听。”

“没错。”

---

① Ernst Hemingway: Monolog, an den Maestro gerichtet. Ein Brief von hoher See. Aus 49 Depeschen. Reinbek bei Hamburg: 1997.

② 拉姆·查兰已经写了近 20 本成功的管理书籍。其网站值得访问：http://www.ram-charan.com.

拉姆·查兰举了一个例子，说明此人是世界上伟大的经济领袖中理想的倾听者。这就是杰克·韦尔奇，他曾在担任通用电气集团首席执行官期间（1981—2001）接受了查兰的指导。韦尔奇的标准问题是："有什么新鲜事？"

查兰这样描述他与韦尔奇的一次典型相遇：他走进韦尔奇的办公室。"早上好，杰克，你好吗？"坐在办公桌旁的他抬起头来："有什么新鲜事吗，拉姆？"不管韦尔奇遇到谁，总是问同样的问题："有什么新鲜事吗？"然后他专心倾听，可以沉默数小时，除非在理解上有问题。韦尔奇是聆听艺术的大师。但当他走出房间时，查兰说，每个人都清楚该做什么。

查兰反复告诉我们："杰克是你们的榜样。"

另一种倾听方式变得越来越重要：移情倾听。这项技能的目的是建立相互理解和信任。为此，倾听者脱离他的参照系、他的经历、他的欲望、价值观和观点，并进入对方的参照系中，这是很重要的。人们要想对方所想，感受对方的感受。

"移情聆听是如此强大，因为它可以为你提供所需要的准确信息。你现在不是将自己的传记投射到他人身上，不是把自己的想法、感受、动机和诠释强加给对方，而是真正感受对方的身心。仔细倾听，以求理解对方。你专注于与一个人类灵魂的深度交流。"①

阻碍这种倾听的因素有四个：

1. 我们评价；

2. 我们提供建议；

3. 我们诠释；

4. 我们调查。

因为所有这些都是在我们自己的参考系统的基础上发生的。因此，我们是在将自己的世界观强加于他人，而这对对方几乎没有帮助。这对我们

---

① Stephen R. Covey: The 7 habits of highly effective people. Miami: 2015. S. 373.

也丝毫无益，因为这不会产生信任，只会产生一种沉闷的疏远感。就像在旅途中一样，真正开放的人，才会接受异地他乡，就像一个善解人意的倾听者走近另一个陌生人。

聚精会神地倾听：10条提示

1. 给予独家关注

此时此地，请不要看手机，不要在中间快速通话，去除打扰。实行自律。

2. 积极寻找新的见解

像杰克·韦尔奇一样，问每个人真正重要的问题，这样就可以在你的领域做出最好的决定。不要寻求认同，而是寻求批评。每一次对话都是增加知识和提高能力的机会。

3. 持开放态度

如果你想从另一个人那里学到一些东西，就不要将自己的传记投射到其他人身上。没有评价，不要妄下断语，没有建议。这种情形下，你不是焦点。你坐到他的桌子旁边，试着像他一样看待和感受这个世界。

4. 询问

如果你有不明白的地方，请及时询问。但不要打断对方，这会让对方失去节奏，也显得你没有礼貌。使用开放式问题：你能相信谁？你想走多远？我怎么帮你？

5. 反思

你反思一下，在内容和情感方面你会喜欢哪些（对你本人以及对方）。有时候，手势也是可以的。

6. 保持眼神交流

请不要直勾勾地盯着对方看。在你的目光（当然还有你的肢体语言）中，对方很容易能看出你的关注。

7. 观察对方的肢体语言

观察对方的手势、面部表情和声音。调整你自己的话语和肢体语言。在不和谐的情况下，我发现直接询问很有用。不要兜圈子说话。倾听的艺术远远超出了接收和理解言语的范围。

8. 忍受沉默

如果对方沉默了，这并不意味着你必须说话。休息停顿对谈话很有帮助。旧事完结，新事产生。

9. 最后的总结

这是倾听的最后边界。在对话结束时，参与对话的每个人都应该知道自己该做什么。每个人都有明确的任务分配。

10. 放松和高度集中并行

对我来说，这句话蕴含着倾听的真正艺术。开放性和专注度的结合，使双方的谈话取得成功。这才是倾听的真正艺术。

怎样练习移情倾听？畅销书作家史蒂芬·柯维举了一个典型的商业案例：一家小公司的四位代表与银行工作人员会面，协商一份合同。[①]这家小公司的总经理说，要么不做，做的话就要全力以赴。他请求银行业者，以一种完美适合银行的方式订立合同。他的目标是：了解他们的愿望和顾虑。他想先仔细倾听。然后他说，我们再谈谈钱的问题。银行业者都很兴奋，他们以前从未遇到过这种情况。三天后，他们提交了合同。“现在，让我们澄清一下，看我们是否都正确理解了。”这位总经理说。他的团队用自己的话重复合同的内容，直到所有问题都得到了回答。然后，总经理说明了自己公司的顾虑。现在，银行家们在仔细倾听。最后，谈判参与者宣布：好的，我们想合作，我们想要达成这笔交易。此时此刻，价格不再

---

① Stephen R. Covey: The 7 habits of highly effective people. Miami: 2015. S. 399 f.

是问题。

这是理想的顺序：首先尽最大努力去理解对方，然后才是被理解。移情倾听的艺术为信任合作铺平了道路。

实践：通过图形记录来记忆所听到的内容

好的倾听者具备记住所听到内容的能力。建议在讲故事时，将事实和数据转化为故事与图片。在经典片段和英雄之旅中，在隐喻和场景中，这种类型的内容压缩称为图形记录。图形记录是会议、研讨会或讲座背景下的可视化实时文档。它把内容模拟实时自发地转化成适当的图像，并在视觉上突出关键信息。

许多组织机构使用图形记录，将复杂的主题转换为简单、简洁和有趣的形式。在为期三天的会议之后，人们很有可能看到一张漂亮的、色彩缤纷的海报，而不是无数要浏览的 PDF 和幻灯片。

在我对柏林图形录音师本杰明·费利斯[①]的一次采访[②]中，他也谈到了倾听。本杰明说："人们需要无限的好奇心和毅力。有时候，我花了十小时写一首曲子，但仍然一直专心地听着，而其他人早已在家和他们的亲人聊天了。"

当谈到积极倾听和持续记忆时，图形记录是首选技术。它让人保持清醒，因为它很有趣。即使不是训练有素的图形记录师，我们也能够画出一个对话、一次演示、一个讲座的简单图片。讲故事为我们提供了这样的模式，如英雄之旅，或者三幕剧结构。

我一直就是这样工作的，尤其在面对复杂的主题时。有一个限定：我的图形记录是非常个性化的，以至于它只适用于一个人。

---

① 本杰明·费利斯的论文和图形记录介绍可以在此处找到：https://benjaminfelis.de.

② https://www.strategisches-storytelling.de/visual-storytelling/.

Tell me!

创造

好故事在实践中这样产生

3

第3章

故事被成功地应用于各种情景。本章将引导你了解来自企业实践的非常具体的示例，如改变讲故事的方式。

欢迎来到实干家——创始人和广告商、经理人等真知灼见者的世界。创造！本章介绍在专业实践中使用讲故事取得成功的人。在这里，你会遇到爱彼迎（Airbnb）、德芙、奈飞、苹果、沃尔玛、亚马逊、dm（德国的一家平价超市）、哈雷·戴维森或德国二手女装平台（Mädchenflohmarkt）这样的企业。凯文·史派西、蒂尔·施威格、麦克·欧菲尔德或克里斯蒂安·林德纳等名人也会出现。一扇旧门起到重要的作用，而标志性的早餐麦片可以使一家初创企业免于破产（指爱彼迎）。大数据与顾客满意指数（CSI）相遇，一位企业家想知道：为什么我的钥匙不再合适了。

本章介绍的是如何在实践中创造好的故事。十节内容引导我们进入工作世界的中心主题，其特点是更加碎片化、不断学习和适应。简而言之，就是永久性的变化。它们展示了如何令人信服地讲述一家公司的故事，或一家初创企业、一个品牌的故事。示例还展示了故事如何赋予数据活力，使得每个人都理解它们并可以根据它们做出决策，以及价值观和使命如何从空洞的言辞中提取出真正触动他人的故事。

你可以从这些创造性的用途中获取自己讲故事的灵感。你会看到，通过叙述者的眼睛处理诸如大数据、变化或失败等困难的话题是多么有趣，如果人们不被松散的事实或企业管理学空洞的言语所敷衍以致缺乏兴趣，而是被一个有关联的、令人信服的和让人有好感的故事所吸引，他们会感激不尽。

哦，小艾玛，你知道这辆车值多少钱吗

品牌需要故事

概要

品牌需要故事来留住客户。为品牌找到正确故事的有效方法是寻找正确的基本情节。重生、战胜怪物、回归、喜剧……哪个情节最适合？这并不是一个一旦找到就完全遵循的模式。相反，如德芙、Mini或红牛的复合时代精神的诠释，才会让品牌故事令人兴奋且感觉其无与伦比。正如精心制作的短片《这是一个普通的品牌视频》所显示的那样，刻板模式是危险的。[①]

对罗伯特·麦基来说，事实很清楚，讲故事是营销的未来。那些今天不会讲故事的人，他们的品牌很快就会成为历史。“别无选择。”这位教授商业故事的剧本大师说，“要改变你的组织机构与客户联系的方式，你需要利用故事的吸引力进行营销、品牌推广、广告和销售。”[②]故事让人们购买一件产品或喜爱一个品牌。慕尼黑广告公司销售部总经理克里斯蒂安·雷克曼说得更具体：

> 人们在故事中思考，他们记住故事并从故事中学习。如果把一个品牌与一个故事成功地联系起来，以获得关键时刻，即购买决定，那么

---

① »This Is a Generic Brand Video«, März 2014: https://www.youtube.com/watch?v=2YBtspm8j8M

② Robert McKee: Storynomics. Story-Driven Advertising in the Post-Advertising World. New York: 2018. S. XVII.

这个品牌就有明显的优势。一个故事讲述了我们内心最重要的直觉——“顾问”。[①]

如何获得好的品牌故事？使用讲故事的工具，分两步进行。

第一步：填写黄金圈。“为什么”是一个公司和一个品牌中一切的核心。每一个好的品牌故事都要注意“为什么”，否则故事本身就是多余的。哈雷·戴维森说：“实现个人自由的梦想就是我们的‘为什么’。”这就确定了方向。我们即将看到一个故事是如何发生的。

第二步：使用七个基本情节，以获得品牌故事正确运转的良好感觉。如前所述，英国记者兼作家克里斯托弗·布克说，基本上只有七种形式的情节。无论是电影、戏剧、小说还是商业史，都可以归结到这七种，没有例外可言。一个经营良好的品牌不仅遵循“为什么”，而且遵循其中一个情节。例如，德芙遵循“战胜怪物”的故事情节，但它是以当代的形式呈现的。

以下是遵循其中一个基本情节的品牌示例。它们允许高度的识别，远远超出了传统的广告。它们通过一个紧张的弧线，使其显得情绪化和人性化。它们很容易被记住和分享。它们以非常不同的方式与自己的梦想、过去联系起来，而不是拙劣地向我们出售任何东西。它们诉说着幸福。顺便说一下，根据哈佛大学的广泛研究，原因主要在于与他人以及与我们自己的联系。对幸福的主要因素，研究负责人乔治·维兰特说：“一个是爱，[②]另一个是找到一种不会驱逐爱的生活方式。”

让情节赋予你灵感！不仅仅是公司或品牌的故事，也包括团队或项目的故事。你已经知道大多数故事的讲述模式。开头是：“从前……”

---

① Wie hilft eine Brand Story beim Verkaufen? Interview mit Christian Rechmann, März 2017: http://www.strategisches-storytelling.de/wie-hilft-eine-brand-story-beim-verkaufen/

② Till Eckert: Laut Harvard-Studien brauchen wir genau eine Sache für ein erfülltes Leben. ze.tt, März 2017: http://ze.tt/laut-harvard-studien-brauchen-wir-genau-eine-sache-fuer-ein-erfuelltes-leben/

战胜怪物：德芙，《真实的美丽素描》

剧情：一件事，人类，怪物霸占世界，英雄肩负着恢复秩序与和平的任务。它是品牌故事的核心情节之一，可以用多种不同的方式来解释。德芙是这样做的：短片《真实的美丽素描》不仅讲述了一个感人的故事，而且在我们自己身上寻找"怪物"，这使得电影看起来更加真实。[①] 对美的话题而言，女性本身就是其最大的批评者。如果内在美的典范受到压制，她们就不会看到自己的美。

在视频《真实的美丽素描》中，女性被要求描述自己的脸。幕布后面坐着一位 FBI 嫌疑犯模拟画像员，他根据女性的描述一个接一个地画出她们的脸。等女人走后，他又画了第二幅画像，不过这次是根据最近才认识这些女人的人的描述画的。最后，被画的女性看到了自己两张并排的画像。她们发现，相对于别人对自己的感觉，她们对自己的评价要更丑。根据陌生人描述所生成的画像，以公正、开放、仁慈的眼光看待女性，使女性看起来更加美丽。这个故事讲述的"怪物"是过度的自我批评，无法看到自己的美丽。最终，这一点被战胜了。

"当被邀请参加德芙的这个视频制作时，我从未想过这两幅肖像会有这么大的差异。"这位 FBI 素描艺术家说，"当女性看到自己并排的两张不同肖像时，她们的情绪反应给我留下了深刻的印象。我认为，这些勇敢的女性中有许多人已经意识到，她们对自己的看法是完全错误的，这对她们的生活产生了相当大的影响。"[②]

德芙 2013 年的视频《真实的美丽素描》被浏览 1.8 亿次，已成为广告史上的经典。什么是德芙的"为什么"？"帮助女孩和所有年龄段的女性发现她们真正的美丽，创造一个世界，在这个世界中，美丽是自信而不是

---

① Dove: »Real Beauty Sketches«. Video, Mai 2013: http://www.dove.com/de/stories/campaigns/real-beauty-sketches.html

② 同上。

自我怀疑的源泉。”[1]因此，《真实的美丽素描》只是一系列关于真实美丽的品牌中的一个插曲。

从洗碗工人到百万富翁：哈雷·戴维森，《内心的小孩》

剧情：一个完全正常的人，被大家严重低估，变成了一个特殊的人。在这种情况下，品牌故事几乎是乏味的，因为听起来太像童话。如果人们对其稍加改动，会怎么样呢？摩托车制造商哈雷·戴维森的产品就是这样问世的。《内心的小孩》讲述了一位不复当年之勇的成功商人的戏剧性故事。[2]他逃离、战斗，逐渐摧毁了他旧生活的所有象征，最终拥抱了自己内心的小孩。视频的结尾说：“心有所想，目有所见。”（见图 3–1）自由是哈雷·戴维森的一大主题。

图 3–1　哈雷·戴维森：“心有所想，目有所见”
（© *Filmakademie Baden-Württemberg*）

---

① https://www.dove.com/de/stories/campaigns/real-beauty-sketches.html

② Harley Davidson: »Inner Child«, Oktober 2015: https://www.youtube.com/watch?v=X1NYIYd54JQ

这个视频令人惊奇之处在于：它是非官方的。年轻的电影制片人安德烈亚斯·布伦斯拍摄了这段视频。“哈雷传达了我想要表达的那种追求自由的动力。”他告诉我，“除了离群索居的故事，我还展示了与内心小孩的联系。有一个外在和一个内在的旅程。只有当孩子在我们心中重新活跃起来并闪耀光芒时，我们才自由。”

哈雷·戴维森这个品牌是对自由的独特展示。这就是哈雷叙事世界的真正财富所在。一位哈雷迷对“从洗碗工人到百万富翁”情节的当代解读是：“从外在的成功到内在的幸福。”通过转变成人们过去一直以来的样子来实现自我。是一个成年人，但保留了一颗童心。

追寻：红牛，《斯特拉托斯》

剧情：英雄启程前往遥远的目的地。只有在那里，他才能完成他的使命。红牛讲述了在极端情况下寻求冒险的经历。所涉重点是，把不可能的事情转变为可能。这家奥地利能量饮料供应商赞助了各种极限运动，因此品牌故事——“红牛给你一双翅膀”，以多种形式重演。令人印象最深刻的是费利克斯·鲍姆加特纳在 2012 年 10 月的平流层跳跃[①]，这是一次不可能的探险（见图 3–2）。200 家电视台报道了这次跳跃，800 万人通过 YouTube 现场观看。红牛的“太空边缘使命”正在通过社交媒体迅速传播。费利克斯·鲍姆加特纳站在离地球表面 39 千米的太空舱边缘、随时准备跳下的照片，早已成为我们这个时代的标志性图片。与其他题材不同，它代表了对极限的追求。

① Red Bull: »Stratos«, Oktober 2013: http://www.redbullstratos.com

图 3-2　费利克斯·鲍姆加特纳的太空跳跃——我们这个时代的标志性图片
（© *Joerg Mitter/Red Bull Content Pool/Gallery Stock*）

旅行和回归：宜家，《尝试新事物》

剧情：一位英雄离开了他熟悉的世界，身处一个陌生的环境，经过几次冒险，他又回到了自己熟悉的地方。在其西班牙视频《尝试新事物》中，宜家讲述了一位老人和一把宜家折叠椅的旅行。①

故事就是这样：像以往每天一样，一位老人原本只想坐在公园的长椅上喂鸟。但是长椅被占用了，于是他拿出他的红色宜家折叠椅，坐到旁边。这让他觉得，拿着这把椅子他可以坐在公园的任何地方。很快，公园对他来说太小了，一次旅行开始了。背上背包，带上红色折叠椅，环游世界：在非洲和孩子们一起踢足球，在巴黎上舞蹈课，在野外钓鱼，在沙漠中的篝火旁聊天，在亚洲唱卡拉 OK。最后，他和其他老人一起又坐在公

① https://www.youtube.com/watch?v=r4L3yGCGLQk

园的长椅上，对面是他的红色宜家椅子，鸽子在椅子边悠闲地踱步。由于经过这段漫长的旅程，椅子有点旧了，下一条路将通向宜家市场。这段两分钟的视频讲述了一个故事，没有说一句话，但每个人都明白它要表达的意思。“进入千家万户”是宜家的品牌主张。《尝试新事物》展示了如何做到这一点，并让观众与老人及其折叠椅一起踏上旅途。

喜剧：汽车租赁公司 Sixt

剧情：在这部喜剧中，我们进入了一个充满困惑、没有安全感或满是挫折感的小世界。这就是对 Sixt 品牌故事的完美描述。这家汽车租赁公司很是大胆高调，喜欢用广告来挑衅，但总是自负傲慢。

2016 年 6 月的一个例子是：德国选择党的主席亚历山大 · 高兰德以当前的 Sixt 广告海报作为配饰，在他的身后是一辆白色的卡车，配以文字：“献给邻里关系中有个‘高兰德’的所有人（如今在 Sixt.de 租一辆搬家卡车很便宜）。”Sixt 卡车已准备好，驱散了这一阴影并使高兰德式的邻居或高兰德本人搬家。解决方案则遗留在观察者的想象中。

Sixt 已经整蛊了许多社会名流，包括有百变发型的安格拉 · 默克尔。高兰德被打扮得很运动系，这为喜剧的成功结尾作出了贡献。这位党派发言人在推特上评论道：“献给有幽默感的人的幽默。”在脸书上，“高兰德-广告”被点赞 4 万次，被分享 2 万次。Sixt 是德国汽车租赁公司中最著名和最具同情心的品牌，这得益于其一贯的品牌故事。

悲剧：VHV 保险

剧情：英雄采取某些行动，但失败了。悲剧与所有其他情节的主要区别在于其结局。真正的悲剧几乎不适合品牌故事，至少从公司的角度来看不适合。然而，与喜剧结合在一起，悲剧的表现很出彩，比如在保险业。和 Sixt 一样，VHV 保险公司的品牌形象在其行业的千篇一律中显得鹤立鸡群。蒂尔・施威格和他的女儿艾玛的广告短片很中肯。[①]蒂尔漫不经心地把崭新锃亮的路虎停好，艾玛打开车门，车门“砰”的一声撞到一根柱子上。“糟糕！”艾玛说。她父亲低声说：“嘿，小艾玛，你知道这辆车值多少钱吗？”他打开司机座位旁边的车门，结果被一辆路过的沃尔沃剐蹭而过。小艾玛回答：“现在不值那么多了。”顶级故事，不足 20 秒钟时间，还包括 VHV 的广告文本。这让人做何感想？他们是专业人士，他们说得对而且很有趣。另外，在这种情况下，我也会像作为父亲的蒂尔・施威格一样，做出很随意的反应。

重生：Mini（迷你汽车）

剧情：英雄失败，得到第二次机会并获得重生。Mini 讲述了这样一个品牌故事，但与预期大不相同。最后一辆旧 Mini 于 2000 年下线，经过 41 年的建造生产，至少在欧洲是一个传奇。2001 年，宝马（BMW）有了新款。新款 Mini 延续了旧款的形象，同时也改变了品牌故事。“新 Mini，新原创”是它的口号。

保持不变的是：Mini 是个人主义者的汽车。但它将昨天的温暖与今天的凉爽联系在一起。新事物：它不再是技术上的取巧者，而是具有了可靠的、技术性的高品质，是运动款优质小型车。概念行之有效，Mini 长期以来一直是一个现代的复古品牌。它是怎么做到的？该品牌讲述了今天的故事，同时也包括些许昨天的元素。原始的 Mini 有时会出现，但更像是一场客串秀，就像一辆汽车偷偷潜入商业广告中。例如，当众多 Mini 像

① https://www.youtube.com/watch?v=xgrEUbBkqTo

倒下的多米诺骨牌一样停在车库中时，最初是原始的 Mini，最后是最新款的。不仔细观察，甚至都不会注意到“重生”这个话题。在其网站上，Mini 还讲述了过去的故事，例如对一辆 1959 年原始版 Mini 的修复，车里是斗牛犬斯派克。在一则 2014 年的 Mini 广告中，斯派克以怀疑的眼光打量着新款汽车（见图 3–3）。

图 3–3　Mini 重生——新的原创和它的最大粉丝斯派克

资料来源：https://www.press.bmwgroup.com/deutschland/article/detail/T0148304DE/the-bulldog-is-back-%E2%80%93-der-neue-mini-kommt?language=de.

这辆车给它讲了一个什么故事？车漆看起来像是回到了 20 世纪 70 年代。也许是这个“新 Mini，新原创”，每个人都会脱口而出！斯派克前前后后地打量着汽车，在排气管处嗅了嗅，然后它才坐到副驾驶座上，让这款运动车在城市中穿行，直到它满意地从车窗向外吠叫。斯派克代表所有怀疑者购买后心满意足的态度。

实践：用比喻研发品牌故事

在我的每一个关于商业故事艺术的研讨会上，通过有趣地处理情节、原型，品牌故事的想法会自动产生。但我总是尝试另一种方法，一种捷径：比喻。

有些人对这种方法感觉更舒服，因为它不是一步一步地线性发展，而是基于直觉、直接的方法和强大的图像。

比喻将意义和情感从一件事转移到另一件事。这就像一个短篇小说。$x=y$，这就是结构。“朱丽叶是太阳。”威廉·莎士比亚写道，从而使人们对朱丽叶有了新的认识，人们可能会在营销中这么说。

朱丽叶可能光彩照人，让人心生亲近感。她与自然的循环融为一体，是宇宙的中心，没有她，生命将不复存在。

人们怎样找到比喻？最好要积极对此探寻，例如在头脑风暴框架内以工作组的形式。这一探寻包括良好的倾听能力。因为比喻通常已经存在，但没有人注意到它们。

我的一个讲故事研讨会的工作组曾经选择乐高积木作为比喻，来描述公司的报价。这是另一个品牌故事的基础，强调诙谐和模块化。

用比喻讲故事，而不是将其程式化，这从命名就已经开始了。亚马逊，地球上最长的河流之一，这个名字非常合适。

普通类型还是其他

2015 年，英国内容营销机构 Headstream 询问客户真正想听和想看什么样的故事。其研究结果“品牌故事的力量”[①]显示：最好的故事讲述

① The Power of brand storytelling, Studie der Agentur Headstream, Juni 2015: https://www.slideshare.net/Headstream/the-power-of-brand-storytelling

了可能成为品牌客户的真实人物，而不是名人、公司员工或创始人。品牌故事最流行的格式是视频，其次是照片和文本。故事的神奇成分是幽默。幽默让人着迷，尤其是老一辈人（见图 3-4 至图 3-6）。

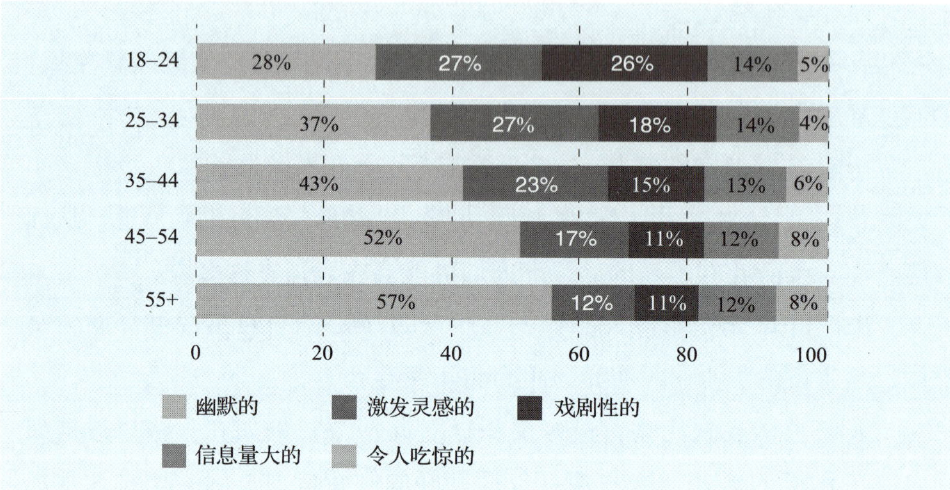

图 3-4　幽默胜过惊喜（尤其是对于年长的观众）

资料来源：https://www.slideshare.net/Headstream/the-power-of-brand-storytelling.

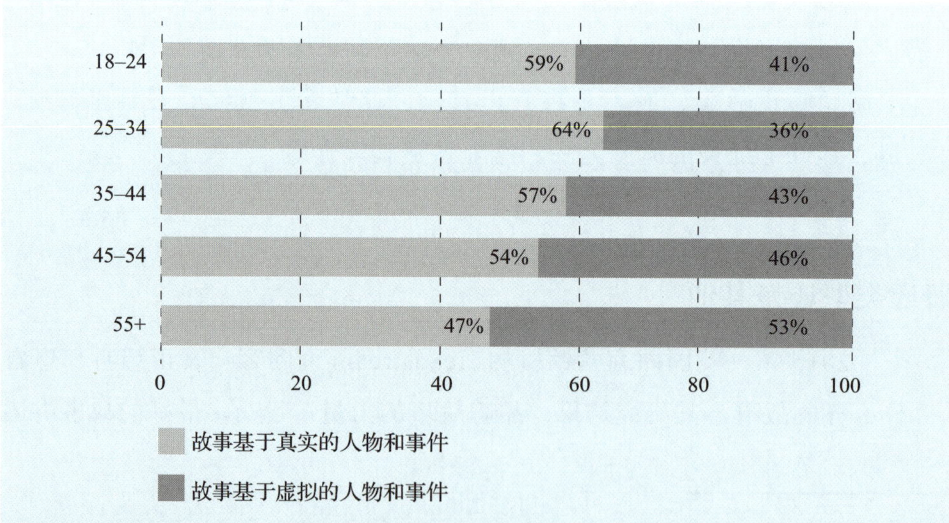

图 3-5　现实生活中的人比虚构人物更受欢迎

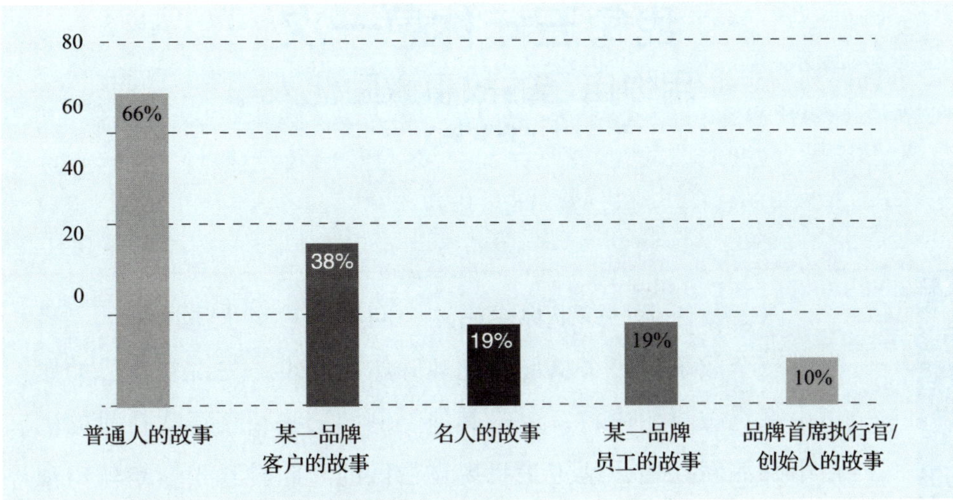

图 3-6　没有名人——普通人的故事最受欢迎

我每五年休息一次

用你自己的故事激励他人

概要

你在做什么？如果你想用这个问题的答案来激励他人，最好讲一个故事。一个从此时此地开始的故事，先说在自己的履历中真正重要的内容，忽略其他。例如，我一直喜欢在我的生活中开辟新天地，这正是我现在在做的。此时紧张情绪就出现了，观众想知道事情会如何继续。一旦有了框架，这个故事会自然而然地出现。

心理学家声称，2 秒内他们会形成对正在与之交谈的人的形象。企业家理查德·布兰森说他能在 30 秒内形成对他人的看法。[①] 真的可以这么快吗？没有人会在 2 秒内做完自我介绍，至少用语言不会完成，即使是 30 秒介绍完也不常见。但是，几分钟应该足以介绍自己，并用自己的故事激励他人。好像我们宁愿出售任何东西，而不是我们自己。

欧洲某处的社交活动中，从高薪职位被解雇的经验丰富的经理人有机会介绍自己，并向潜在的新雇主解释自己正在寻找什么样的工作。经理人一个事件接一个地讲述他们像购物清单一样的简历，按时间顺序排列得非常整齐有序。许多人从自己的第一份工作或出生地开始介绍。2 分钟过去了，他们甚至还说不清自己要找什么样的工作，仍然在罗列自己职业生涯

① Richard Branson: Business ist wie Rock 'n' Roll. Frankfurt/Main: 1999. S. 159.

中不同阶段的工作。那些更善于把握时机的人不会说出自己感兴趣的新工作。相反，他们会列出 4 ～ 5 个非常不同的工作。

欧洲工商管理学院的教授埃米尼亚·伊贝拉和她的合著者肯特·莱恩巴克报告了这场悲剧，声称在研究中经常会有这样的体验。“对于使用自己故事的力量，大多数人都做得比较失败。当我们写一个故事时，我们会写得很糟糕。”[①] 如果有人以蹩脚的方式谈论自己的发展历程，可能只列出公司和活动的清单，大多数听众马上就觉得无趣了。首先我做了 X，那是在 Z 地的 Y 公司。然后我的任务是 A，那是在 C 地的 B 公司……我们都对所叙述的内容感到尴尬，想找个地缝钻进去。这可能是一位经验丰富的经理人吗？他凭什么拿那么高的工资？不可能！但我们真的能做得更好吗？

对“你在做什么”这个问题的回答，有时我做得很好，有时很糟。在稳定时期，相对更简单。在过渡阶段，我很难讲述自己的履历：简短的形式太短，冗长的形式太长，两者都可能放之四海而皆准，但非此时此地。这种情况可能也发生在这些参加社交活动的经理人身上。他们悬在空中，没有安全感，他们很担心。当他们谈论不再为之工作的公司时，他们仍然说“我们”。而当他们说“我”时，他们自己也不知道这指的是谁。

我们回忆：过去是什么样的？从大学生到职员，再到管理层？从工作 A 到工作 B，从公司 X 到公司 Y？从固定职位到个体经营，休假或产假后重返工作岗位？在这样的过渡阶段，我讲了什么故事？这是我们被他人批判质疑的阶段。我们的动机、我们的性格、我们的能力，一切都被重新衡量。如果没有一个令人信服的故事来赋予我们生活的意义，我们常常会在这样的时刻感到迷失。

这个故事首先需要的是连贯性，这样会在听众当中产生信任。我们的生活可能是有随意性，没有积极性，这并不能使我们值得信赖。如果外在

---

① Herminia Ibarra und Kent Lineback: What’s your story? In: Harvard Business Review, Januar 2005: https://hbr.org/2005/01/whats-your-story

的原因在我们的存在中起主要作用，那么我们似乎应该顺应天命，不知道自己想要实现什么，完全忙于对外部环境做出反应，而不是独立行动。更有效的方法是：你的现在与你的过去相连接，从那里有一个通往未来的斜坡。我们的生活不是一个魔盒，里面没有跳跃的魔鬼向听众吐出舌头。尽管这可能是一种幻觉，但人们对有意义关联的渴望要大于对真理的渴望。

能在不稳定时期讲自己故事的人，在稳定时期总能做得到。因此，在不稳定的时期学习是最好的。基本上，以下内容适用于每个想用自己的故事来激发灵感的人：给叙述者和听众带来安全感的是一种结构或一种模式。开始、中间、结尾怎么样？还有引言、难点和解决方案怎么样？开始是指辞职前或对旧工作不满并开始寻找新工作之前的时间，中间是两份工作之间的动荡时期，结尾讲述接触到新工作的过程。中间是最长的部分，也是在过渡时期讲述故事的部分。叙述者同时也是主角，结局是开放的，这给了这件事一个额外的要求。

无论我向自己还是向他人讲述这个故事，它关乎身份认同，关乎对问题“我是谁”“我想成为谁”的回答，关乎对我的动机、目标和实现这些目标的能力及信念，关乎将观众吸引到我的故事中，使他们能够认同我，从而成为我故事的一部分。仅仅罗列生活中的各个阶段，很难做到这些，这需要连续性。不管是出于什么原因（你的性格、你的价值观、你的人生梦想），任何仅讲述自己如何从一侧的堤岸游到另一侧的人，都不值得信赖。听众在工作中断后会细心地思考故事，寻找新的生活计划失败的原因。

当你开始一件全新的事情时，对方会问你，你的经验故事和成功故事在哪里？如果你做某事已经十年了，对方就会产生疑问：在这个职位上那么久，不会有惰性吗？在第一种情况下，必须强调变化间的连续性。在第二种情况下，情况正好相反：尽管存在明显的连续性，但也有一些变化，例如令人兴奋的项目。对方最想听的是：你的生活像一个好故事一样发展，非常自然。仔细观察一下，那些中断根本不是中断，而是你已经规划好的路径，或者它们是极大灵活性的标志。看，有中断，是的，来自外部——我的公司破产了，但我灵活地应对，并有所起色。这就是我个人的改变故事。

研究生活故事连贯性的语言学家夏洛特·林德指出，当故事中的生活看似偶然且完全没有积极性时，听众会开始感觉发冷。她说，当听众感知到持续性和因果关系时，连贯性就产生了。所以它需要因果关系和生活故事的流动，这样才值得信赖。我认为，要让生活故事奏效，它需要的远不止这些。细节很重要，讲述者的感染力也很重要。

举个例子：安雅是一家知名酒店的厨房主管。她喜欢自己的工作，但她的愿望却是，用她得到的遗产开一家素食咖啡连锁店。为什么？安雅的父亲英年早逝，营养不当是主要原因。她坚信，如果她的父亲遵循纯素食生活方式，就可能还活着。安雅为自己设定了通过推广纯素饮食来拯救生命和让人们快乐的目标。她喜欢星巴克，因为在那里人们可以欢度时光。她也想在家庭和工作之间创造一个第三空间，一个健康的第三空间。

当然，安雅也有自己的素食咖啡馆的商业计划，但她并没有因此而让她的听众感到厌烦。她可以讲述许多关于纯素食重要性的事实，但她克制自己没这么做。安雅对自己的咖啡馆有清晰的想法，主色调是什么，光线怎么样，闻起来是什么味道，播放什么音乐。她了解顾客，知道他们为什么喜欢来她的咖啡馆，他们喜欢点什么，他们平均花多少钱，他们在脸书上写了关于她的咖啡馆的什么评论，以及他们拍摄的东西。她一边讲，一边让观众坐在咖啡馆里聆听。她请求他们成为她心目中的雇员、客户或投资者。通过这样做，观众们会继续向他人讲述她的故事。他们成为安雅传记中的英雄，像小说或电影一样出现在她的计划中。

无论你是有远大的计划还是只想维持现状，不管你处境如何，身处何地：当你像讲述一个好故事一样讲述你的生活时，你要建立亲密感，建立听众对你的信任。回忆本书的第 1 章：我们把自己的生活变成故事，我们一遍又一遍地修改，就像编剧打磨他的剧本一样。我们在设计自己时考虑到自身的可能性，并将这个故事称为我们的传记。如果故事过于消极，这可能会有危险，但最重要的是，这是一个机会：生活在最适合我们的故事中，让我们感到舒适和快乐。

与我自己的故事有关的最重要因素之一是幽默。在我看来，这是介绍自己能力的最好方式。我经常在简介中读到：我是一名专家，对某一方面我非常在行。这听起来有些别扭。即使你是这样一位专家，你也不应该说出来，而应该让事实来为自己说话。比如，作为一名企业家，我伴随数字化已经20年了。或者你只讲述一个有趣的故事。

找到你个人故事的叙述框架

从当前最重要的信息开始。此时此地应该是你故事的起点，而不是介绍你什么时候出生之类的信息，不要罗列以前从事的工作。现在对你而言重要的是提供叙述框架，其余的都会不言自明。如果开始就错了，那可能永远不会达到目标。关键问题是如何开始。下述五个例子呈现了五种不同的逻辑。

1. 性格

你为什么要做正在做的事？是什么驱使着你做这些？你的目标是什么？改变的原因和动机是什么？外因的分量很小，内因的分量要重得多。

示例："无论我的工作多么出色，我每五年都会休息一下，并自愿帮助世界上还不富裕地区的人们……"

2. 因果关系

在叙述的形式中，你的生活表现为一连串的因果关系，一件事导致另一件事。因为你一直想作为自由职业者得到一份大订单，所以你辞去了原来的工作。或者因为你可以接管一个令人兴奋的新项目，所以不辞职。

示例："我的雇主十年来都是同一个人。每当我想现在是时候四处寻找新的事物了，我就会得到一个令人兴奋的项目，对此我不能拒绝，像这样的项目……”

3. 连续性

“为什么”在你的性格中扎根越深越好。在过渡阶段，旧的理由比新的理由更有说服力。你要实现的不是偶尔开始做的事情，而是你已经为之奋斗了很长时间的事情。尽管发生了变化，这仍会产生连续性。

示例：“在我的生活中，我一直喜欢开辟新天地，而这正是我再次做……”

4. 价值观

正如纳尔逊·曼德拉一直以来所做的那样，谈论价值观和长期目标有着很高的可行性。这样，你就被视为一个特殊的人。但它必须是百分之百真实的，否则信誉就会丧失。

示例：“我一直倡导工作生活中的性别平等，例如在工作委员会中。为了有更大的主动权，我要转战政治……”

或者：“我知道我一无所知，所以我问了这么多问题，我想找出真相……”

5. 幽默

如果人们有幽默感，就可以推销自己，而不是被推销。如果说“看我有多棒”，只会让人心生厌烦。对成功人士来说，幽默是一种让人产生好感的方式。

示例：“多年来，我一直询问我在电梯里碰巧遇到的所有员工，他们在我的公司做什么工作。大多数人都被这个问题吓倒了。一天，我和两个男员工一起乘电梯，再次问了这个问题：‘你们在我的公司做什么？’一阵沉默。‘嗯，你们不知道为我做什么工作吗？’‘知道。’他们说：‘我们做税务审计。’然后我注意到，我和公司失去了亲密关系，我决定不只是和在电梯里遇到的员工打交道……”

理查德·布兰森讲述了这样一个故事。维珍的创始人是一位讲故事的大师。在与音乐家麦克·欧菲尔德合作的一集滑稽戏中，揭示了布兰森是如何驾驭困难局面的。就像一个分形，他本身就带有维珍创始人的精神——他的幽默、他的冷静、他的狡猾、他的冒险精神、他的坚韧和他伟大的人性。

故事发生在1973年，布兰森的唱片公司维珍唱片公司与欧菲尔德签约，并刚刚发行了他的第一张专辑《管钟》(*Tubular Bells*)。这也是维珍唱片发行的第一张专辑，它的成功意义重大。相关的评论很积极，现场音乐会即将举行。故事开始于一艘游艇上，欧菲尔德拜访布兰森。那是第一场音乐会举办的那天。

突然欧菲尔德低声说："我今晚不能上场演奏了。"

布兰森暗示一切都已经安排好了，而欧菲尔德只是重复了他的话。布兰森担心，自己无法说服20岁的欧菲尔德。同时他也知道：维珍唱片的成功，靠的就是他的登台表演。欧菲尔德必须登上舞台！

于是两人出去散步，直接走向布兰森的灰色宾利，这是欧菲尔德喜爱的汽车。布兰森也同样喜欢，这是他的结婚礼物。他们在伦敦转了一圈。欧菲尔德仍然坚持，他不会登台表演。

"麦克，"布兰森问道，"你想要这辆车吗？要不我送给你？"

"赠送？"

"对啊，你今天仅需去音乐厅登台演奏，那这辆车就是你的了。"一阵沉默。

过了一会儿，欧菲尔德说："这不是你的结婚礼物吗？好吧，我同意。"

演唱会很成功。之后，《管钟》成为当年最受好评的专辑，迄今为止它已售出超过1500万张。[①]尽管如此，欧菲尔德保留了那辆宾利。

---

① Richard Branson: Business ist wie Rock 'n' Roll. Frankfurt/Main: 1999. S. 124 f.

关于个人改变故事的三幕

如果你以典型的故事结构讲述，观众会向前俯身，并急切地问：之后呢？下一步是什么？快说说吧！注意：如果第一幕被舍弃，故事会令人难以理解。如果第二幕被舍弃，它就会变得难以置信。如果第三幕失败了，问题其实不大。人们在讲故事时，通常处于第二幕的中间。

第一幕

第一幕描述了最初的情况。听众知道故事将主要讲述什么，主人公如何重新平衡事态。

有个英雄，我们叫他蒂姆吧。他是个经理，对自己的工作很满意。但他的老板不满意，解雇了他。蒂姆非常痛苦，正在找一份新工作。

第二幕

障碍、挫折、冲突、新朋友、新敌人：第二幕像一个闭环。

蒂姆生活中的平衡似乎比以往任何时候都遥不可及。他很沮丧。就业市场是一场灾难。他的前老板给他设置了障碍。蒂姆为自己设计了不同的新故事：有时他仍然是一名经理，有时他是一名瑜伽老师，这是他多年来在朋友和熟人圈中扮演的角色。

第三幕

解决。主人公赢了。大部分情况是这样的。他也可能会惨败，但那是另一个话题。

经过看似无休止的申请过程，蒂姆决定接受一份工作。他买下了一家瑜伽工作室，由他管理，同时他也是一名教练。他现在说："辞职可能是发生在我身上最好的事情。"

从故事到个人品牌

人们一旦开始构思自己的故事，就可能想更进一步，把自己当成一个品牌，就像艺术家那样。也许你想把自己打造成专家的形象，最重要的问题是：

1. 我代表什么，我的信息是什么？
2. 如何将此信息嵌入我的个人故事中？
3. 我想用我的个人品牌与谁取得关联？
4. 对我和我的信息内容，线上和线下最有效的渠道及网络是什么？
5. 我如何确保我的故事和品牌保持真实，并让人产生好感？

商务舱，对吗
为什么价值观需要故事

概要

每个公司都以价值观为基础，它们是所有员工的行为准则，这些价值观最好通过故事来传递。故事以具体行为的方式展示了价值观，使价值观变得容易理解。只是写在局域网入口或挂在公司入口处的价值观是“死”的，只有基于真实事件的故事才能赋予价值观以生命。

20 世纪 80 年代初，得克萨斯州。在美国超市巨头沃尔玛超过竞争对手 H-E-B 后，H-E-B 的首席执行官查尔斯·巴特想率管理团队去参观一下沃尔玛，向对方学习。

“当然，”沃尔玛创始人兼首席执行官山姆·沃尔顿说，“我只是不确定，我们有什么值得学习的。”

他们在沃尔玛的一家商店见面。当巴特和他的管理团队进入沃尔玛超市时，发现山姆·沃尔顿正在与一位女客户交谈——他想卖给她一块熨衣板。

“查尔斯，”沃尔顿说，“我马上就来，我和这位年轻的女士聊点儿事。”①

几分钟后，这位女士将熨衣板放入购物车，并走向收银处。

---

① 我在保罗·史密斯那里找到了这一故事：Lead with a story. A guide to craft business narratives that captivate, convince, and inspire. USA: 2012. S. 77.

沃尔顿来到 H-E-B 的众人面前说："查尔斯，你知道这个国家有多少破旧的熨衣板吗？我们这个月会卖出 100 万个。"

2000 年初，德国汉堡。我和一位同事身处一家电子公司的接待大厅里。我们比预约的时间来得略早，在等待的时候，我看见了挂在墙上的一块布告牌。女接待员说："这是我们的价值观和我们的哲学，是我们的创始人写的。"这篇告示是关于该公司对员工福祉和提高生活质量的不懈投入。我们被领到会议室后，业务伙伴问我们想不想喝咖啡。"咖啡会很亲切。"我们回答。"如果二位愿意的话，咖啡的味道会很好。"我们耸耸肩膀，思考着，有趣的开场白。业务伙伴消失了几分钟，当他回来时，带着两个放在杯托上的白色咖啡杯。咖啡杯的杯沿留有咖啡溢出过的棕色痕迹。当我们拿起杯子时，咖啡滴在我们的裤子上，味道尝起来和许诺过的一样。

公司价值观是一个令人兴奋的话题，尤其是当书写的内容和生活的内容彼此不同时。我们致力于提高生活质量——这都是些大话。开场白就已经使咖啡让人质疑，为什么不为自家的咖啡机做个积极的广告呢？这样下去能走多远。山姆·沃尔顿则完全不同。他的举动是一系列价值观的典范，甚至不用一个花哨的词。例如，客户对我们是第一位的，或者坚持是有回报的。在沃尔玛和 H-E-B，这一事件作为一个故事被反复讲述，肯定没有人会说：注意，这个故事中隐藏着沃尔玛所信奉的五种价值观！大家马上就明白这是怎么回事了。如果最大的老板总是在客户身边，那么当客户召唤时，其他所有员工都没有借口推辞。

价值观是基本的东西。一家企业建立在其基础之上。它为企业指明方向，并帮助企业在困难的决策中走上正确的道路。价值观是我们行动的指导。公司的每个员工都应该了解公司的价值观，更重要的是，感受它们并以此作为行动准则。但我相信，价值观的这些通用流行表述根本不会带来任何东西。既不是"诚信：我们在言行上始终遵循诚信的最高标准"（德意志银行），也不是"我们非常重视员工的发展"（EON）。这种说辞左耳进右耳出。这些令人忧伤的文本样板，无论在内部还是外部，都不会引起任何人的兴趣和兴奋。它们也不吸引他人遵循。尽管可能有数千名员工被问及价值观。尽管一家机构及其管理人员已经探索了一切，并从中提炼出关键价值：勇气、成绩、责任、创业精神、尊重、诚信、质量、绩效、创新、可持续性、客户友好、品质优秀……尽管公关和营销确保了价值观的传播，在讲座、壁报或局域网中。尽管……或者这恰恰就是原因所在？

讲故事是展示公司价值观的不二选择。只有作为故事，它才能真正铭刻在员工、合作伙伴和客户的印象中。原因在于价值观的本质。只有这样，它才能从抽象的概念变成具体的行动。一切都取决于此。其中的关键是真实性，就像沃尔玛的创始人山姆·沃尔顿所做的一样。

从前面引导，不要从后面推动，这是基本理念。那些想把价值观带进公司的人，最好以树立榜样的形式引入。悬挂在入口或走廊上的、推敲过的措辞只是一个附属品，描绘企业形象的广告也是如此。这些价值观要么是公司现实生活的一部分，植根于所有员工的思想和心灵，要么就是镜花水月。

价值观的哲学和介绍

所有人都有价值观。它们从哪里来的？哲学家汉斯·约纳斯说，价值观既不是规范，也不是欲望；相反，它们是关于“什么是真正值得渴望的”[①]非常情绪化的概念。当我们心中被某种强烈的东西所触动时，它们就会出现。它们没有使我们感到拘束，尽管它们限制了我们。它们给了我们安全感。对违反正义等价值观的行为，我们感到愤怒。

1. 价值观介绍与个人相关

存在正面的榜样和反面的榜样。正面的榜样是那些支持某种信念的人，而不仅仅是夸夸其谈的人。比一家公司的管理层所说或所写的更为重要

① Hans Joas: Die Entstehung der Werte. Frankfurt am Main: 1997. S. 32.

的，比他们所写的价值观或在广告中闪耀的价值观更为重要的，是人们的实际行动。

2. 价值观介绍与外部框架相关联

公司大楼是如何设计的？是办公室还是开放空间？是以你还是您相称呼？有几个等级阶层？如果受训者有意愿，他能和董事会交流或者仅仅与他的直属领导交谈？是否有灵活的工作时间或在家办公？所有这些都在讲述一个故事，不管壁板上写着什么价值观。

3. 价值观传递与经验挂钩

如果书面设定的价值观与公司员工的经验无关，那价值观就是空洞的。如果它们与价值观相反的经验有关，那么这个话题不会有人认真对待。但如果有与价值观相匹配的丰富经验，那这就是成功的一个重要基础。

我想给你举三个价值观故事的例子。它们与客户、董事会、办公桌和商务舱有关。

董事会的故事

一架波音 737-500，正在接受旅客登机，准备从慕尼黑飞往柏林。有个大会在那里举行，来自同一家公司的许多管理者都会飞到那里。商务舱的客人先登机。所有乘坐经济舱的员工都可以看到，谁乘坐商务舱，因为他们会直接从自己身边走过。商务舱的客人也可以看到，哪些同事乘坐的是经济舱。其中，公司的董事会主席也乘坐这次航班。他从许多管理者身边走过（几乎所有的管理者都是乘坐商务舱），然后坐在飞机后面很远的一个便宜的座位上。许多人难以置信地看着他。董事会主席竟然乘坐经济舱！

甚至在飞机起飞之前，人们就开始窃窃私语，最早的一些消息也被传送出来。很多问题悬而未决。在柏林，下属对座位的选择是一个大问题。这个故事像突发新闻一样传播开来。董事会主席对此不置一词。他也没像许多公司管理者担心的那样，颁布新的规定。为此很多管理者在他们的电子邮件中拼命寻找，唯恐忽略了新的准则，但一无所获。一位管理者在公司网站上发现了一句话："我们以模范行为为指导，而不是以对指令和法规的遵行。"嗯，他思考着。这些焦躁不安的管理者进一步调查：老板最近是不是经常开着迷你车来上班，而不是让司机开车送来上班？有传言说，他住在一号汽车旅馆，这最终仍不确定是真是假。这也没人能查证，因为大家都住在与自己身份相符的五星级宫殿里，也就不敢亲自去问老板了。

管理者们在地位和榜样之间左右为难。在这种情况下人们该怎么做？保持放松状态，至少在表面上，在下一次飞行时保持冷静，静观其变。也许经济舱也没那么糟糕，人们压根儿就不知道。

对许多管理者来说，商务舱并不是一个微不足道的地位象征。无论是谁来到这里，都感觉像是俱乐部的一份子。然而，现在商务舱确实出现在管理者的非正式价值观中，但不在公司明文规定的价值中。公司价值表述中还有类似这样的句子：我们重视以结果为导向的行动。那董事会主席以结果为行动导向，乘坐经济舱出行。

我认为这位董事长的做法非常明智。也许可以在公司网站上添加一句话："我们通过模范行为引领并相信与之相关的故事会传播且塑造文化。"你应该早已注意到，这个故事遵循着熟悉的模式：情境（地位很重要，比如乘坐商务舱）、复杂性（地位似乎不再重要）、解决方案（谨慎地规避地位、预订更便宜的航班并专注于商业成功的重要事项）。

创始人的故事

第二个例子是关于世界上最大的在线零售商的。在亚马逊网站上，我找到了以“客户至上”为主导 14 条领导原则[①]。乍一看，这似乎太长了。哪个员工能记住？但是，让这些原则真正变得切实可行的是：公司和媒体上都有关于它们的故事，其中一些听起来像是传说。

“节俭”即有针对性地使用资源。公司网站上的事实陈述如下：“事半功倍。限制自己也可以产生独创性，推动财务独立和创新。对只增加员工数量、预算或固定成本的领导者，我们不为其喝彩。”这个故事是怎么回事？亚马逊老板杰夫·贝索斯的办公桌是搭在两个支架上的一扇旧门。句号。结束。

这就是整个故事。与海明威一样，只显示了冰山一角，水下的部分由读者和听众自己去发现。两者会延长故事本身。他们问，这是怎么回事？哦，他们从同事那里得到答案，杰夫不在乎外在的东西。他们会了解到公司创办的故事：杰夫在他的车库里创办了亚马逊。那时，在 1994 年，他把一个烤箱放进里面，又变出了办公桌——用门做的！并意识到：无论人们在十年内购买了什么，他们都会在价格最低、选择最多、服务最好的地方购买。他们开始沉思：在公司成立二十多年后，我们成了世界上最强大的数字公司之一，但同时，我们仍然是一家初创企业。当被问及杰夫·贝索斯的办公桌时，他们还会听到第三个故事：亚马逊创始人喜欢讲述他的祖父，一名牧场主。

> 所有的夏天我都在他那里度过。牧场位于科罗拉多州和得克萨斯州之间。什么都没有，连一名急救医生都没有。就像在农村一样：如果有什么东西坏了，你必须自己修理。我们修理过拖拉机，修理过风力涡轮机，这就是我成长的方式：我看到，我可以自己做任何事情。[②]

你可以自己做任何事情——“门”也讲述了这样的故事。当然还有更

---

① Amazons 14 Leadership-Prinzipien: https://www.amazon.jobs/principles

② Lorenz Wagner: Captain Future. In: Süddeutsche Zeitung Magazin, Heft 52/2015: http://sz-magazin.sueddeutsche.de/texte/anzeigen/44019/

多，尤其是贝索斯性格有点古怪，他的干劲、痴迷和冷酷都可能会让一些人觉得古怪。但他所做的，是像海明威讲故事一样强大。没有比这更好的方式来表现节俭了。

公司和价值观：三个基本方向

谈到价值观，公司中有不同的基本态度和文化。

1. 马贼强盗的价值观

他们的座右铭：不惜一切代价取胜。他们努力奋斗，超越善恶。

2. 实用主义者的价值观

他们的座右铭：价值观就是指导方针。例如，他们不会为了短期利润而受到伤害。

3. 理想主义者的价值观

他们的座右铭：价值观驱动我们。价值观被用作道德指南针。理想主义者的目标是：一个更美好的世界。

英雄员工的故事

第三个例子是美国百货公司诺德斯特龙的故事。诺德斯特龙的理念是：我们讲很多故事，但这些故事不是关于公司或管理层的，而是关于客户和员工的。这家百货公司使用故事，而不是价值观大炮，它不想让员工感到困惑。诺德斯特龙只说：在任何情况下，都要用最好的判断来提供卓越的客户服务。[①]

这是诺德斯特龙的最高价值：卓越的客户服务——就像亚马逊一样。为此，诺德斯特龙发明了英雄模式，这是一个关于诺德斯特龙的客户和

---

① Robert Spector, Patrick McCarthy: The Nordstrom way to customer service excellence. New Jersey: 2012. S. 148.

员工的故事集。如果诺德斯特龙的一位员工注意到，一位同事提供了出色的客户服务，他会告诉业务经理。经理确保员工得到尊重并讲述故事。诺德斯特龙通过各种公司渠道（数字的、印刷的和口头的）传播这些故事中的精华。①

例如，其中一个故事讲述了一位顾客想要更换已使用五年的旧鞋。为了让顾客满意，女售货员对此表示了同意。另一个故事讲述了一位女顾客非常想要购买一条正在打折的裤子，但库存中没有适合她的尺码。女售货员去了另一家商店，以正常价格在那里购买了裤子，然后以打折价卖给顾客。售货员在这两种情况下都做出了决定，顾客忠诚度比短期损失更重要。

实践：用强烈的图像替换软弱无力的话语

价值观可以变成故事。一种稍有不同但同样强大的方法，是将价值转化为图像、隐喻和比较。这就是把抽象概念变成生动想法的方式。

程序：如果描述公司的价值观是可用的，一些员工会寻找转化这些价值观的强有力的图像。这些图像应该适合公司。这意味着一家技术公司更可能寻找技术图像，一家时装公司更可能寻找时尚图像。也可能寻找来自完全不同领域的图像，比如，可以转化公司价值观的动物。但这要连贯地实现，而不能产生歧义。

人们筛选出最好的图像，记录下来并在其他员工身上进行测试。问题是能否产生共鸣，以此识别图像是否有效。然后人们优化图像，必要时寻找新图像，然后再次测试，直至找到一张图片真正强大而和谐，这需要一段时间。

举一个关于强烈图片的例子：关于“我们承担责任”价值观的转

① Robert Spector, Patrick McCarthy: The Nordstrom way to customer service excellence. New Jersey: 2012. S. 148.

化。图片是《窗户还是镜子》。一名员工，尤其是一名领导，在成功时会看哪里，他是看窗外还是镜子？如果失败了，他会看哪里？这样实现价值观的转化：假如成功了，我们的管理者会看着窗外，看着外面的员工，寻找他们成功的原因。如果事情进展不顺利，管理者照照镜子，自己承担责任。顺便说一句，对这一强大的形象转化，我受到了管理作家吉姆·柯林斯的启发。

这样做可以将企业价值观带入生活，并让所有员工有机会了解其意义并据此行事。不符合价值观的行为也可能直接受到批评。比如，我原本以为，如果我们成功了，我们会看看窗外，但是你，亲爱的经理，刚刚向我们详细解释了你本人做得有多棒。难道我们没有参与其中吗？

12 问：从企业价值观到故事

1. 如何描述创始人的价值观？
2. 如何描述当下的价值观？
3. 哪些故事支持这些价值观并使它们充满生机？
4. 有什么变化？
5. 哪些故事讲述了价值观的变化（如果有的话）？
6. 目前最重要的公司价值是什么？
7. 有哪些关于公司价值的故事？
8. 在消极意义上，目前最重要的价值是什么？
9. 对此有哪些故事？
10. 以什么媒体、在什么场合讲述支撑价值观的故事？
11. 这些故事的效果如何？
12. 员工、合作伙伴和客户如何看待价值观与现实的关系？

气垫床加早餐

成功的创业故事讲述

概要

任何拥有募资演示稿和初创故事的人，都可以从中获得公司需要的几乎所有其他故事——从销售文件到企业品牌。初创故事可以用一句话或很多细节来讲述，就像一个激动人心的英雄之旅。一个初创团队会很快掌握所有版本，并根据受众选择正确的版本。募资演示稿包含确凿的事实，并结合高度提炼的故事。与TED大会或政治演讲一样，在15分钟内切入要点并预测观众最重要的反驳意见，了解他们的问题并在演讲台上回答他们。重中之重是：有一个引起好奇心的好的开头——我们提供一个气垫床和早餐。一个好的叙述流程，引导一个图衔接到下一个图。一个会被记住的结局——这是我们在竞争中的优势。目标：信任。用真正的故事与令人信服的事实相结合，以此建立信任。

“创造一个鼓舞人心的世界，在其中人与人之间的联系很重要……今天申请并改变旅游行业。”爱彼迎（Airbnb）在成立九年后的2017年初，通过这一请求来欢迎潜在的申请者。2020年则是：“创造一个每个人都可以属于任何地方的世界。”而在早期的时候，它的宣言听起来更加务实一些：“出租有充气床垫和早餐的房间。”爱彼迎的创始人乔·格比亚、内森·布莱查奇克和布赖恩·切斯基都是伟大的故事讲述者。他们从一开始就很清楚：每家初创公司都需要一个好故事，一个超越事实和数据、产品和市场的叙事框架。一个故事将所有这一切联系在一起，并激励着客户、媒体或金融家。这不仅解释了初创公司的目标，还带领观众踏上了每家新公司的冒险之旅。这样他们就会亲身体验到，自己也身处其中。

初创公司的目标市场或规模无关紧要。通过互联网或小型网页设计机构，动物饲料的销售达数百万美元：如果不能清楚而令人信服地讲述公司的故事，就很难给自己的公司带来帮助。一个激情洋溢但无形的想法，尽管可能很精彩，却无法说服任何人，就像枯燥的数字一样，作用微乎其微。创业故事的艺术在于将事实与情感、商业计划与梦想结合起来。无论是硅谷的大投资商、富有的阿姨还是资助创业的劳工局，每个人都在寻找一件事：信任。这正是一个故事讲得好的原因。

初创故事有很多方面，我认为有两方面非常重要，因为可以从中推断出很多东西：创业故事和募资演示稿。我将以“爱彼迎”为例来解释这两个问题，因为从“爱彼迎”的故事中可以学到很多东西，因为它令人鼓舞，刚开始以一种令人着迷的方式，不完美但非常质朴。创业故事将创业者的生活与其创业联系起来。其核心就是动机问题：为什么我们要做所做的事？一位生物技术创始人可能会说，他正在开发一种治疗心脏病的药物，因为他的父亲过早地死于心脏病，而他想挽救其他的儿女。一家新能源公司的女创始人可能会面向她孩子的未来，以及保护世界现状的意愿。一家平面设计公司的创始人可能会说，他是成功设计网站销售漏斗方面的专家，他的设计增加了销售额。但“爱彼迎”一开始就说：我们还年轻，我们需要钱。这表明，事情总是有所不同。

募资演示稿用于说服投资者。它言简意赅，直截了当，就像好莱坞的短片一样。有一个冷酷的试金石：投资者信任该团队吗？他们相信初创公司的商机吗？我们将评价“爱彼迎”的原始演示稿，以及硅谷首屈一指的风险投资家之一红杉资本的模板。这中立地显示了一家年轻公司的故事应该具有的结构：只有十条章程。顺便说一下，演示稿并不能取代商业计划。商业计划必须事先完成，其中最重要的事实要出现在募资演示稿中。

一个创业故事可以用一句话或 20 分钟讲完，它随着初创公司的日益成熟而变化。从本质上讲，它讲述了创始人开始的一段旅程，一段英雄之旅。故事从创始人熟悉的世界开始，并带着使命进入冒险世界。为了实现目标，创始人必须证明自己。

让我们看看“爱彼迎”不同版本的故事。这是在最近公司网站上的：

> 2008 年，爱彼迎由两名设计师组成，两名设计师有一个多余的房间，房租快到期了。另外还有三名旅行者，他们正在寻找负担得起的住所。如今，爱彼迎在 191 个国家和 3.4 万座城市拥有超过 200 万个活跃广告。房东和房客创建爱彼迎账户，并在世界各地宣传或预订独特的住宿。[①]

实际的创始故事适合用一句话表述。一开始是用 3 个词来讲述的：气垫床加早餐（Airbed and Breakfast）。名字本身就是这个故事。爱彼迎一如既往，仅以这种简洁形式呈现。

创始人如何讲述自己的故事？内森 · 布莱查奇克在接受“创始人现场”采访时说：

> 当我搬到西海岸时，我需要一套公寓。所以我在 Craigslist 网站上搜寻，遇到了我未来的合伙创业人乔 · 格比亚，我们成了室友。我通过乔认识了布赖恩 · 切斯基。2007 年夏天，当公寓租金大幅上涨时，我搬了出去。乔和布赖恩想留下来，但没有钱，因为他们没有固定工作。于是他们就有了这个想法：可以在短期内转租空出的房间。由于在一次重要的设计会议期间所有酒店都被订满了，所以有三位设计师租住他们的公寓过夜。这给他们带来了 1000 美元。基于这一独特的经历，我们三个人在几个月后决定让其他人也做同样的事情：寻找公寓过夜应该和

① 这段话在“爱彼迎”的网站上：https://www.airbnbcitizen.com/de/how-airbnb-works/。

预订酒店房间一样容易。2008 年初，我们成长为一个真正的团队。[1]

这个故事遵循典型的叙事模式：

- 初始情况：我们一起住在一个公寓。
- 复杂化：租金上涨，我们再也负担不起房租。
- 解决方案：我们出租了一个房间，这给了我们关于建立爱彼迎平台的想法。

这个故事可以进一步延伸扩展，讲述起来仍然令人感到兴奋和有趣：作为英雄之旅（见图 3–7）。这是另一位创始人乔·格比亚做的。2011 年，他在纽约的一次会议上用 20 分钟讲述了爱彼迎的故事，经历的所有起起落落，令人惊讶的转折和最后一秒的救援。[2] 他在爱彼迎已经走出困境的时候讲了这个故事。2009 年 1 月，爱彼迎在进入 Y Combinator（美国著名创业孵化器）之后不久，又受到红杉资本的青睐。由此，这家初创公司走上了成功之路。图 3–7 显示了乔讲述的英雄之旅。

1. 熟悉的世界

乔·格比亚和布赖恩·切斯基在罗得岛设计学院（RISDY）一起学习工业设计。

2. 冒险的召唤

布赖恩对乔说："总有一天，我们要一起创建一家企业。"

3. 拒绝

乔只是笑了笑。完成学业后，两人最初都成了公司雇员。

4. 遇见导师

没有提到。

5. 跨过门槛

乔搬到旧金山，搬到布赖恩家。他们成为企业家。两人都辞去了稳定

① Nathan Blecharczyk im Interview mit »Gründerszene«, April 2016: http://www.gruenderszene.de/allgemein/nathan-blecharczyk-airbnb-interview

② https://www.youtube.com/watch?v=NKxNhkzfTWg&t=166s

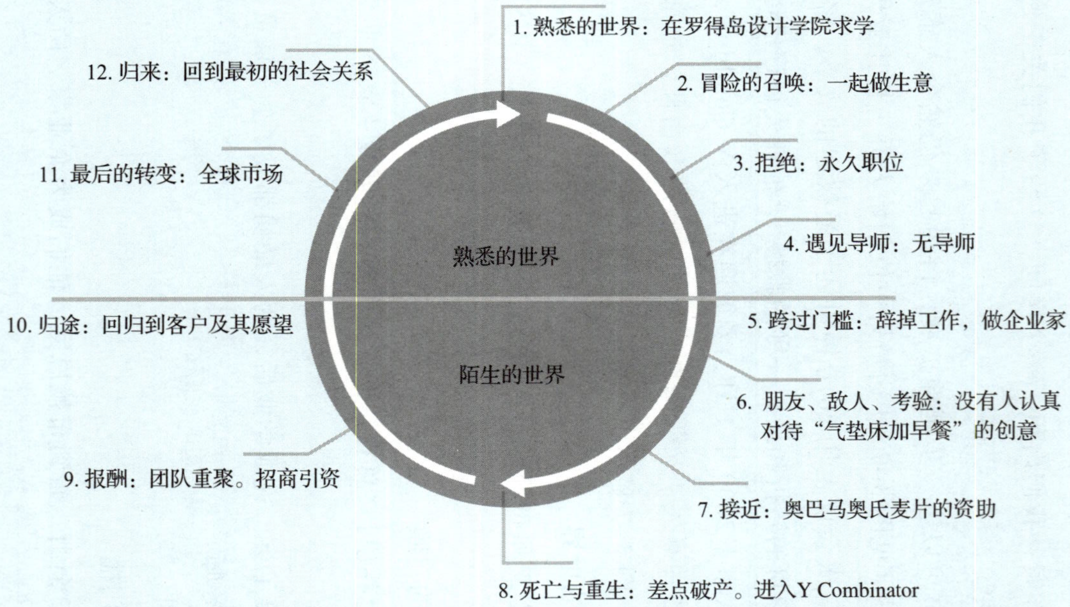

图 3-7 气垫床、早餐、亿万富翁——爱彼迎创始人的英雄之旅

资料来源：www.strategisches-storytelling.de.

的工作。

6. 朋友、敌人、考验

他们公寓的租金上涨。他们不能支付房租。在设计会议期间，他们把公寓提供给他人过夜，赚了1000美元。气垫床和早餐。三位客人使用他们的供货。乔和布赖恩认为，“气垫床加早餐”可能是他们的创业使命。两周后，他们在奥斯汀举行的西南偏南大会上测试了这个想法。在那里，同样行之有效。

朋友：报道“气垫床加早餐”的设计博主和媒体。回归到团队的第三个人：内森·布莱查奇克。敌人：爱彼迎的创立故事中没有直接的敌人。对抗力量和考验：在每一次成功的行动之后，公司都会再次陷入数字化遗忘状态。几乎没有人使用该网站预订私人房间或公寓。投资者对这个创意摇头。谁想把他们的公寓放在网上并出租？这很让人担心。“没有人把我们当回事。”内森·布莱查奇克对《明星报》说。[①]几个月过去了。几乎没有人使用“气垫床加早餐”。

7. 接近

内森离开了团队，带着妻子去了波士顿。无奈之下，乔和布莱恩设计了“奥巴马奥氏”和“船长麦凯恩氏”早餐麦片，由他们提供给客人。麦片以限量版出现，每种只有500件。内容：乔和布赖恩放在盒子里的普通超市麦片，每包售价40美元。媒体介入了这个话题。很快，“奥巴马奥氏”在eBay上以350美元的价格交易。创始人赚到了2万美元，并用这笔钱来资助“气垫床加早餐”。尽管如此，预订仍然没有进展。又是几个月过去了。

8. 死亡与重生

这一切似乎都没有希望。网站流量是一条直线，每周收入为200美元。就在团队完全放弃之前，他们申请了加州孵化器Y Combinator。“气垫床加早餐”的创意失败了，但Y Combinator的保罗·格雷厄姆对“奥巴

---

① Interview Nathan Blecharczyk mit dem »Stern«, 2013: http://www.stern.de/wirtschaft/news/airbnb-gruender-blecharczyk--uns-hat-niemand-ernst-genommen--3902310.html

马奥氏”印象深刻。他将“气垫床加早餐”的创始人纳入自己的项目。保罗相信这一创始团队，并坚信，这三人将克服一切阻力取得成功。他后来对布赖恩说：“如果你能说服人们花 40 美元买一盒 4 美元的麦片，你也能说服人们睡在别人的气垫床上。”①

9. 报酬

Y Combinator 向“气垫床加早餐”投资了 2 万美元。更重要的是，它为创始人提供了为期三个月的计划，以帮助他们成功。内森返回旧金山，创始团队重新走到了一起。好吧，他们说，在这段时间里，我们在 Y Combinator 的帮助下全力以赴，使企业扭亏为盈。如果它不成功，我们可以随时放弃。在接受《明星报》采访时，内森说：“这就是硅谷最大的不同：有一个由资助者和了解你作为创业企业家所经历的一切的人组成的完整网络系统。每个人都想这样生活，每个人都想踏上漫长而痛苦的成功之旅。这完全正常。”②

10. 归途

Y Combinator 将几位创始人准确地引领到他们成功的地方——消费人群。三人访问他们产品的用户，向他们学习，拍摄更好的产品照片，并将它们发送到网站上。客户纷纷加入，流量逐渐增加，收入也水涨船高。三人与用户进行更多对话，持续改进产品。增长没有放缓。

11. 最后的转变

创始人又想上一个台阶。“气垫床加早餐”始于一个睡觉的地方和在所属公寓的一顿早餐。然后他们扩大了市场：整个美国。最后一次变化再次扩大了市场，并缩短了名称，爱彼迎（Airbnb）在全球范围内运营。

12. 归来

对初创公司而言，有“归来”吗？这个创意能否继续下去？乔谈到了

---

① Leigh Gallagher: Airbnb's Surprising Path to Y Combinator. Februar 2017: https://backchannel.com/airbnbs-surprising-path-to-y-combinator-3e71d207853e#.qxl6st8f2

② Interview Nathan Blecharczyk mit dem »Stern«, 2013: http://www.stern.de/wirtschaft/news/airbnb-gruender-blecharczyk--uns-hat-niemand-ernst-genommen--3902310.html

他们与第一批客人（凯特、阿莫尔和迈克尔）一起度过的美好时光。他们一起进一步发展了“气垫床加早餐”的创意，并成为朋友。这种回归正是对这种价值观的回归：创造社会联系。这不仅仅是一个租赁房间或公寓、城堡或冰屋、船只或私人岛屿的问题，而是将人们彼此联系到一起的问题——人与人之间，以及人与所预订的地方之间。“这一切都关乎真实人物的社会联系。我们一开始不会想到这一点。”乔说。

这是爱彼迎在成立三年后讲述的英雄之旅。任何观看视频的人都会注意到，这个故事对观众的影响有多大。它具有启发性和娱乐性，因为它公开应对不幸和挫折，以及创业之初对市场知识的缺乏。要是在 2020 年初讲述这个故事，会变得更加戏剧化。爱彼迎的估值如今超过 300 亿美元。这让爱彼迎与酒店业巨头“万豪”并驾齐驱——仅仅用了 12 年时间。短短几年，爱彼迎就成为一个全球品牌。长期以来，一直有强大的对手让爱彼迎的故事更加精彩：酒店业就是这样的对手，反对爱彼迎的城市和社区也是一样。

募资演示稿会带领读者和听众踏上一段旅程，但它的运作方式与创始人的英雄之旅截然不同。就像飞行中的直升机，对企业的概貌一目了然。演示稿用于寻找投资者，它比商业计划书更紧凑、更清晰。它促使投资者对初创公司进行引导，讲述他们着眼于市场的故事以及产品或竞争。硅谷最重要的风险投资家之一——红杉资本，就是一个很好的例子。①

红杉资本的募资演示稿模板

1. 名字和使命

简而言之，就是公司的宗旨是什么？

2. 团队

公司的创始人是谁？在公司的经验、技能和角色如何？他们是否掌握销售和产品开发的核心能力？

---

① 我冒昧地更改了原来的团队章程，并将其向前推进。我怎么能讲一个直到最后才介绍英雄的故事呢？ https://de.slideshare.net/PitchDeckCoach/sequoia-capital-pitchdecktemplate.

3. 问题

客户现在怎么处理问题?

4. 解决方案

你的产品如何比其他产品更好地解决客户的问题?案例探究。

5. 为什么是现在

细分份额如何发展?哪些趋势使解决方案成为可能?

6. 市场

市场有多大?谁是目标群体?

7. 竞争

哪些公司解决了同样的问题?我的报价与其他报价有何不同?

8. 产品

最重要的功能是什么?产品规划蓝图看上去怎么样?

9. 商业模式

销售额是如何产生的?

10. 融资需求

财务数据看上去怎么样?资金用作何种用途?

募资演示稿旨在激发潜在投资者对初创企业的兴趣。它将在 15 ～ 20 分钟内呈现。这其中的关键不是最终说服投资者,而是进入被详细考查的候选人范围。他们想要体验创始人的经历,毕竟,他们投资的是人,而不仅仅是一个开拓性的产品、一个愿景或一个聪明的商业模式。谁的募资演示稿做得好,谁就有说服力,使自己的初创公司变得切实可行。图表的顺序可以根据叙述流程进行调整。

一张图应该直接衔接下一张,你看到是爱彼迎的初创募资演示稿,这是一个只有 10 张图的好蓝本(见图 3-8 至图 3-17)。当然也可以有更多图。每个初创公司都是独立的,每个故事都是不同的。上限为 15 张图。

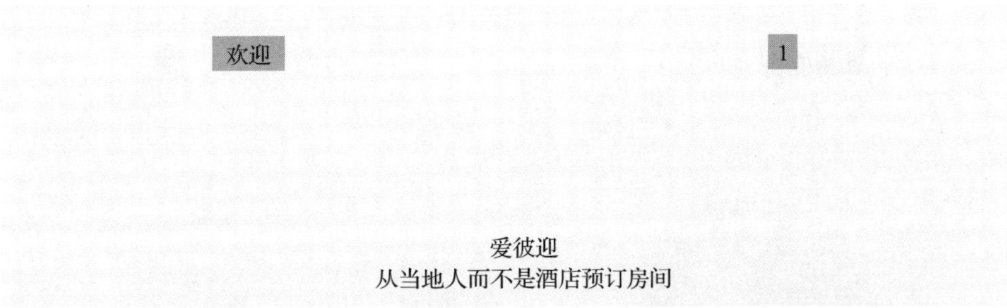

图 3-8　仅包含公司的名称和声明。理想状态下，和“爱彼迎”一样，声明已经显示其核心内容

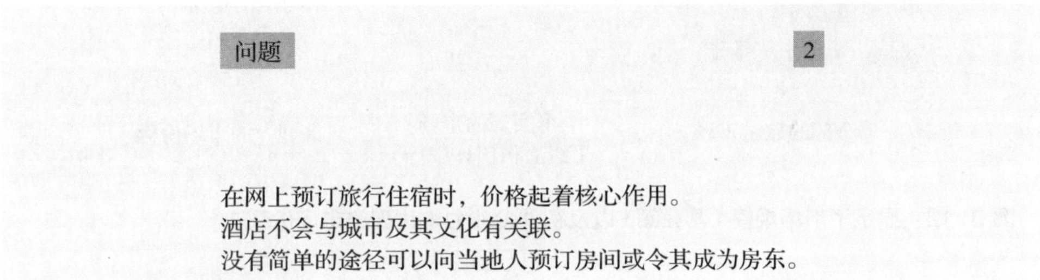

图 3-9　言简意赅地描述了问题。三点就足够了

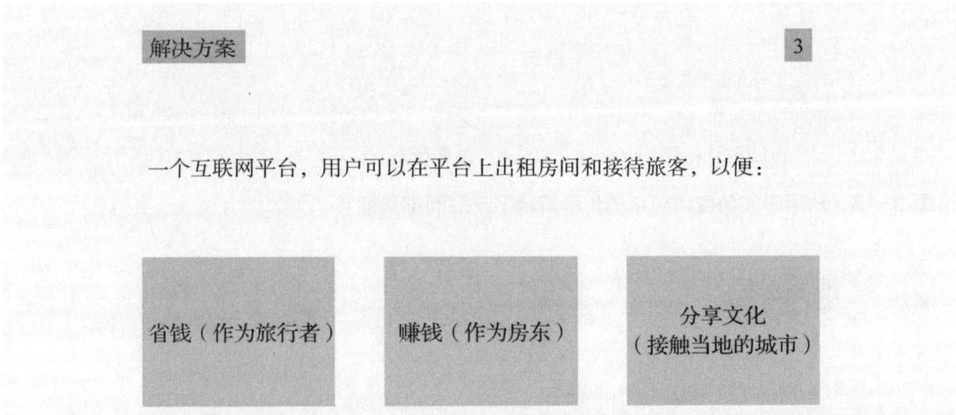

图 3-10　以简短的口号形式列出了初创公司提供的解决方案

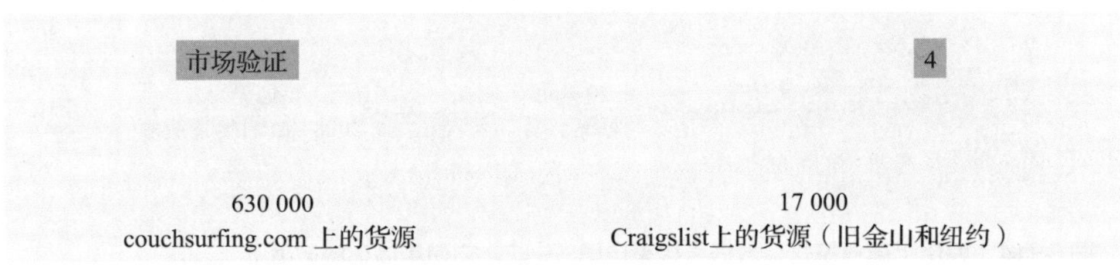

图 3-11　本图显示，对该解决方案已经存在一个市场

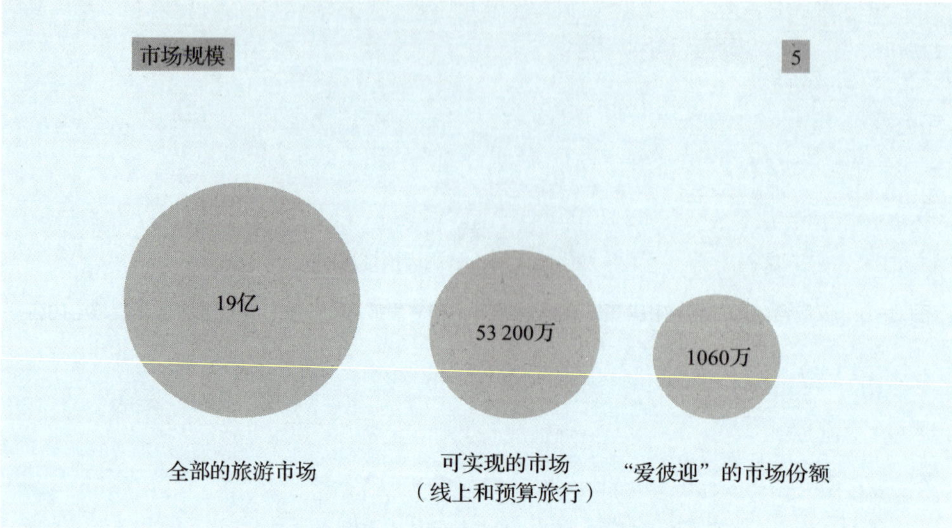

图 3-12　显示了市场规模（营业额）以及初创企业力求达到的市场份额

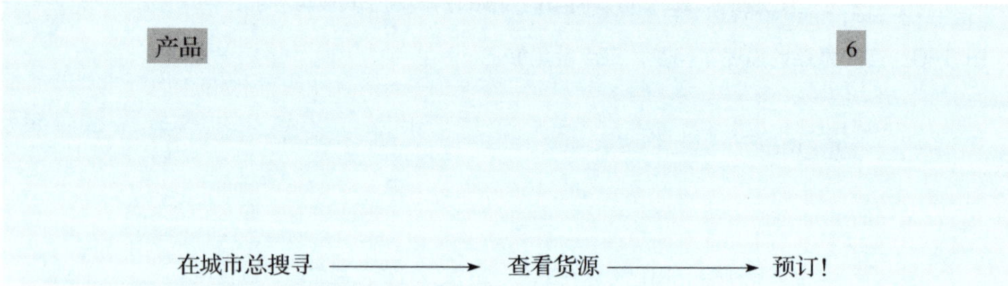

图 3-13　从用户的角度以简单的步骤解释了产品而不是细节

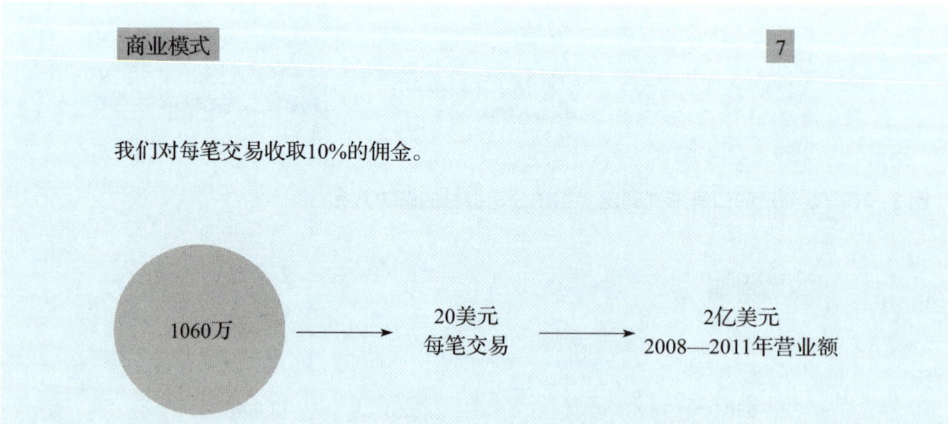

图 3-14　解释了商业模式；数据直接来自图 3-12。它使用简化的数据。重要的是数量等级，而不是细节

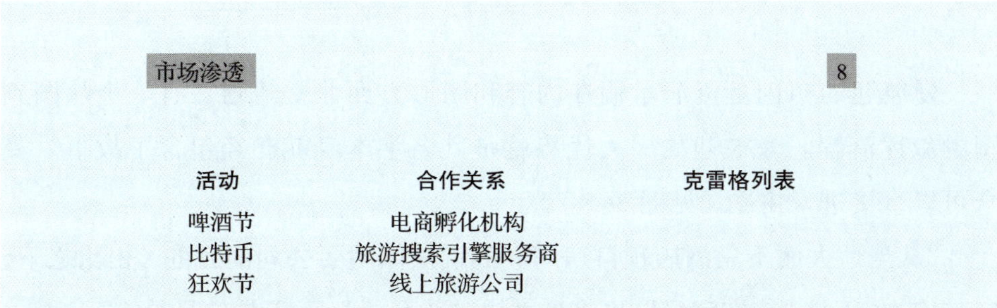

图 3-15　解释了开发市场的主要步骤

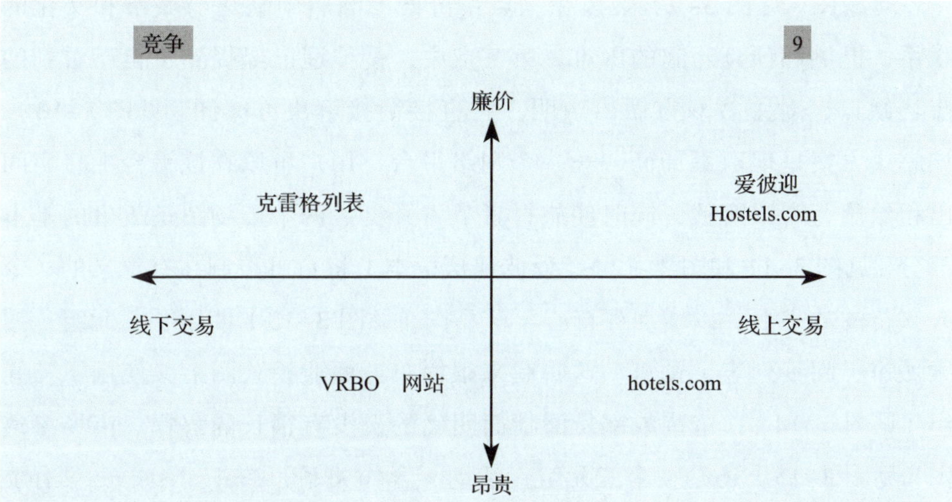

图 3-16　以一个简单的矩阵显示了竞争环境。爱彼迎位于右上角，即此类图中的赢家角落，这并非巧合

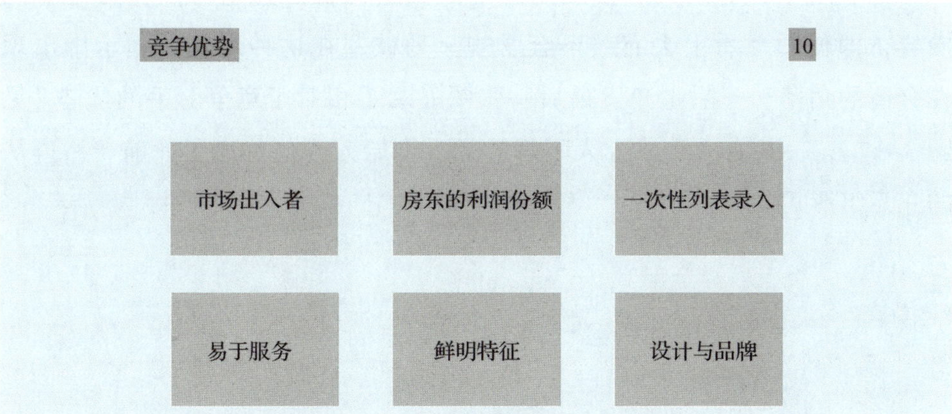

图 3-17　本图列出了最重要的竞争优势。由于整个演示稿包含三个步骤，以三元组的形式呈现，因此这里列出了 2×3 个优势

爱彼迎的初创募资演示稿在内容和图形方面非常清晰，有一个从图到图的叙述流程。爱彼迎的一大优势就是其名字本身就已经包含了故事。受众可以直接进入主题（见图 3–8）。

“从当地人而不是酒店预订房间”的说法阐明了公司的目的（相比之下，2017 年的声明“待在家里”更多地关注“为什么”而不是“是什么”）。

问题图（见图 3–9）聚焦在三点：价格、酒店中缺乏与城市和文化的联系、提供和预订房间的困难。第三点中，爱彼迎已经提到了自己看到的市场缺口，对主客双方做出声明。它直接衔接解决方案图（见图 3–10）。该解决方案呈现双赢局面——一个网络平台，用户可以在该平台上将房间出租给旅行者以赚钱，同时使旅行者节省开支。两个市场图是故事的基本部分（见图 3–11 和图 3–12）。爱彼迎从根本上将自己限制在有意义的、令人兴奋的数字上，以增加好奇心。产品图（见图 3–13）使用了三元组：搜索城市、阅读列表、预订。这听起来很简单。商业模式图上又使用了三元组（见图 3–14）：这些数字是清晰而明确的，没有很长的解释。市场渗透图（见图 3–15）还是一个三元组：活动、合作关系、Craigslist——只有要点，以便流程清晰可见。

竞争图（见图 3–16）使用矩阵形式，这比在三元组可以更好地呈现内容，即使图形看上去有些不合常规。爱彼迎在这种形式的演示中出现在合适的角落——右上角。最后一张图显示了相对于竞争对手的优势（见图 3–17），一共有六个。令人不解的是，创始人为何背离了此前严格遵从的三元组形式。

1 亿美元的赌注
故事和数据

概要

理解数据和使用故事来展示其含义的能力，是未来的关键技能之一。数据赋予故事实质和可信度，故事赋予数据结构，更重要的是情感品质。讲故事意味着将数据带入现实世界，使广泛的目标群体对其感兴趣。专家们要的不是它们的整体性，而是它们的效果。脸书的首席运营官雪莉·桑德伯格最令人印象深刻的 TED 演讲《为什么我们的女性领导者太少》，表明了数据和故事的结合是多么令人信服。

《福布斯》杂志写道："讲数据故事是每个数据科学家都需要的基本技能。"[①] 谷歌称："讲故事让人激情澎湃。这是一个强大的方法，让我们的客户以不同的方式思考。"[②] 作者布伦·布朗教授说："也许故事只是有灵魂的数据。"[③]

在美国，用讲故事者的眼光来看待大数据问题是一种趋势。大数据，其

① Brent Dykes: Data storytelling: The essential data skill everyone needs. In Forbes, 31.03.2016: https://www.forbes.com/sites/brentdykes/2016/03/31/data-storytelling-the-essential-data-science-skilleveryone-needs/#5bc1e79b52ad

② Carmine Gallo: The digital evangelist leading Google's storytelling movement. In Forbes, 22.09.2016: https://www.forbes.com/sites/carminegallo/2016/09/22/the-digital-evangelist-leading-googles-storytellingmovement/#77852c636711

③ https://brenebrown.com/the-research/

背后的理念是从大量数据中学习，对未来做出预测，从而更成功地开展业务。

对谷歌或脸书等公司来说，这个话题多年来一直是议事日程的重中之重。但数据分析师如何传达他们的发现，以便销售或管理层的同事也能理解呢？他们如何向客户解释？他们用漂亮的图形制作图表。

这是传统的方式：数据的视觉翻译。如今光靠这一点已经不够了。毕竟，这不仅仅是一个理解数据的问题，也是一个基于数据开发场景、做出决策的问题。优秀的分析师会讲故事，或者他们会找到为他们做这件事的专家（见图 3-18）。

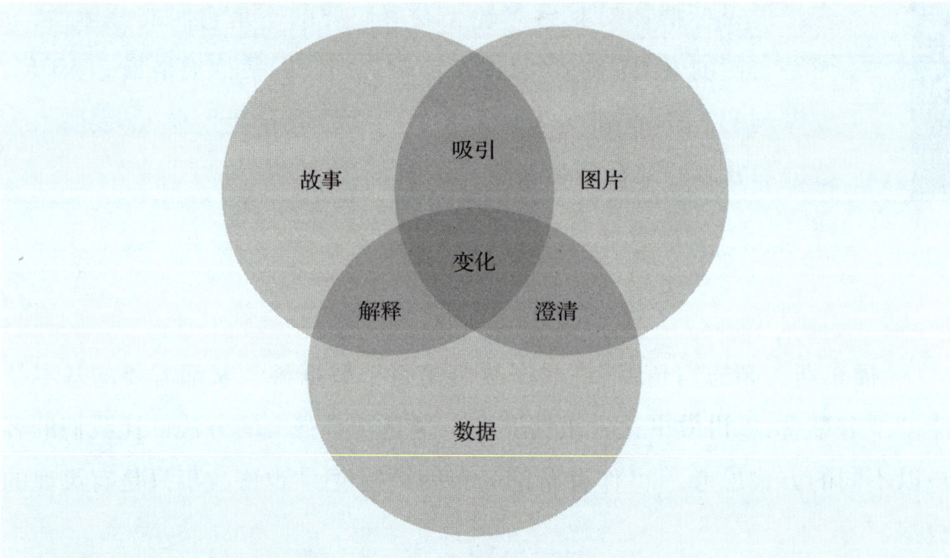

图 3-18　强强联手——数据、故事和图片结合产生的变化

资料来源：https://www.forbes.com/sites/brentdykes/2016/03/31/data-storytelling-theessential-data-science-skill-everyone-needs/#74af378452ad.

即使没有照片或图形，与数据相关联的故事（无论是大数据还是小数据）都会被记住。它们触发了一些使用图表却很少能成功的东西——情绪、同情心、亲密感。这就是使它们具有说服力的原因。它们还关闭了我们的智力防御系统。

数学教授约翰·艾伦·保罗斯写道："故事和数据之间存在紧张关系，一个被低估的差异是我们对待故事的态度。一方面，通过听故事，我们倾向于把质疑抛到一边，以获得娱乐；另一方面，在评估数据时，我们通常用完全相反的倾向来推翻我们的信念，即为了不上当受骗。"[①] 斯坦福大学教授詹妮弗·艾克描述了其实际影响：故事的记忆优于纯事实记忆 22 倍。在艾克的实验中，事实和故事的结合比纯事实的销量高出一倍。[②]

如何将数据与故事相结合，你会在本节中找到大量来自不同领域的示例。这些例子将引领我们到奈飞、TED 大会和一家德国出版社，然后到谷歌，最后到 19 世纪的维也纳。

美国奈飞公司：我们的数据显示，《纸牌屋》将起作用

第一个例子是奈飞公司和一场关于大数据力量的全球公关活动。这家电影和连续剧的流媒体供应商拥有 9000 多万名客户。因为大数据，奈飞对客户的观看习惯了如指掌：什么时候看哪部电影；在电影播放过程中按下暂停按钮的时间和频率；哪些电影可以看到最后，哪些没有；哪些客户喜欢哪些电影。

奈飞每天关注数百万个事件。一个事件就是一个行为，例如按下暂停按钮。奈飞从所有这些事件推导出建议。每个奈飞用户都知道并使用它们。事实上，奈飞甚至声称，它确切地知道其客户希望在未来看到什么，这是所有数据驱动企业的"圣杯"。为了向全世界展示其在数据领域的实力，奈飞没有提供任何数据，也没有展示任何图表。它只讲了一个故事。

---

① John Allen Paulos: Stories vs. Statistics. In: New York Times, Oktober 2010: https://opinionator.blogs.nytimes.com/2010/10/24/stories-vs-statistics/?_r=0

② Jennifer Aaker: Harnessing the power of stories. Stanford Graduate School of Business, März 2013: https://www.youtube.com/watch?v=9X0weDMh9C4

作为奈飞的首部内部制作，《纸牌屋》于2013年2月开播，奥斯卡奖得主凯文·史派西担任主角。没有试播集。仅根据其数据，奈飞选择了凯文·史派西作为男主角，启用导演大卫·芬奇以及该剧集的素材，并投入了1亿美元。

奈飞自信地表示，我们的数据显示，该剧集会好评如潮。《纸牌屋》大获成功。首席内容官泰德·萨兰多斯简洁地解释道：毕竟，凯文·史派西和大卫·芬奇的电影在我们的订阅者中非常受欢迎，这在意料之中。就像"政治惊悚片"类别的电影一样。而1990年的英国同名迷你剧《纸牌屋》也广受好评。①

《纸牌屋》开播后，全世界都在谈论两件事：一是剧集；二是奈飞仅凭数据和结论就下注1亿美元的独创性。同时，奈飞对自己的第一部作品进行了探讨："就内容和技术方面，我们在哪里领先？"

奈飞使用数据讲故事的课程

1. 为故事设定一个目标

奈飞：通过全球公关活动留住和赢得客户。

2. 为你的故事设定一个主题

奈飞：我们使用技术和用户数据作为成功因素。

3. 精准地为各个目标群体准备数据

奈飞：没有细节，没有统计数字，这就是整体的局面。

4. 解释你根据数据做出决定的逻辑

奈飞：这就是我们连接数据点并决定制作《纸牌屋》的方式。

5. 用故事框定数据

奈飞：我们的第一部自制剧集《纸牌屋》就是这样诞生的。

---

① Brian Stelter: A Drama's Streaming Premiere. In: New York Times, Januar 2013. http://www.nytimes.com/2013/01/20/arts/television/house-of-cards-arrives-as-a-netflix-series.html?pagewanted=all&_r=0

谷歌：引领我们的客户换位思考

第二个是谷歌的例子。关键问题是：我如何将大数据及其结果用于销售？阿维纳什·考希克是谷歌的数字营销布道者，负责培训销售和营销专家讲故事。问题是：谷歌可以为其客户提供大量数据，让他们的业务更加成功，但你如何将大数据传达到点子上呢？“讲故事很重要。”考希克说。为了让卖家尽可能轻松，他开发了一个用数据讲故事的框架。[①]

关怀—行动—影响：谷歌的数据框架和讲故事

1. 关怀

开场白（约占演示文稿 20%）描述“视线之外”的情况，这可能会改变客户的业务。从数据中得出惊人发现，不亚于一声巨响。没有众所周知的事实，没有自我吹嘘，有的是能吸引客户倾身倾听的信息。

2. 行动

中间部分（约占演示文稿的 50%）向客户展示如何处理步骤 1 中“视线之外”的信息。这不是要告诉客户：这是你融入我们系统的方式。而是因为我们比任何想卖给你东西的人都更了解你的业务（或者至少有潜力去了解）。

3. 影响

结尾（大约 20% 的演示文稿）具体解释了“视线之外”如何为客户的成功作出贡献，10% 的时间备客户提问。

“变革过程是如此全面。我认为最好是讲故事。”考希克解释道，“讲故

① Beschrieben von Carmine Gallo: The digital evanglist leading Google's storytelling movement. In: Forbes, 22.09.2016: https://www.forbes.com/sites/carminegallo/2016/09/22/the-digital-evangelistleading-googles-storytelling-movement/#77852c636711

事是一个强大的工具，可以让我们的客户以不同的方式思考。”

举个例子：当考希克与大型零售连锁店交谈时，他向对方解释说，2011 年，只有 5% 的店内购买受到互联网研究的影响。然而，在 2016 年，它已经占购买量的 70%。“对大型零售商和小商店来说，这都是巨大的‘视线之外’。它改变了现行方式，就像我们应该如何开展业务。”

有关数据分析和数据讲故事的更多示例，请查看考希克的博客。[①]

雪莉·桑德伯格：为什么我们的女性领导者太少

用数据讲故事的第三个例子引出了 2010 年 12 月在华盛顿特区举行的第一届 TED 妇女大会上的演讲。“为什么我们的女性领导者太少”是雪莉·桑德伯格演讲的主题。[②]桑德伯格是脸书的首席运营官，也是为数不多的在数据领域和讲故事领域工作的女性高管之一。我不知道还有没有其他讲座像她的 TED 演讲一样，将故事和数据结合在一起。在前 90 秒内，桑德伯格逐项排列事实。然后是故事，它是这样的：

> 几年前，我在纽约参加一个销售会议，地点是纽约一位私人银行家的高级办公室。两小时后，有一个生理茶歇，每个人都站了起来，主持会议的银行家突然看起来很尴尬。我知道他不知道女厕所在哪里，所以我寻找移动的厕所，因为我以为他们刚搬到这里。但我没有找到。我问他：“你是刚刚搬进这间办公室吗？”“不是，”他回答说，“我们已经在这里待了大约一年了。”我问：“你是告诉我，我是唯一在你办公室里参加销售会议的女性吗？”他看着我说：“没错。或者你是唯一不得不去洗手间的女性。”

---

① 阿维纳什·考希克的博客：https://www.kaushik.net/avinash/.

② Sheryl Sandberg: Why we have too few women leaders. Vortrag auf der TED Women, Dezember 2010, Washington D. C.: https://www.ted.com/talks/sheryl_sandberg_why_we_have_too_few_women_leaders

然后她回顾关于她小女儿的事实，小女儿不想让她参加这次演讲。桑德伯格谈到了自己的内疚感，因为她还是开车来了。然后数字和故事接踵而至。所有与个人情感有关的故事，都能够讲述得令人感同身受。一切数据都恰如其分。演讲结束后掌声雷动，礼堂里一片喜气洋洋之象。雪莉·桑德伯格发现她的演讲对观众的触动几乎令人不安。她没有停下来谈论掌声——她自信却又腼腆。

雪莉·桑德伯格在舞台上所做的一切都是魔术——甚至没有使用图表。她在 15 分钟内讲述了为什么很少有女性能够登上最高职位，以及为什么她们不会在这一代人中取得成功。但她自己很久以前就做到了。雪莉·桑德伯格是世界上最有权势、最富有的女性之一，在 2007 年加入脸书担任首席运营官之前，她曾在哈佛、麦肯锡、美国财政部和谷歌任职。为了不因为自己的地位而被认为是傲慢的，她需要特别谨慎。

桑德伯格的演讲以数据和故事之间的对立为主题。数字赋予故事实质，故事赋予数字灵魂。这听起来可能有点夸张，但请先听听演讲。演讲给出答案，同时提出问题。演讲起先让人发笑，不久之后，它让人窒息。这是一场彻头彻尾的辩证演讲，在极端之间来回穿梭，几乎像一厢情愿的童话一样结束，却又没有结束。这种混合是使演讲如此不可抗拒的原因。

桑德伯格讲述的故事有自己的戏剧结构。五分之四是基于个人经验，一点一点地接近演讲者。第一个故事讲述了女厕所和管理层中的女性。第二个故事是关于欧洲思想史科目的考试以及她哥哥对她和女友的傲慢。第三个故事讲述了哈佛的一项研究，其中要求两个小组评估一位成功的风险投资家（只是改了名字），有时这个角色被称为霍华德，有时被称为海蒂，但结果让人吃惊。第四个故事讲述了桑德伯格本人作为会议主席，如何不公平地对待她的那些女同事。第五个故事讲述了一名员工，她即使没有伴侣但在精神上是位伟大的母亲。“这些故事的问题在于，它们准确地展示了数据所呈现的内容：女性系统地低估了自己的能力。”桑德伯格总结道。

在 15 分钟的演讲中，包含有 5 个故事和 15 个数字，这就是混合。

最初，桑德伯格想以“事实，事实，事实”为座右铭进行演讲。她把这个想法告诉一位女性朋友，对方说：最好不要这样做，做你自己，保持开放、诚实和脆弱。于是，这种令人兴奋的数据和情感的混合出现了。[①] 当她写自己的书《向前一步》时，同样的事情再次发生在她身上。“事实，事实，事实”，是她的计划。她的丈夫说：雪莉，没有人会读到这个，最好介绍一下你自己。结果，《向前一步》成为畅销书；TED 演讲视频也被观看了近 700 万次。

数据和讲故事：来自雪莉·桑德伯格 TED 演讲的教训

1. 少即是多

不要用事实、数字、统计数据或研究使听众负担过重。你呈现的事实越多，你就必须包含越多的故事，以便让事实充满情感。桑德伯格的比例是 3∶1。

2. 对立产生紧张感

通过将抽象数据与非常个人的经历进行对比，营造紧张感。

3. 脆弱产生亲密

承认无法给出正确答案。诸如“不幸的是，我也不知道正确的解决方案”之类的话语，不仅不会降低效果，而且会与观众建立联系。

数据故事的九种戏剧手法[②]

我如何从数字、数据、统计数据转到故事？有九种技巧。

---

① Carmine Gallo: How Sheryl Sandberg’s last minute addition to her TED talk sparked a movement. In:Forbes, Februar 2014: https://www.forbes.com/sites/carminegallo/2014/02/28/how-sheryl-sandbergslast-minute-addition-to-her-ted-talk-sparked-a-movement/#54e37b7565c2

② 我的灵感来自数据故事讲述者的两篇文章：Ben Jones Vortrag:Seven Data Story Types, März 2015: http://dataremixed.com/2015/03/tapestry-2015-seven-data-storytypes; John Davenports Artikel: Why data storytelling is so important and why we’re so bad at it. In: Deloitte,Januar 2015: https://dupress.deloitte.com/dup-us-en/topics/analytics/data-driven-storytelling.html

1. 犯罪现场调查（CSI）

深入地进行犯罪现场调查。有一个问题是，这个故事正在寻找解决问题的线索，就像在侦探小说中一样。示例：网络黑客是怎样出现的？

2. 我知道了

长期以来，人们试图以各种方式解决问题。这个故事展示了所有可能的解决方案，当然也是正确的解决方案：我知道了！示例：最终，在所有多变量测试中，“添加到购物车”新按钮作为明显的赢家脱颖而出。

3. 关系

两种类型的关系是首选的：因果关系和交互关系。故事讲述了这两种关系的转换。示例：对音乐家而言，才能、实践和成功有何关系？

4. 转型

随着时间的推移，事情是如何变化的？故事基于时间线，并经常提供预测。示例：人类进化。

5. 对比

比较不同的可能性，例如在排名中。故事更多的是差异而不是相似之处。示例：不同行业的女性和男性的薪酬。

6. 异常值

哪些数据似乎不适合结构？在异常值故事中，它们脱颖而出，而不是简单地被清理干净。示例：南极洲上空的臭氧空洞被测量了多年，但测量值被归类为错误的，而不是具有重大后果的“正确”异常值。

7. 变焦

有两个可能的方向：放大和缩小。故事要么从大局走向细节，要么从细节走向大局。示例：全球和本地武器贸易。条目：本地市场。

8. 因素

不同的元素汇聚在一起。故事讲述了这些因素对某事的影响。示例：哪些因素导致股市泡沫破裂？条目：崩盘。

9. 交叉路口

就像图形中相交的线。故事讲述了在时间线上的相遇，就像趋势一般。示例：公司不同产品的销售曲线。

伊格纳兹·塞麦尔维斯：数据带来的只是嘲讽

第四个例子讲述的是：一个人拥有用来挽救生命的所有数据，但他失败了，因为他讲错了故事。这个故事将我们带入19世纪的维也纳，来到助理医生伊格纳兹·塞麦尔维斯那里。[①] 作为两个产科诊所的助理医生，他注意到，其中一家诊所产妇产褥热的死亡率是另一家诊所的两倍多。当时，人们对细菌一无所知。塞麦尔维斯最初从过度拥挤、通风不良甚至宗教信仰等因素中寻找高死亡率的原因。直到他的一个朋友在尸检过程中被学生用手术刀意外割伤后死了。塞麦尔维斯意识到，他的死亡状况与产褥热女性的相似。现在他有了一个新的假设：医生是罪魁祸首。他们在早上对死去的产妇进行尸检，并在当天剩下的时间里与产妇一起度过，但并没有对自己进行消毒。而在另一家诊所则会由助产士负责接生。

塞麦尔维斯介绍了洗手的新规则，写了一本关于准确介绍死亡率的书籍。死亡率显著下降。然而，仍然有医生拒绝给手消毒。讲卫生被视为浪费时间，而且他们觉得这一行为很不绅士。在他的诊所之外，塞麦尔维斯的理论受到公开攻击。他为自己辩护，在写给主要医生的公开信中，说他们是不负责任的杀人犯和无知者。他写了一本书。在科学上，他无法证明自己的理论，有的只是对他个人而言语言清晰的数据点。下一代医生才意

① 感谢布伦特·戴克斯，他让我注意到了这个激动人心的案例：https://www.forbes.com/sites/brentdykes/2016/02/09/a-history-lesson-on-the-dangers-of-lettingdata-speak-for-itself/#4fb88d9720e1

识到细菌的危害，并为产妇实施了卫生措施。

可悲的结论是：塞麦尔维斯掌握了数据。即使他不知道确切的原因，但他知道自己的措施会行之有效。然而，他手中的数据，并没有产生任何说服力。相反，他虽然在自己的诊所被接受，但在诊所外遭到嘲笑。问题出在哪里？从这个案例中可以学到什么？

如果数据没有说服力：来自塞麦尔维斯案例的教训

1. 与想说服的人建立亲密关系

塞麦尔维斯的所为恰恰相反。他侮辱了他的同事，称他们是凶手，而不是温和地让他们了解数据的真相。总的来说，我推荐以免受指责的方式把新事物带到这个世界上。这涉及解释和赢得并肩作战者。

2. 通过故事创造情感

塞麦尔维斯笔记本中纯粹的数字并不能令人信服。塞麦尔维斯清点了尸体。为什么不清点挽救的生命、幸福的家庭？他为什么不讲两个女人去诊所生孩子的故事？一个活下来了，另一个死去了，再加上事实和数据。

3. 给每个目标群体讲一个能让他们信服的故事

对医生：这没什么大不了的，消毒而已，即使你们不相信这一点，让我们一起探讨这个话题。这是我的事实。

对公众：这些是我的发现，简单地编辑，谦虚地讲述，没有智者的傲骄。

为我们和我们的孩子打造一个有生命力的星球

恰如其分的使命

概要

使命将问题转化为非常具体的可能性。它将当前所需的内容与当前可行的内容联系起来，并将其扩展到未来（见图 3–19）。在可预见的未来范围内，使命处于这些想法的交叉点。例如，在使命宣言中，与目标的距离会随着时间的推移而减少。从它被制定为具体承诺的那一刻起，倒计时就开始了。这使它成为讲故事的完美模板。时钟一响，就有紧张感。所有事件都可以在项目截止日期的背景下讲述，就像 20 世纪 60 年代的阿波罗项目一样。这是一场与时间的赛跑，让全世界兴奋不已。一个好的榜样“不仅存在于头脑中，而且存在于人们的心中。是的，而且允许这种不科学的表述，因为它触及了他们的灵魂”[①]。

在公司或项目开始时，一般有一个订单说明。我们想有所作为，但要做什么？我们想通过什么方式来让人们记住？使命、指导原则不仅仅是对更美好世界的愿景，还是将机会变为现实的承诺。它们赋予公司意义和方向。其艺术性在于，用这样的方式来表述，它们在内部和外部都具有说服力。

这位独创企业家将它挂在工作岗位上，每天提醒他要做什么。全球性

① Meinolf Dierkes, Ute Hofmann, Lutz Marz: Leitbild und Technik. Zur Entstehung und Steuerung technischer Innovationen. Berlin: 1992. S. 55.

公司在局域网、公司报纸、演讲、新闻稿中公布使命，更不用说与员工进行反馈谈话等了。使命是将每个人联系起来的纽带，无论他们在哪个国家或地区工作，这是最终目标。

是否每个时间被限定的项目都需要使命？毋庸置疑。一个项目还需要对其内容的清晰描述。我们要做什么？这个项目实施后有什么不同？会在什么时候出现这种不同？

最好的项目模型之一来自 1961 年至 1963 年任美国总统的约翰·肯尼迪。那个项目是关于登月使命的。1961 年 4 月 20 日，副总统林登·约翰逊在他的办公桌上发现了一份总统的备忘录：作为太空委员会的主席，我想请你对我们在太空旅行方面的立场进行全面概述。我们有机会打败俄罗斯人吗？我们可以将实验室带入太空或将载人火箭带到月球并返回吗？费用是多少？我们是否一天 24 小时都在处理这个程序？如果不是，为什么？如果没有，请就我们如何加快速度提出建议。我们是否正在尽最大努力？我们是否实现了我们的目标？我想尽快收到你的报告。[①]

副总统迅速交付。1961 年 5 月 25 日，肯尼迪在美国国会发表了著名的演讲。

> 我坚信，这个国家应该致力于实现这一目标，就是在这个十年结束前将一个人送上月球并安全返回地球。[②]

这就是用一句话概括的使命。话很简单，但每个美国人都能理解。一个缩写形式的英雄之旅，一个人的往返月球之旅。这些故事出现在读者和听众的脑海中。肯尼迪以这样一种方式讲述了使命，任何人都可以在他们的脑海中感同身受并飞向月球。它不需要更多的话。20 世纪 60 年代的每

① Memorandum von Präsident Kennedy an Vizepräsidenten Johnson: https://www.visitthecapitol.gov/exhibitions/artifact/memo-president-john-f-kennedy-vice-president-lyndon-johnson-april-20-1961

② https://www.jfklibrary.org/Research/Research-Aids/JFK-Speeches/United-States-Congress-Special-Message_19610525.aspx

个人都清楚，这不是周日的短途旅行，而是一次冒险。在这方面，美国的太空计划已经失败太多次了。

美国做出了这一承诺。肯尼迪用一句话概括的使命宣言动员了整个国家，并确保团结了所有力量。来自各个领域的多达两万家公司参与了阿波罗计划，一切都协调得当。最后，有一个最后期限要遵守，一个严格计算的最后期限。还有，我们现在知道，肯尼迪的一句话使命中没有“为什么”，因为它已无所不包，而俄罗斯人在那场比赛中也没有领先。

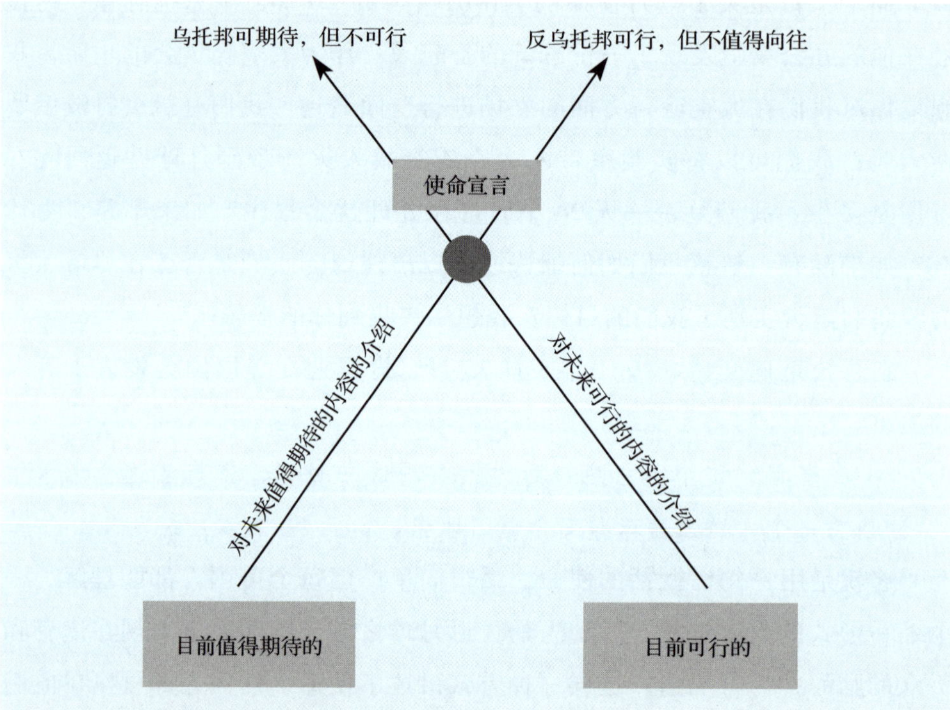

图 3-19　项目的使命宣言将期望与可行相结合

资料来源：*Leitbild und Technik, Ulrich Hansen, Mainz 2000.*

八年后的 1969 年 7 月 21 日，尼尔·阿姆斯特朗成为第一个踏上月球的人，并像肯尼迪一样载入史册：“这是一个人的一小步，却是人类的一大步。”使命完成。

一个品牌，两家公司，两种使命宣言：Aldi

在Aldi，可以学习用两种不同但相似的模式经营品牌的艺术。1961年，阿尔布莱希特兄弟将他们的公司拆分为Aldi Nord（北方集团）和Aldi Süd（南方集团）。但直到今天，顾客都不在意“北方”还是“南方”，他们只是去原本的“Aldi”。你看不到两家公司。难怪两个使命宣言也关注类似的事情。Aldi Nord更注重简单，而Aldi Süd则强调性价比。最后，只有两种方式可以描述德国最成功的食品折扣店。下面是在公司网站上找到的对使命宣言的解释，它们使如何以两种方式成功说出同一件事变得更加清楚。

Aldi Nord：我们让事情变得简单

> 作为折扣店中的原创者，我们Aldi专注于基本要素：我们的客户！一百多年来，我们一直以低价集中提供一系列高品质的产品。我们以清晰的商品种类布局。我们减轻客户的决断难度。我们降低了日常生活的复杂性。我们让生活变得轻松！[①]

Aldi Süd：我们一直专注于最优惠价格的质量

> 五十多年来，Aldi一直遵循一个非常简单的原则：以最优惠的价格提供高质量的产品。我们的折扣理念基于高效的工作流程和明确的范围。我们将节省的成本惠及消费者。摆放的清晰条理，使我们的客户总能在我们的分店中找到他们日常生活所需的东西。你可以轻松地从固定范围的基本商品以及来自各个主题区域的一系列有吸引力的促销商品中进行选择。可靠且鼓舞人心：这就是南方集团。[②]

---

① https://www.aldi-nord.de/content/dam/aldi/germany/corporate/presse/unternehmensdatenundberichte/ALDI_Nord_Unternehmensleitbild_DE.pdf.res/1516897379719/ALDI_Nord_Unternehmensleitbild_DE.pdf.

② Aldi Süd-das Leitbild: https://unternehmen.aldi-sued.de/de/ueber-aldi-sued/unser-unternehmen/

20 个鼓舞人心的使命宣言

每个使命宣言都是不同的。这种来自各种行业和国家的选择显示了多样性——它与好坏无关。表述的长度、语气和观察视角各不相同。有些人讲故事，只需要几个词，如在 TUI、TED 或联合国。其他人则关注改变世界的力量，例如脸书、维基媒体基金会或绿色和平组织。有些人依赖列表而不是简短而明确的声明，例如欧洲工商管理学院、美国中央情报局或新加坡经济发展局。

- 传播思想。(TED)
- 我们意识到什么是重要的。(西门子)
- 梦幻般的微笑。(TUI)
- 维护国际和平与安全。(联合国)
- 有了我们，人们可以省钱，这样大家就可以过上更好的生活。(沃尔玛)
- 赋予人们分享的力量，让世界更加开放和互联。(脸书)
- 绿色和平是一个国际环境组织，致力于通过直接的非暴力行动来保护人类和自然生命的自然基础以及为所有生物伸张正义。(绿色和平组织)
- 无论现在还是将来，都是定义风格和创造欲望的终极豪宅。(香奈儿)
- 使商务人士成长。(XING)
- 保护生物多样性——为我们和我们的孩子打造一个有生命力的星球。(世界自然基金会)
- 我们通过充满活力的企业和良好的就业机会为新加坡创造可持续的经济增长。(新加坡经济发展局)
- 想象一个每个人都可以自由分享知识总量的世界。这就是我们的目标。(维基媒体基金会)

- 提供一个全球交易平台，几乎任何人都可以交易任何东西。(eBay)
- 在赛道和公路上打造代表意大利最佳设计和工艺的独特跑车。(法拉利)
- 通过收集重要信息、客观分析所有来源、有效地进行总统指挥的秘密行动以及保护有助于保障我们国家安全的秘密来应对美国国家安全的威胁。(美国中央情报局)
- 推进互联网并为设计师和开发人员提供世界上最好的工具与服务。(Adobe)
- 帮助将创意项目变为现实。(Kickstarter 众筹网站平台)
- 优步改变了世界移动的方式。通过我们的应用程序无缝连接乘客和司机，我们可以更轻松地访问城市，为乘客提供新的机会，为司机提供更多的商机。(优步)
- 作为一家拥有开创性多校区的全球教育机构，我们的使命是创造一个开放的学习环境，将来自世界各地的人、文化和思想聚集在一起，通过商业教育改变个人和组织。通过我们的教学活动，我们培养负责任和体贴的领导者和企业家，为他们的组织和社区增加价值。通过研究，我们突破了知识的界限并影响了商业实践。(欧洲工商管理学院)
- 我们为可持续的未来开发化学。(巴斯夫)

撰写使命的七个技巧

1. 简而言之，就像标题一样，一句话就足够了。(Aldi)
2. 重点，而不是列举。(联合国)
3. 以这样的方式讲述，让读者在脑海中浮现出一个故事。(维基媒体)
4. 使用每个人都理解的简单正面的术语。(XING)
5. 使用黄金圈了解原因。(脸书)
6. 强调差异。(香奈儿)
7. 在具体和开放性之间找到适当的平衡。(谷歌)

我要放弃整个工商管理学的无稽之谈
自信地讲述失败

概要

讲述失败经历的人都表现出相当的勇气。那些从中立视角讲述的人，对事件和他们本人显得很自信。对我来说，幽默是修辞手段的选择。否则，完全相同的规则只适用于有幸福结局的故事。修辞对一种道德或学习表述的诱惑很大。你最好抵制它。一个好的故事是独立的，仅仅适合于自身的。

“我 19 岁时买了我人生的第一辆保时捷。”克里斯蒂安·林德纳说，并补充说，“我本应该更好。”这位德国自由民主党（FDP）的主席是“挫败之夜”的明星嘉宾。[①] 在那里，企业家们在观众面前谈论失败。林德纳讲述了他的第一家公司，那是他于 1997 年成立的青年室。这给他带来了很多钱，包括那辆保时捷；同时也带来了嫉妒。2000 年，他与合伙人创办了一家互联网公司。第二年，这家公司破产了。

他说，从那时起，他的履历就有了污点。失败一直和他相伴。他一再被视为资不抵债。“15 年来，我一直面临着失败。但我只担任了 7 个月的总经理，持有 8.2% 的少数股权。”

他从中学到了什么？林德纳在演讲中解释说，互联网公司与手工艺品

① Christian Lindner auf der Fuckup Night Frankfurt, M ärz 2016: https://www.youtube.com/watch?v=T2x6NwOun9o

企业有着根本的不同，那是一个结果不确定的实验。许多手工艺品企业在成立 5 年后仍在营业，但 100 家互联网初创公司中有 90 家都失败了，只留下了对它们的嘲笑和恶意，没有对直面风险的勇气表现出尊重。林德纳将失败视为创新过程的必要组成部分。“在德国，人们很快就会成为失败者、罪人。人们必须要预见到，这不会顺利。”

在林德纳的演讲结束时，他提倡一种给予第二次、第三次、第四次甚至第五次机会的文化。“失败”对他来说，既是一个非常私人的问题，也是一个政治问题。

没有人喜欢谈论失败，尤其在公共场合的舞台上谈论，失败就像是私事。相反，成功当然是可以谈论的。失败是成功的一部分。每一个好故事也讲述了失败，这会让它饱含感情。如果一切就像变魔术一样就成功了，那么没有人愿意听。人们怎么才能对此有认同感呢？

但是，那些结局不好的故事呢？例如，破产，以及由此造成的多年浪费，不在林德纳的案例中，而是在英国人安娜·考拉克女士所写的与此相关的一本书中。[①] 与林德纳不同的是，她深入表面之下，讲述了她在最底层生活的岁月中的绝望。她描述得也非常详细，以便读者能轻松地对她的故事产生共鸣——关于从她那里撤回的借记卡，她的申请被拒绝，人们对失败可能会传染的下意识恐惧。几年之后，考拉克才摆脱破产，重回巅峰。

考拉克和林德纳都以一个道德标准结束：我们学到了什么？所以他们的故事有点像寓言。在我看来，这正是使它们削弱的原因。任何最终在道德上做文章的人，故事都讲得不够好。一个故事应该代表自己，而寓言的时代早已过去了。此外，一个好的故事会教给每个听众不同的东西，而这取决于他们的经验背景。这就是它如此迷人的原因。

---

① Anne Koark: Insolvent und trotzdem erfolgreich: Tagebuch einer Insolvenz. München: 2007.

挫败之夜：失败的短篇故事

一个星期五晚上，在墨西哥城的一家酒吧里，五个朋友厌倦了谈论成功。在喝了几杯啤酒和麦斯卡尔酒之后，他们开始谈论失败。两周后，他们邀请了更多的朋友，其中三个人先于其他人分享了自己最大的失败故事。事情继续发展：很快就有数百人在收听每月的“挫败之夜”。2012 年在墨西哥开始的活动很快发展为一种全球现象。在纽约、迪拜、马德里、法兰克福、慕尼黑、莱比锡等上百个城市都有了“挫败之夜”。“挫败之夜”是一场全球性的运动。站在奖台上的大多是男性，至少在德国是这样的。他们讲述了“关于失败的故事”，这就是这一活动的声明。一个演讲是这样开始的：“我要放弃整个工商管理学的无稽之谈及其所有一塌糊涂的商业计划。我只是给你讲一个故事，我的经历，我的感受。”[①]

关于失败的妙语

如果你对真实的失败故事感兴趣，你可以在 YouTube 上找到大量相关视频。还有一本精彩的关于“挫败”的书（见图 3–20），一种穿越失败王国的幽默指南。[②]我在有关“挫败之夜”的视频和文章中发现了鼓舞人心的妙语警句，其中一些是一句话故事。

成功不是终点，失败不是命运。

以下是精彩妙语：

- 金钱燃烧的速度比预期的要快。（阿尔伯特・普施）
- 所有的人都去哪里了？为什么我的钥匙不匹配了？（霍尔格・因特・维尔特）

---

① András Laube auf der Fuckup Night in Leipzig, Mai 2016: https://www.youtube.com/watch?v=KKV53740fp0

② “挫败之夜”手册可在此免费获取：http://fuckupnights.com/wp-content/uploads/2015/08/Fuckup-Book-english-OK-FUN.pdf. 官方网站是：http://fuckupnights.com.

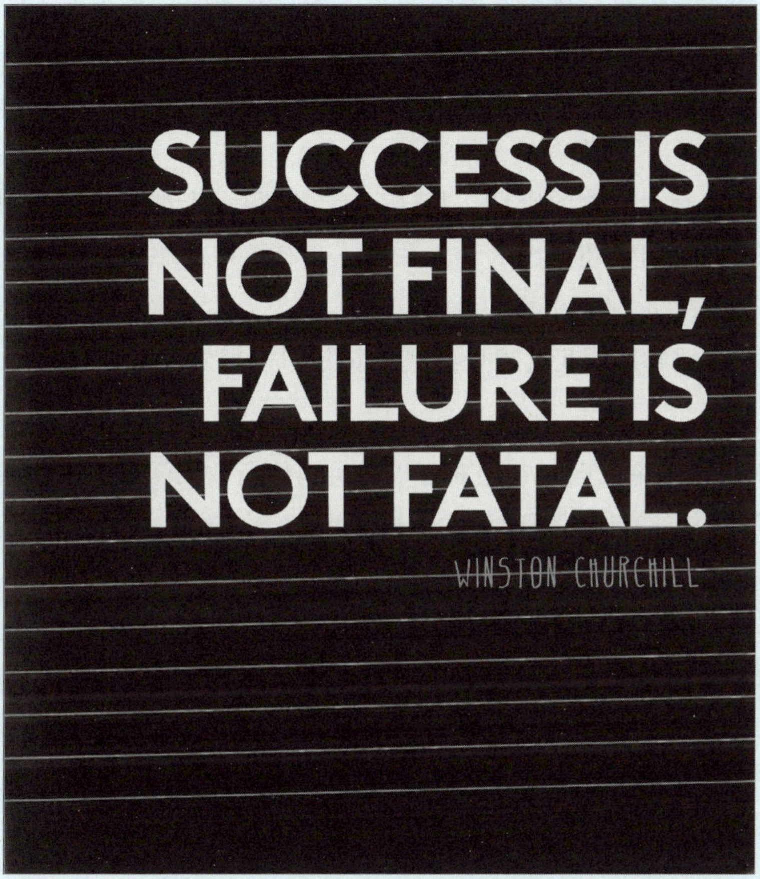

图 3-20 像图画书一样的失败——“挫败之夜”制作者提供的免费 PDF

资料来源：http://fuckupnights.com/wp-content/uploads/2015/08/Fuckup-Book-english-OK-FUN.pdf#page=1&zoom=auto,-337,658.

- 我们想带着笑意远离所有人。（本尼迪克特 · 雷贝因）
- 昨天还是 25 万欧元的销售额，今天却没有拿到手机合同。世道艰难。（帕特里克 · 瓦格纳）
- 最终，你孤独一人站在那里。（弗洛里安 · 霍夫曼）
- 我的自我价值感适合一个火柴盒。（马蒂亚斯 · 德赫）

- 今天，当你搜索“网络喷子的受害者”时，我是最受欢迎的人之一。（朱莉娅·施拉姆）
- 在你意识到之前，这个地方已经不复存在了，你要替检察院操心了。（阿克塞尔·黑塞）
- 我有六位数的废话。我这个年纪的很多人都有这样的想法：他们分期偿还自己的私人住房。我有更好的想法：我现在告诉你的故事。（霍尔格·海因策）
- 出错越多，我就越想尝试新事物。（丹尼尔·米卡西奇）

我们应该谈论失败吗？绝对可以，美国休斯敦大学社会工作研究生院的教授布伦·布朗说。她因两次演讲而出名：演讲是关于羞耻和脆弱的。她说：

> 如果我们想找到回到彼此心间的路，我们必须理解和掌握同理心，因为同理心是羞耻的解药。当你把羞耻感放入皮氏培养皿中时，需要三样东西才能成倍增长：保密、沉默和谴责。如果你把同样数量的羞耻心放进碗里，并在里面加入同情，它就无法生存。我们战斗时，最有力的词是：我也是。[①]

讲述失败的最佳方式是什么？这完全取决于叙事应该达到的目标。无论是谁写了一本相关的书，或是林德纳如何参加“挫败之夜”，通常都想为自己赢得他人的认可，无论是作为读者还是作为选民。林德纳以其勇敢的演讲赢得了信任。哪个政客会这样做，站在舞台上谈论他已经破产的公司？对他的案例而言，除了缺乏情感开放外，他做的每件事都是正确

---

① Brené Brown: Auf die Scham hören. TED, Long Beach, März 2012: https://www.ted.com/talks/brene_brown_listening_to_shame?language=de. Der zweite Vortrag heißt: Die Macht der Verletzlichkeit. TEDx, Houston, Juni 2010: https://www.ted.com/talks/brene_brown_on_vulnerability?language=de

的。他展示了这是如何做到的：真实、开放、愉快。我们熟悉的三幕剧结构也适用于此：引言——互联网蓬勃发展，我想成为其中的一分子；复杂性——我们没有经验，投资者也没有经验，然后互联网泡沫破裂了；解决方案——退出，公司破产。他从安全的角度讲述了这个故事。这件事还萦绕在他的心头，但早已过去。作为自由民主党的党主席，林德纳肩负着新的使命。

幸福结局悲剧的五个秘诀

1. 使用经典的叙事结构：引言、复杂化、解决方案。
2. 从一个更安全的位置自信地讲述。
3. 用幽默和自我讽刺与观众联系在一起。
4. 感情和细节让故事更有力量。
5. 道德和所学的知识将故事淡化为寓言。

卡莉·菲奥莉娜的《用硬绷带》一书所讲述的，是完全不同层面上的失败。[①]这是一本以突然崩溃告终的自传，而且崩溃被描述得很详细。这位美国人现在是一位政治家，但从1999年到2005年，作为惠普的首席执行官，她是美国经济界最有权势的女性。她的自传可以被解读为一种对媒体上所有关于她的负面评论的反驳。我认为这是合理的。但我喜欢这本书的地方在于，它描述了掌控一家全球公司的孤独感。这很感人。

买了这本书的人都知道其结局。这本书直到结尾都很吸引人，当读者早已觉得，她所做的事情不再被祝福时，菲奥莉娜仍在拼命挣扎。让人着迷的是人性。就像詹姆斯·卡梅隆的电影《泰坦尼克号》。每个人都知道结局，但《泰坦尼克号》是多年来最成功的电影，直到被卡梅隆的下一部

① Carly Fiorina: Mit harten Bandagen. Frankfurt/Main: 2006.

电影《阿凡达》取代。像林德纳一样，菲奥莉娜讲述了一个三幕故事。引子：菲奥莉娜身处朗讯科技的高层职位。1998 年，她出现在《财富》杂志的封面上，标题是："美国经济中最有权势的女性"。惠普于 1999 年任命菲奥莉娜为首席执行官。复杂化：菲奥莉娜本应给惠普带回昔日的荣光——20 世纪的技术领导者。她迎来了有史以来最伟大的科技合并，即惠普和康柏的合并。她与阴谋、泄密和网络危机作斗争。她被称为"电锯卡莉"，令人既钦佩又憎恨。解决方案：监事会毫无理由地解雇了菲奥莉娜。她退出公司，不再担任经理，虽然从政，但不能与以前的成功相提并论。

菲奥莉娜从经济独立的立场讲述了她的经历。惠普的失败成为她人生故事的关键点。她因此而被污名化，类似于林德纳对自己的评价。然而，与林德纳相反，她并没有设法成功地与自己的失败保持距离，没有幽默感，没有自嘲。她不顾一切地维护对自己历史的主权。她的书从她的视角展示了她的成功和失败，与媒体报道的关于她的一切形成对比。第一位突破美国经济玻璃天花板的女性，登上《财富》20 强公司的最高管理层，然后从那里跌至深渊。假如她有更强的距离感（即使只是在叙述方面），她会显得更有信心。叙述态度对失败故事的效果起决定性作用（见图 3–21）。

第三个例子是一个几乎失败的故事。2016 年 11 月 2 日，我在脸书上发现了一个朋友的帖子。斯图加特创业人彼得·安布罗兹在文章伊始写道："我最近几个月的创业经历和高度"，这个标题吸引了我。

这篇过长的帖子正在发展成为一部犯罪惊悚片，展示了初创企业的失败和成功是多么接近。同时，它是最好的营销形式：讲故事。这是彼得非常简短的帖子：①

> 差不多一年前，我决定为 Mädchenflohmarkt② 提供运营支持。当时正是我习惯享受学术休假的时候。这样做有两个原因。一方面，该跳

① 彼得·安布罗兹的脸书页面是：https://www.facebook.com/peter.ambrozy?fref=nf.

② https://www.maedchenflohmarkt.de.

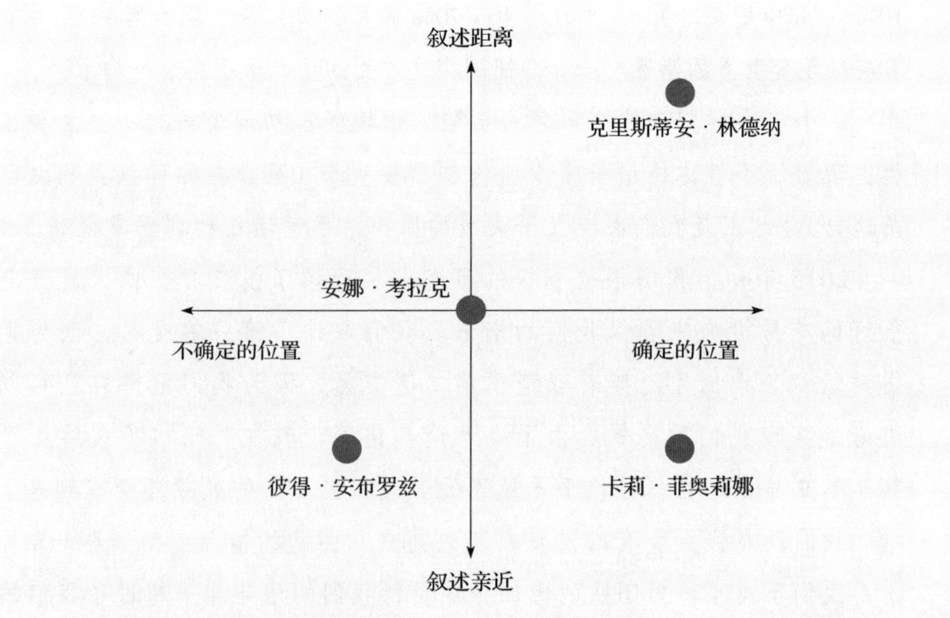

图 3-21　我站在哪里？是站在远距离的一个安全位置进行讲述，还是宁愿在近距离的一个不安全的位置？辩解还是冷静地回顾？

资料来源：www.strategisches-storytelling.de.

蚤市场处境艰难；另一方面，我深知这不是项目，不是投资，而是千载难逢的机会。我以前从未见过这样的成长和发展。女孩们在这里工作的喜悦是显而易见的。不仅如此。

我们可以通过 Mädchenflohmarkt 改变世界，如果我们成功了，我们甚至将为可持续发展作出贡献。我们希望鼓励女性，越来越多地放弃快速时尚和廉价产品，转而购买品牌产品。一位女顾客在购买产品时应该已经知道，她以后可以毫不费力地在我们这里卖掉它。我们的愿景是："我们让销售和购买二手的时尚成为女性日常生活中不可或缺的一部分。"

……

现在，请闭上眼睛，试着感受一下我们所做的工作。Mädchenflohmarkt 是一家公司，它解决一个问题（满满的衣柜），有一种盈利模式（我们获得

10% ~ 40% 的佣金)，令客户满意（70% 的月销售额来自现有客户)，并有可持续改变世界的愿景。此外，德国在这方面的认识水平高于平均水平。

一个有这样基础的公司怎么会陷入困境呢？初创公司有一个主要指标：现金。不管你能增长多少，你都需要现金（至少在你可以盈利之前是这样）。这正是我们去年几乎失败的原因，尽管增长和利用率很高。

2015 年初，我们根据积极的事态发展开始了投资者会谈。有三个很好的交易机会来确保我们的未来。我们取消了第一笔交易，因为觉得评级似乎太低了。接着取消了第二笔交易，因为我们觉得自己可以更好地实现我们的愿景。由于战术谈判错误，我在关闭前不久终止了第三笔交易。这在当时似乎是最终的失败，但真正的失败还没有到来。

我们没有钱，现有的投资人不太高兴，团队的情况也很紧张。8 月份，我们不得不辞掉团队的大部分成员，我们的债务几乎超过了我们的承受能力。这可能是停止运作，把跳蚤市场交给竞争对手的最佳时机。

我们做出了不同的选择。我们制订了一个为期六个月的计划。我们只有一个目标：通过轻增长实现盈利。我说服了我自己和其他投资者，我们可以做到这一点。

裁员迫使我们以更少的人做同样的工作。这导致我们在某些领域进行了自我改造，并且能够通过使用技术更有效地工作。不，这可不是工商管理学的无稽之谈。在此期间，我们推出了六个新国家，并将发布礼宾服务的流程成本降低了 65%（这里仅举这两个例子）。尽管如此，气氛仍然紧张，前途未卜。我们显然过于式微，不得不再次变得更强大。

……

一个积极的发现是：Mädchenflohmarkt 在没有营销或大量投资的情况下为生存奋斗了 12 个月，并且没有在此过程中死亡。这在一定程度上表明我们已经建立了一家年轻但强大的公司，因此我们能够再次说服我们的投资者进行内部融资。这一次，我们在规划中再次设想了部分营销预算。

今天，我要做一个小小的飞跃。这个星期三，我坐在电脑前，看着我们如何再次强劲增长。在过去的三个月里，我们的增长超过70%，我们的仓库几近爆满。我们将Mädchenflohmarkt从一个突然昏迷的天才塑造成了一个年轻但成熟的竞技运动员，必须证明，自己是否能够应付多次超级马拉松比赛。

我们所追求的一个愿景不可能在四年内实现。同样，它也不能仅靠风险投资来购买。创始团队在Mädchenflohmarkt总共投入了近100万欧元的私人资金。只有当人们有信心和耐心，或者直接疯了，才会这样做。

想必所有一切都契合于我们。

实践：说出其本质

承认弱点是讲故事的秘诀。油盐不进的人很难得到他人的认可。尤其是非常成功的公司或个人，当两者表现出自己的弱点时，会收获更多的好感。

成功公司的理念是：在介绍公司时，不要说一切都多么完美，反其道而行之是上上策。一开始就介绍不足之处！

举个例子：硅谷之旅还带我去了美国最大的风险投资公司——红杉资本。地址是：2800号，沙丘路。一位合作伙伴向我们打招呼，并邀请我们参加一个公司介绍。他的第一张图上写着："我们最大的错误和疏漏。"

起初，我们以为这是个玩笑，是为了缓和敬畏的情绪，但当时是非常严肃的。我们坐在一家成功的公司旁边，该公司将自己表现得像一家失败的公司。

直到今天，在场的每个人都记得这张图，其中含有谦逊。每个人都知道：我们身处顶级联赛。没有秀场，没有表演，没有粉饰，而是直接说出其本质。这就是在一张图中包含的精彩故事的精髓。

你们是一群白痴

关于客户的故事

概要

每个成功的公司都有来自客户的数据和故事，但只有故事才能描绘出每个人都可以想象的生动的客户形象。公司要回答这个问题中的问题：客户看重什么？苹果和捷步达康展示了两种截然不同的方法，它们都非常成功。

一位女士给捷步达康（Zappos，美国一家卖鞋子的 B2C 网站）客户服务部打电话，她想退回订购的鞋子——一件送给她丈夫的礼物。鞋子到达的那天，他死于车祸。捷步达康收回了鞋子并给女人送了花。这位悲伤的寡妇被这一举动深深打动，她甚至在丈夫的葬礼上提到了捷步达康。该网店创始人谢家华在 2004 年的一次创新峰会上讲述了这个故事。他说：如果我们像会计师一样看待这种行为，那么我们就亏本了。捷步达康不同：我们赢得了一位终身客户，我们通过她获得更多终身客户的可能性很高。对我们而言，这是关键。[①]

"公司的目的是创造客户。"[②]管理大师彼得·德鲁克在 1973 年写道。这句话具有戒律般的力量，至今仍在世界各地的商学院中讲授传播，因其简单、清晰、切中要害。在德鲁克的书中，这句话之后是一个问题，他声

---

① Tony Hsieh, Innovation Summit, Stanford, Oktober 2004: https://www.youtube.com/watch? v=8CD0PCnFRFc

② Peter Drucker: Die fünf entscheidenden Fragen des Managements. Weinheim: 2009. S. 67.

称这对企业家来说可能是最重要的问题，尽管它被问的最少："客户重视什么？"[①]"我们重视'哇'(WOW)。"[②]捷步达康说。什么是"哇"，我怎么想象"哇"，我怎么解释"哇"？通过前述故事就可以理解。客户经历转型的故事，就像一个英雄在他的旅途中所经历的。

在公司的博客"捷步达康洞察"（Zappos Insights）上，员工科瑞女士解释说：

> 在捷步达康，我们的目标之一是为客户、团队成员和供应商提供有价值的体验。如果一位朋友或家庭成员讲述了一个难以置信的客户服务故事，那么它比最好的广告强十倍。[③]

然后科瑞讲了一个故事。在捷步达康呼叫中心的第一天，一位客户打来电话。他对着电话大喊："下地狱吧，你和你的公司！"一阵沉默。科瑞犹豫地回答："感谢你的建设性反馈。地狱——我怎么到那里？"电话里传来一阵笑声。这个客户的名字叫约翰，他的态度逐渐温和。约翰解释说，他住在夏威夷，捷步达康把他的包裹丢在雨中。他全部的物品——裤子、鞋子、衬衫，他为两天后在佛罗里达州举行的一场婚礼所订购的所有服装都在里面。科瑞建议组装一个新包裹并将其运送到佛罗里达州，送到顾客将要下榻的酒店。她想发送不同尺寸的衣服，以确保每件衣服都合身。当被问及要花多少钱时，她回答说："不花你一分钱。约翰，不会花费你任何费用。"科瑞解释说，她的工作是通过良好的服务创造"哇"。约翰很高兴，并承诺他会将这个故事告诉所有的朋友和家人。科瑞在捷步达康讲故事的文章中总结道，捷步达康有很多这样的故事作为其他人的灵感来源。她鼓励每个人都讲一讲这样的故事。[④]

---

① Peter Drucker: Die fünf entscheidenden Fragen des Managements. Weinheim: 2009. S. 76.

② Die Zappos-Werte: http://www.zappos.com/core-values

③ https://www.zapposinsights.com/blog/item/the-power-of-storytelling（发布于2008年，可惜这个帖子现在看不到了。）

④ Zappos Insights. The Power of Storytelling: https://www.zapposinsights.com/blog/item/the-power-ofstorytelling（发布于2008年，可惜这个帖子现在看不到了。）

捷步达康的故事：从前有个客户叫约翰

从前有个客户叫约翰。

他每天都快乐地生活在夏威夷。

有一天，他收到了参加佛罗里达州一场婚礼的邀请。所以他从捷步达康订购了一套新衣服，因为他想在婚礼上看起来很完美。但是送件人把他的包裹丢在雨中，衣服都在里面。然后约翰打电话给捷步达康，发泄了他的愤怒。但呼叫中心科瑞女士的反应与约翰的预期大相径庭，她友好、幽默且坦率。

直到最后，科瑞解释说，她会把不同尺寸的新衣服送到约翰在佛罗里达州将入住的酒店，而且不需他支付所有的费用。从那天起，约翰不仅是捷步达康的顾客，成为这家网店的粉丝，还与朋友和家人分享了自己的经验，以将他们变成捷步达康的客户。

接下来做个对比。苹果是一家不会讲述此类客户故事的公司，更确切地说，它在整体上保持一种更加封闭的文化。但苹果也以一种不同寻常的方式讲述了客户的故事，并回答了这样一个问题：客户的价值是什么？史蒂夫·乔布斯在接受《财富》杂志采访时表示：

> 我们开发 iTunes 是因为我们热爱音乐。我们开发了我们认为最好的 iTunes 自动点唱机，因为我们都想要随身携带我们的音乐库。团队非常努力，因为每个人都想要 iTunes。最初仅几百个客户——就是我们。这不是干预流行文化和欺骗人们。这不是向他们出售他们并不真正想要的东西。我们会发现自己想要什么。而且我认为我们非常擅长正确地思考问题，并弄清楚是否有很多人也可能和我们有同样的愿望。我们为此得到报酬。不能到处问别人，你知道下一件大事是什么吗？亨利·福特的名言很精彩。他说："如果我问我的顾客他们想要什么，他们会回答：要一匹更快的马。"①

① Steve Jobs speaks out. Interview in »Fortune«, März 2008: http://archive.fortune.com/galleries/2008/fortune/0803/gallery.jobsqna.fortune/2.html

这个故事也完全符合假设框架。但故事讲述的不是公司外的客户，而是员工和首席执行官，他们都是具有强烈现实感的客户。此外，还有一种可能性。乔布斯和他的团队在探索了现在并发现了不足之后，转而着眼于未来。他们既是客户又是远见者，着眼于现在和未来，深入细节，高瞻远瞩。乔布斯一再地谈论这些非常特殊的客户，比如在推出 iPhone 时。这遵循完全相同的逻辑：我们关注了市场。眼下一切都没有可取之处，于是我们决定重新发明手机，我们忙了几年。这是结果，我将向你们展示它是如何起作用的。[①]

苹果故事：从前有一位客户叫史蒂夫

从前有一位客户叫史蒂夫，同时也是一位首席执行官。

他每天都在为自己和世界建造最好的计算机的意愿推动下生活。

有一天，他转向音乐，寻找一款出色的 MP3 播放器。

因此，他和他的同事逐个测试了设备。

然后每个人都非常失望，因为没有设备满足他们的要求。对他们而言，一切都太复杂了。

直到史蒂夫终于宣布：我们现在正在自己制造这样的设备。我们围绕它构建了一个易于使用的世界，同时也是解决音乐盗版的有用替代方案。

从那天起，随着 iPod 和 iTunes 的出现，苹果一直是音乐服务和播放器的供应商——史蒂夫终于有了他的好播放器。就这样，史蒂夫和他的同事们重塑了数字音乐的世界，成为这个市场上最强大的赢家。

在内部，这样的故事可以讲述得更激进一些。这里也有一个相关的例子，是关于 Mac 的操作系统的。这个很快在公司里流传开来的故事是这样

---

① Vorstellung des iPhone. Steve Jobs auf der Macworld im Januar 2007: https://www.youtube.com/watch?v=vN4U5FqrOdQ

开始的："你们真是一群白痴！"[①]当史蒂夫·乔布斯1997年重新加入苹果公司时，他一开始对它赞不绝口。这些"白痴"负责苹果操作系统的用户界面。乔布斯毫不含糊地向设计师解释说，所有的窗口都让他感到困惑，简直是一片混乱。该团队随后开发了一个新的操作系统原型。

几周后，他们将其介绍给他。史蒂夫·乔布斯很热情，他说："这是苹果公司第一次显示出三位数的智商。"[②]

从"白痴"到天才，这就是史蒂夫·乔布斯让苹果员工乘坐的过山车。这辆过山车没有中间层，只是直上直下。作为故事中的英雄，史蒂夫像奥德修斯和他的同伴在食人独眼巨人和诱人的半神女之间穿梭。这些故事传遍了公司的每一个角落，让每个人都明白：在苹果工作的人正在踏上冒险之旅，想成为英雄的人不应该惧怕深渊。除了是苹果公司的第一名员工，史蒂夫·乔布斯还是第一名客户。在他讲述的故事中，他伪装成敌人的一名导师。

看看苹果的"非同凡想"（Think Different）活动，对我而言，这是近几十年来令人印象最深刻的广告活动之一（见图3-22至图3-25）。从客户的角度来看，它比任何逸事或产品演示都更好地解释了苹果所代表的意义。那是理想化的顾客，而不是街角的家人：这项活动展示了玛丽亚·卡拉斯、穆罕默德·阿里、巴勃罗·毕加索及阿尔伯特·爱因斯坦等世纪人物的黑白照片。这场宣传说，将他们联系在一起的是改变世界的意愿。"非同凡想"不会在琐碎的事情上耽搁时间，例如产品及其功能，而是直接与客户的"为什么"联系起来（见图3-26）：改变世界的愿望（或至少通过使用苹果产品让自己沉浸在这种世界变化的天赋中）。"非同凡想"宣传运动于1997年9月开始。1997年在波士顿的苹果大会（Mac World）上，乔

---

① Leander Kahney: Steve Jobs' kleines WeiBuch. Die bahnbrechenden Managementprinzipien einesRevolution ärs. München: 2008. S. 50.

② 同上，第51页。

图 3-22　理想化客户画廊：是为这个世界的横向思想家和创意者准备的——就像歌剧天后玛丽亚·卡拉斯……

版权归属：苹果公司。

图 3-23　……就像拳击传奇人物穆罕默德·阿里……

版权归属：苹果公司。

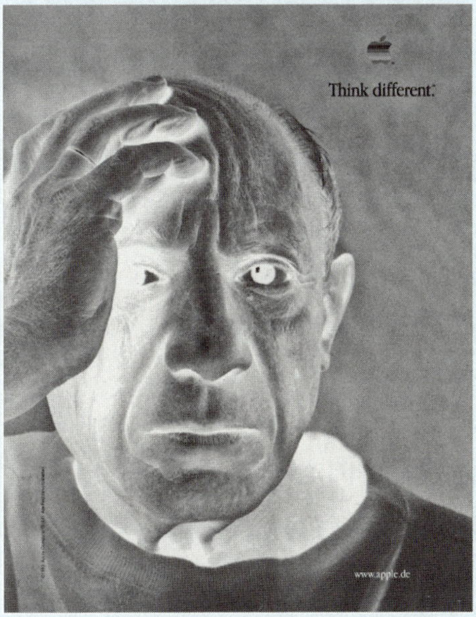

图 3-24　……就像世纪画家巴勃罗·毕加索……

版权归属：苹果公司。

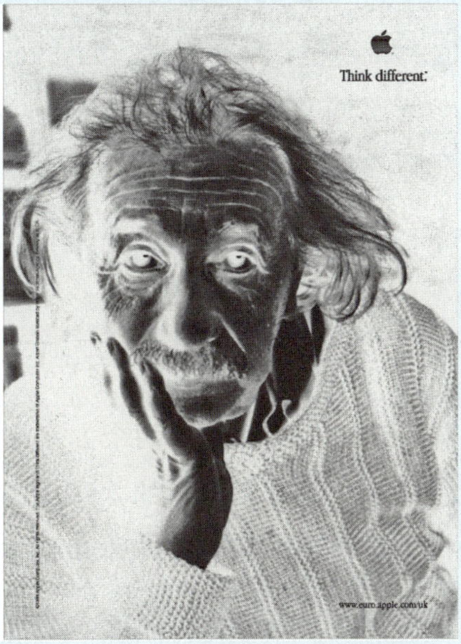

图 3-25　……就像物理学天才阿尔伯特·爱因斯坦

版权归属：苹果公司。

布斯描述了苹果的客户并预测了“非同凡想”：

> 最后，我想谈谈苹果品牌及其对我们许多人的意义。任何购买苹果电脑的人都会有不同的想法。买家是横向思考者，是这个世界的创意者。他们不是为了工作而是为了改变世界的人。他们使用最好的工具。我们的产品是为这些客户设计的。许多人认为他们疯了，但在这种疯狂中，我们看到了创造性。我们正是为这些人开发的产品。①

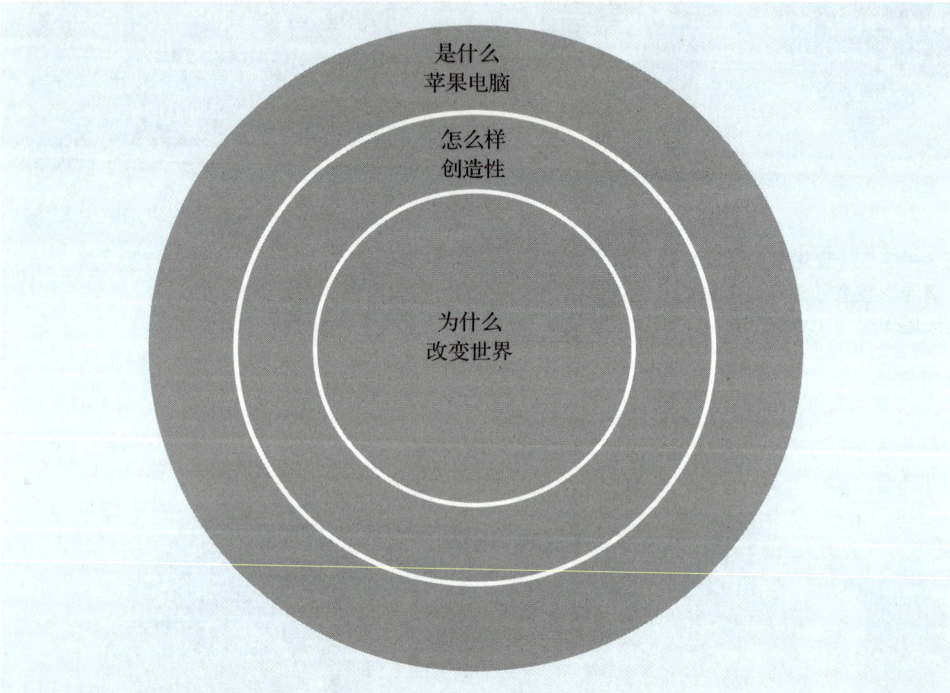

图 3-26 “非同凡想”——苹果广告活动的黄金圈

苹果和捷步达康的这两个方案都很完美。两个故事讲述了完全相异的文化，每种文化都以自己的方式实现最佳绩效，因为它们清楚地了解客户的价值，了解并感受到客户体验的方方面面，并通过故事分享其见解。这

① https://www.youtube.com/watch?v=PEHNrqPkefI.

样做时，两家公司不依赖于通过社交媒体获取的客户请求，不依赖于点击、点赞、帖子、图表、购物篮、逗留时间、搜索词或对数字助理的语音命令。了解数据和对话是自然而然的，但这还不够。

实践：客户故事并非警告

客户的故事能以多种方式使用。它们在谴责或警告的情况下也能发挥作用。通过这样的故事可以了解客户当前正在经历什么，而不是坚持公司规则。它能让人与最终真正重要的人产生共鸣。

有很多因为在工作场所过度使用手机而让老板绝望的例子。这太分散员工的注意力了。我将告诉你一个在畅销书作者约瑟夫·格伦尼那里找到的实际例子。所涉及的是洞察力，而非禁令。

故事讲述的是一家快餐店的员工伯特，他没有在工作时间工作，而是和朋友聊天，桌子脏了也无所谓，他只盯着自己的手机。女老板的反应非常明智，她没有训斥或警告他，而是说："你知道，伯特，20 分钟前，一位年轻女子将她两岁的孩子留在店里一张椅子上后，去买食物了。等她走后，女儿在那张脏兮兮的桌子上不停地擦手，然后她又舔自己的手。"伯特听完后，马上就回到了工作岗位。

他是否对这个想法感到厌恶，他是否想象自己的孩子坐在这张桌子上，孩子可能无法忍受某些食物，或者他是否只是没有受到训斥，而因听到一个故事而感谢：这些都无所谓。客户的故事通过快速改变参考点而发挥了作用。比任何可能的训斥都更有效率。

下次你对同事或员工生气时，你可以用真实的故事，从客户的角度向员工解释情况，你将看到这是多么有效。如果不行，那么你可能遇到了完全不同的问题，规则和禁令也无助于解决这个问题。

像软件开发人员一样书写客户故事

在“敏捷软件开发”中，有一个永远不会忽视客户的过程：用户故事。这个创意是这样的：每当我编写一个软件时，我都会事先告诉自己一个关于客户的故事——以标准化的形式，这个故事适合用一张索引卡。在我看来，这种形式也可以用于产品管理中“敏捷世界”之外的客户故事。毕竟，每个行业都存在超越客户需求的风险。在这里，用最简单的讲故事可以节省大量时间和金钱。在“敏捷软件开发”中，团队一步一步地开发新的或进一步研发程序、应用程序或网站。为了确保这不会误入歧途，数千小时的工作不会流入没有人需要的产品或功能中，敏捷软件开发把工作环境的重点设定为客户及其反馈。用户故事以示意图的形式描述了客户非常具体的需求。在敏捷项目管理中，这些简短故事被用于通过软件的每一次变化和每一次创新来实际创造附加价值。这些故事将客户与开发人员以及开发人员与客户联系起来。它们是以双方都能理解的方式书写的，并且都适合放在索引卡上。

以下是用户故事的基本形式：

用户故事模板：

标题

我作为（角色 / 客户的代表），

想要（目标 / 愿望），

为了（收益）。

用户故事示例：

订单概览

我是一家网上商店的女顾客，
想要，在我发送订单之前，了解我完整的一揽子商品，
为了在订购时排除错误。

这样的用户故事不是一个确切的订单说明书，而是开发团队与公司的客户就措辞文句方面达成一致的对话的一部分。用户故事及满足其要求的时间标准一起记录在索引卡的背面。之所以一个故事更有效，是因为每个人都可以站在客户的角度理解其含义。这对数据或抽象描述来说要困难得多。在我看来，因为其中缺少一件事：情感。最后一行文字还应该包括战略目标——触发“哇”！改变世界！

梦想、跳跃、战斗

变革故事的魔力

概要

每个故事都讲述了变化。本节讲述了一个英雄如何冲破阻碍实现自己的目标。故事是公司变革过程的理想形式。变革具有一个故事的模式，但这个故事需要一个保持不变的根基：价值观和使命。故事应该简单而人性化，并适合变革过程中的每个发展阶段。那些将变革过程设计成故事的人将恐惧、担忧、希望等情绪融合在一起，从而给参与者一种安全感。

1974 年 8 月，卡尔斯鲁厄第一家 dm 市场（折扣药店）在这里开张，在当时绝对是一家全新的商店。创始人格茨·维尔纳对自己的理念深信不疑，但除了他的妻子，没有人相信他。今天 dm 在 12 个欧洲国家设有三千多家分店，拥有 5.6 万名员工和人性化的公司理念。2017 年初，在哈瓦斯集团的一项品牌研究中，dm 超越了梅赛德斯 – 奔驰和奥迪，跃居德国重要品牌榜首。意义——那是关于 dm 创始人格茨·维尔纳的重要话题之一。它相伴于在他的公司中推动变革的过程。dm 的使命可以在其口号中找到，那是对歌德的《浮士德》的一段引文的加工变化："我在此处为人，我在此处购物。"这一口号起源于 20 世纪 90 年代初，与模型一样，至今仍承载着 dm 的世界。你听起来会觉得有点过分，肯定是的，但它有效，因为关于什么是意义的问题的答案是所有公司的中心主题。这和"为什么"的问题相关联。但是，很多公司并没有提出这个问题。对它们来说，变化并不是一种清醒的跳跃，而是从一个变化过程到下一个变化过程的疲于奔命。情况很可能是，一个过程还没有完成，下一个过程已经开始——没有深呼吸，没有反省，没有庆祝，没有充分沟通。变革意味着新标准。如果坚持了下来，那就继续，继续，再继续。谁原地踏步，谁就输了。这有意义吗？我对此表示怀疑。

在变革过程中，讲故事怎样发挥作用？它带来明确性、平静和结构。它顾及了相关人员的恐惧和担忧，当然也考虑到了他们的希望。变革故事清楚地画出了从现在到未来的弧线。它们将变化过程描述为类似于故事——作为一次冒险的旅程。dm 如何讲述变化？与众不同。药店连锁讲述了所做的一切。创始人格茨·维尔纳建立了一个稳定的基础，不仅是经济基础，也是哲学基础。20 世纪 80 年代初，他和他的高管们塑造了一个人性化的形象，将其转化为客户、员工和合作伙伴。其灵感来源于鲁道夫·施泰纳的人智学，这也有歌德世界观的烙印。对关键问题——dm 为什么而存在，维尔纳是这样回答的：

> 为了创造人类凭此可以自己发展的框架条件。亲爱的同事们，大家知道，假如我学过轮胎经销商的业务，我现在就可以卖轮胎了。现在我刚刚学会了当一名药剂师，这就是我们现在销售牙膏的原因。但公司的基本理念是，大家可以作为一个人发展。[①]

1988 年，桑尼维尔，加利福尼亚州。马克·杜阿尔特带着他的麦金托什机成为设计自由职业者。不久之后，他的妻子南希加入进来。同时，杜阿尔特是硅谷乃至更远地区的第一个演示设计和讲故事的人。这一突破来自阿尔·戈尔的纪录片《难以忽视的真相》，杜阿尔特夫妇用情感和比喻的方式处理了数据和论点。这位美国前副总统的电影获得了奥斯卡奖。什

---

① Götz W. Werner: Womit ich nie gerechnet habe. Die Autobiographie. Berlin: 2015. S. 68.

么是杜阿尔特斯成功的秘诀？一句话：变革。为了真正满足客户的需求，公司每五年都会按照故事情节发明新产品。至于怎样做，作为众多案例研究之一，南希·杜阿尔特在她的最新著作《照亮》中有记录。[①]

dm 和杜阿尔特的发现为公司的变革过程提供了新的视角，展示了如何成功地管理变革。

杜阿尔特说，变革是激进的——“新事物要么完全出现，要么根本不出现……所有的人尝试一步一步戒烟，都失败了。”带着这种激进性，杜阿尔特不断让他的公司适应未来，但一切变化都符合“我在此处为人，我在此处购物”的框架描述。

据说，dm 的这个人文理念在每次变革过程中都会清晰呈现。因此，每一次创新都发生在企业哲学的框架中。它被简单地讲述为一个故事，一个关于普通人的故事，从不是管理咨询公司的分析或建议的结果。这就是每个人对它的理解；即使在开始，许多人恐怕也很难看到它的有用性或必要性。对激进的创新来说，这是正常的，这在行业中没有范式。有两个这样的故事作为例子：

> 冬天的一天晚上，天已经黑了，但还不到下午 6 点 30 分，所以仍然没到下班时间。在回家的路上，我开车穿过普法尔茨森林。那时我还有一个原则，永远不要开车经过一个正在营业的 dm 分店。大街上很冷清，我决定快速绕道去皮尔马森斯（莱茵兰—法耳茨州的一个小城）的分店。这座城市几乎空无一人，我在最后一刻走进了这家商店。在里面我发现了一名 dm 员工，走到她面前说：“晚上好，我是杜阿尔特先生。”她不认识我，但很友好地回答说：“晚上好，但我不知道我能不能帮到你。”于是，我问了一些无关紧要的问题来缓和局面。“你在我们这里多久了？你的职责是什么？客户对我们的供货有多满意？”没

① Nancy Duarte und Patti Sanchez: Illuminate. Ignite change through speeches, stories, ceremonies, andsymbols. Great Britain: 2016.

谈什么宏图伟业，没有任何潜在的动机。但在这种情况下，不情愿的员工突然指着分行经理，非常谦虚地说："我只是一个微不足道的职工。"此时此刻，我恍然大悟。我突然明白了："这里出了问题！"在我们投入了大量资金的店里，站着这么一个人，她是目前对我们和客户最重要的人，却用工资税表中的一个脆弱的术语来描述自己。她本可以轻松回答我所有的问题，但她不敢，因为她脑子想的是：上面有老板，然后是地区经理，再往下是分公司经理，所有人都很重要，是大人物，什么时候都轮不到我。我只是一个不起眼的小员工……突然我意识到：我们不能从上到下思考公司，而应该从外部到内部思考。①

20世纪70年代末的这次经历，维尔纳称之为实证经验，令他的指导思想改变了——让每位员工都成为企业家。

dm逐步拆除了等级制度，改变了角色定位并重新分配了责任。传统企业管理的理念一点一点地像多米诺骨牌一样倒下。维尔纳一次又一次地告诉我们这个不起眼员工的故事。对此，他坚持口号："我在此处为人，我在此处购物。"

第二个故事是关于特价商品的。

一次大会的第二天早上，在公交车上，我还有点困，透过车窗，看着窗外色彩斑斓的城市。两个年轻人在我身后的一排坐下。显然，他们也来自零售行业，我们将参加同一个大会。

他们说话的声音太高，以致除了听他们的谈话之外，我什么都做不了。他们谈论的是市场研究。

"现在发现特别优惠在客户中并不那么受欢迎。"其中一位说道，"大多数人想要稳定的价格。"

"这我早就看透了。"另一个人说，"我讨厌特价商品。每当我需要

① Nancy Duarte und Patti Sanchez: Illuminate. Ignite change through speeches, stories, ceremonies, andsymbols. Great Britain: 2016. S. 89 ff.

某样东西时，它都没有打折，所以我买东西时感觉自己付了太多钱。当有特价商品提供时，我通常并不真正需要它。但后来我还是买了，因为它太便宜了。这令我很生气，我又花钱买了我根本不需要的东西。”

“我的妻子也总是这么说。”第一个人叹了口气，表示赞同，“如果由我决定，我会取消特价商品。但是我们的管理层不明白这一点。我也就无法解决这个问题。”[①]

从这次经历中，维尔纳推导出 dm 的下一次革命：特价的结束，而代之以稳定的价格。维尔纳述讲了公司的一场愤怒风暴。这一可怕的情景后来被画到墙上。但他回忆起 dm 的客户准则——不是行动驱动的廉价商品追逐者，而是一个“有意识的购物老主顾”。我们希望“细化消费者的需求”，使命宣言如此表述。一切都在变化：价格、广告、客户。什么才是保持不变的？框架故事中体现的激进客户导向。这样，这种变化也得到成功管理。

维尔纳使用连续性和创造力这两个术语来阐述他对变化的基本理解。重要的是找到结合两者的节奏。维尔纳找到了一个比喻：人体。片面的是危险的——不停地更新会使有机体生长。这是致力于变革的公司面临的危险。不更新导致硬化，心脏病发作。这就是忽视创造力和创新的公司的危险所在。任何能以这种方式解释变化的人，都会对他的员工、他的客户、他的伙伴有一种良好的感觉。他不需要图表或商业建议来进行分析和解释。大家都会理解。他也值得信任。

讲故事和变革管理：格茨·维尔纳和 dm 公司的五个信条

1. 变革需要人性

一切的起点都是人、员工、客户、合作伙伴。使用好的故事，而不是与其割裂。人都是友善的，在公司管理层和所有员工之间架起桥梁。

---

① Nancy Duarte und Patti Sanchez: Illuminate. Ignite change through speeches, stories, ceremonies, andsymbols. Great Britain: 2016. S. 204 f.

2. 变革需要一个框架故事

它是指导原则、使命、价值观——一个公司的哲学维度。如果缺少这个维度，公司会言行无忌。如此行事不是改变，而是专断。

3. 变革需要一个“为什么”的故事

在 dm，这些故事被称为证据故事。它们总是讲述人及其经历，以及相应的恍然大悟时刻。

4. 变革需要稳定性

每一次伟大的变革都会告诉我们，保留下来的是什么，没有改变的是什么，取得的伟大成就是什么。否则，变革会被视为一种干扰因素和危机。

5. 变革需要激进性

把故事讲得好像是给自己留后路，这是没有意义的。小小的改变是不可能的。但也要有企业文化，它决定了变革的底线。

我们来到加利福尼亚，来到硅谷。南希·杜阿尔特如何阐释变革？这位演讲专家是按故事情节来讲述的。故事有开头、中间和结尾，共有五个部分：梦想、跳跃、战斗、攀爬、到达（见图 3-27）。南希·杜阿尔特说，变革就像一次冒险，英雄就是公司。它始于向未知的跳跃，随之而来的是许多努力和麻烦。最终，公司实现了目标。任何人都可以有想法，但让他人信服并追随完全是另一回事。

在旅程的每个阶段都有三个问题需要回答

1. 要去哪里？
2. 如何到达那里？
3. 为什么要去那里？

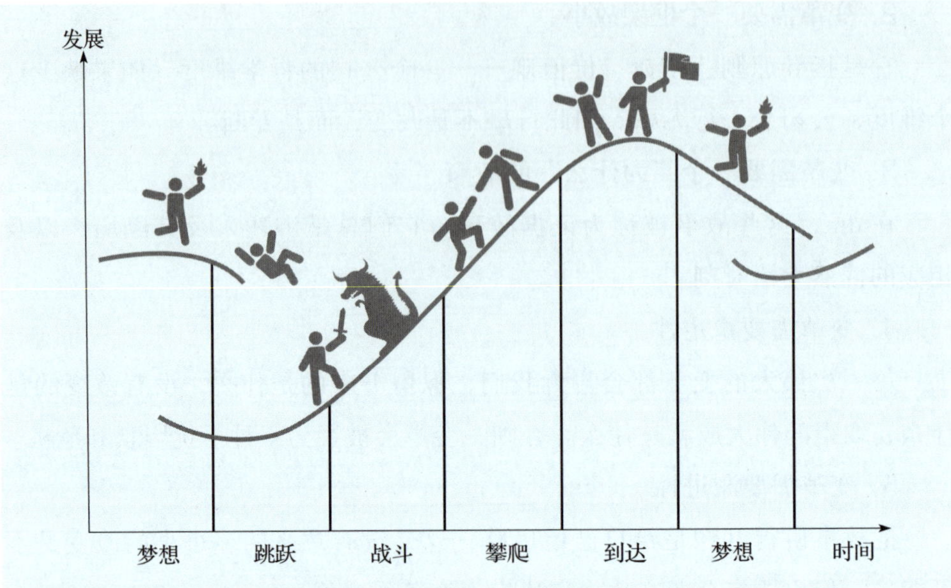

图 3-27　创新的浪潮：及时对新事物施以梦想、跳跃、战斗、攀爬、到达五阶段的人，将继续弄潮，而不会沉沦。每个变化过程都遵循一个叙述结构（图示：变革过程的叙述结构①）

就像在黄金圈中一样，重点是“为什么”的问题。谁回答不好这个问题，甚至都不必担心其他的答案。格茨·维尔纳总是从 dm 的 DNA 中回答这些问题：更人性化。如果谁没有价值观，就表现得很艰难。我认为，市场角度的论据无论如何都是较弱的，两者的结合才是理想的。如果仅靠演示还不够，就使用全面的故事讲述，并从这个层面提供帮助。

“伟大的领导者通过他人的眼睛观察旅程”②

这正是问题的关键：感同身受地为目标受众讲述一个故事。它有许多变化和差异，并在变革过程的每个阶段设置不同的重点。

① Nach Nancy Duarte und Patti Sanchez: Illuminate. Ignite change through speeches, stories, ceremonies, and symbols. Great Britain: 2016. S. 11 und S. 14.

② Nancy Duarte und Patti Sanchez: Illuminate. Ignite change through speeches, stories, ceremonies, and symbols. Great Britain: 2016. S. 4.

变革故事的五个步骤

梦想

刚开始时，创始人梦想的乌托邦是管理层或创新团队。第一步是尽可能具体地讲述这个梦想，并且尽可能感同身受地讲述。观众会问自己什么问题？当听到这些时，会有什么感觉？如何鼓励他们有同样的梦想？为什么、在哪里、怎么样——必须回答这些问题。如果仍然没有答案，例如“怎么样”，答案可以是：我们还不了解自己，但我们会一起找出答案。

跳跃

这是做出决定的时刻。如果梦想被讲述得有说服力，那所有人都会跟着做第二步，哪怕他们可能还有疑惑。但这是第一个承诺。永远记住赋予别人梦想和愿景时，自己踏入未知领域的感觉。问问你自己：我一直没有怀疑和恐惧吗？你要这样与同盟者保持关联。原则上，在现阶段，前瞻性故事是说服他人的选择手段。我们在目标中期待的是什么？为了说服最有可能回心转意的怀疑者，“负面故事”也可能有用，这些场景展示了整个旧世界将如何改变，导致自己的公司将不再占有一席之地。一般来说，这些应该表述得绝对清楚：没有回头路。

战斗

这一步的核心是勇敢。对这一步，有许多精彩的演讲，可以作为这一阶段的修辞模板，例如在《勇敢的心》《挑战星期天》或莎士比亚的《亨利五世》之中。它们总是遵循同样的模式：他们刚开始很谨慎，最后激励大家全力以赴。亨利五世在决战前，这样结束他的演讲：“从今天到世界末日，我们永远会被记得，我们是幸运的少数，我们是相依相系的兄弟。谁今日与我共同浴血，他就是我的兄弟。不论他怎样低微卑贱，今天这个日子将会带给他高贵的身份。”[①] 阿尔·帕西诺在《挑战星期天》中传奇的机舱演讲是这样结束的：“要么我们现在抱成一个团队，要么我们孤独地死去。孩子们，这就是足球。”[②]

攀爬

这是关于坚持的一步。这一步需要讲述矢志不渝是如何得到回报的。大家期望什么？他们期待发生什么？同样值得回顾的是：看啊，我们已经完成了什么。做最后一次努力，我们就会成功。

到达

这是幸福的那一刻。无论是开派对还是安静地享受欢乐，重要的是，庆祝旅程的结束和成功。在这个阶段还要联系那些要点，从结局出发讲述整个故事，再次体验它，以尽可能的高度和深度讲述最精彩的亮点。为每一个人感到自豪与欣赏每一个人同样重要。

实践：通过讲故事挽救失败的变革过程

“我们需要一个故事！没有故事，一切都不会奏效！”带着这一求助信息，一家著名的德国公司求助于一家管理咨询公司。该公司已被一家跨国集团收购，但整合过程停滞不前，许多员工感到迷茫，找不到自己的归属。

一个项目团队成立了，我也位列其中。假设我们再次创造一个故事，那我们也会完成这个变革过程。我们与两家公司的员工一起组织了研讨会。我们使用了一系列讲故事的工具。其中的两个使参与者能够学习一种和睦的语言：

---

① William Shakespeare: König Heinrich V. St. Crispins Tag-Rede, vierter Aufzug, dritte Szene. In: The complete Works of William Shakespeare, London: 1983. S. 532.

② https://www.youtube.com/watch?v=LQL1q8rlrjE

原型。通过这些，我们探讨出员工在照镜子（自己的公司）和望向窗外（新合伙人）时看到了什么。我们让他们弄清楚，这些原型是如何成为一个获胜的团队的。

情节。该过程与原型是一样的。公司有哪些故事？如果这些故事不同，怎样才能从中产生一个强大的共同情节？

结果表明，引入故事是完全正确的。我们一起找到了这个故事，它非常清楚和赞赏地讲述了公司的合并和共同的未来，同时详细说明了具体应该做什么。特别是对被收购的公司，这个故事给出了关于“意义”问题的回答，产生了非常积极的影响。

总的来说，我推荐在变革过程的开始阶段就使用这一程序，而不是等到举步维艰时。

有点儿像爵士乐

演讲的 10 个技巧

讲故事提供了许多方法，使一个好的演讲变得更好，但对我来说，在故事中强调人性的一面至关重要。这就是建立关系的方式。这就产生了一种关系，也会产生共鸣。这是成功演讲的两个先决条件。

故事将我们展示为人，让我们具有亲近性。同时，故事又指向我们之外。所涉及的不是自我描述，而是一个想法、一个新产品、一个策略，我们是其介绍人。从讲故事者的角度来看，观众不是被视为大量事实数据的几何体，而是被当作具有个体目标、愿望和情感的人。

演讲有点儿像爵士乐——即兴发挥起到一定作用，对它持一种开放态度，为自己和自己的想法赢得观众的乐趣。有时走一条直线路径，有时要绕道而行。辅以智慧，辅以剧情，辅以开放性，辅以幽默感。总是带着快乐讲述可信的故事。

技巧 1：使用英雄之旅作为框架

一个有逻辑结构的报告是好的，但可能会很累。**将事实与情感相结合的戏剧性结构确保了注意力不会间断。**

英雄之旅非常适合于此。许多好莱坞电影，例如《星球大战》，都遵循第 2 章中介绍的这种方案。它也非常适合所有想要成功演讲的人。当然可以对其进行改变，但基本顺序还是要保持的。

从熟悉的世界开始讲述的人，都会吸引观众，带他们去旅行，向他们展示新世界，例如在一个战略演讲中。使观众经受得住各种考验，认清朋友和敌人。最后，演讲又回到熟悉的世界，并非常具体地说明要做什么。

号召性用语：现在我们一起踏上旅程，我刚刚为你概述了其中心主题。

行为召唤：现在我们将一起踏上征程，我刚才向诸位概述了中心内容。

技巧 2：找到一个令人兴奋的开头和一个强有力的结尾

我们的注意力窗口只打开几秒钟。在那之后，我们的思想有可能再次飘忽不定。最初几分钟的内容，决定了听众是否有兴趣听演讲。如果没有，人们就会从口袋里拿出来手机，或多或少地伪装着在工作、聊天或上网。

假设开了一个好头，中间同样成功，那么结尾需要再次全神贯注。最后几分钟会为演讲的全貌增光添彩。无论开头多么精彩，中段多么巧妙，如果结尾失败，整个演讲在观众眼中都会贬值。然而，我对一个好的结尾是否能挽救一个几乎没有希望的演讲表示质疑。

关于开头，我推荐一个个人故事（在下一个技巧中有更多相关内容）或一个激动人心的初始情景，观众绝对想听到其解决方案。举个例子："想象两种不同的未来。第一个是：你中了彩票。另一个是：你半身不遂了。这对你生活中的幸福有什么影响？"① 这是丹·吉尔伯特在他关于幸福的 TED 演讲中提出的问题。可惜的是，这个问题不是一开始提出的，不然会带来更好的效果。

一个圆满的结尾将主题与"现在需要做什么"这个问题联系起来。

这也是一个 TED 例子。埃丝特·佩瑞尔在关于不忠的演讲结束时说："我用两种方式看待绯闻：一方面是痛苦和欺骗，另一方面是成长和自我发现。这和你有什么关联，这对我意味着什么。当一对夫妇在婚外情曝光

---

① Dan Gilbert: The surprising science of happiness. Vortrag TED Februar 2004, Monterey, California: https://www.ted.com/talks/dan_gilbert_the_surprising_science_of_happiness

后找我时，我经常告诉他们：今天——这在西方是真实的，我们大多数人都会有两到三段感情或婚姻，我们中有个别人打算和同一个人维系感情或婚姻。你的第一次婚姻结束了。你想创造第二次吗？”①

技巧3：从一个个人故事开始

个人故事是最好的开始，因为它显示了和所演讲主题的关联。它展示了开放性和脆弱性，增加了和观众的亲近感。

瑞典人汉斯·罗斯林教授“优雅”地进入主题，他不是直接讲述自己，而是讲述他的家庭。他谈到了一台神奇的洗衣机，这台洗衣机让他的母亲和祖母着迷，并从那里把视线转到世界居民的形象上，论及他们的生活方式和欲望。也就是说，在这个过程中也不忘联系洗衣机。洗衣机成为他的演讲中令人印象深刻的形象。②我推荐这位瑞典教授的所有TED报告，因为它们同时具有事实性和情感性，是个人世界观的巧妙体现。而且，它们特别有意思。

个人故事并不一定意味着，必须是我自己亲身实践的故事。故事还可以讲述自己的家人。在我的一个研讨会上，一位数字代理机构的女士为了阐明她公司的战略理念，谈到自己的一次美发经历。我们笑得都流出眼泪了，而且立刻明白了她的意思。无须繁琐的介绍，这样设定，以此达到目的，以此类推，这样可以更顺利地完成目标。一家成功初创公司的领导对我说：我们讲述父母的故事，就是在间接地讲述自己。他们凭借自己的小故事在由数字和数据塑造的环境中触动观众。

---

① Esther Perel: Rethinking infidelity ... a talk for anyone who has ever loved. Vortrag TED MÖrz 2015, Vancouver, Kanada: https://www.ted.com/talks/esther_perel_rethinking_infidelity_a_talk_for_anyone_who_has_ever_loved

② Hans Rosling: The magic washing machine. Vortrag auf der TED Women 2010, Washington, DC: https://www.ted.com/talks/hans_rosling_the_magic_washing_machine

技巧 4：考虑观众背后的观众

如果你对观众有情感，就更容易吸引他们。让我们再次使用旅行的比喻：当我们驾驶着观众乘坐的公共汽车时，我们应该知道，他们期待我们去哪里，这样我们就不会错过什么。这听起来比实际更容易。

一组关键问题对此有所帮助。观众的目标是什么？是否与主题有关？什么价值观和态度塑造了它？在你的演讲中，观众有什么情感需求？

最后，有一个经常被遗忘的问题：观众背后有观众吗？谁来决定，你的演讲内容是成功的和令人信服的？通常这个人根本就没坐在房间里。这意味着，听你演讲的人必须自己转述一个引人入胜的故事。这正是你应该带给他们的。

技巧 5：公开建议而不是售卖

故事的优点在于，说服他人而非被说服。它们有助于在不施加压力的情况下成功说服别人。讲故事的人也会选择信任和开放的价值观。这是关于“我告诉你事实是什么”和“让我告诉你一个故事”之间的区别。

对我来说，这其中有不同的天地。我讲了这个故事，听众有很大的自由空间来做出决定。同时，我提供了一个机会，在使用故事时，能令观众设身处地地感受我演讲的主题，产生共鸣。这创造了亲密感。

当我提出事实 A、B、C，并问“你怎么看”时，情况就不同了。这几乎没有回旋余地，也几乎没有任何机会在有效范围内来掌握情景或受到启发。而那才是成功希望更大的方式。

讲故事不仅是一种很友好的包装，也是一种提供真实和引人信服的建议的方式。

技巧 6：把你的自我留在家里

演讲的人几乎都自视甚高。毕竟他们是可以把事情说清楚的人。大家的目光都集中在他身上。这没错，但不应把它理解为对他人的要求，以展示自己的重要性。相反，应该让自己服从于事情、主题、愿景。

自嘲是一个强大的工具。也许就是加进一个小故事："我想在一开始就向你透露点儿事。大约 20 年前，我做了一件令我后悔的事。我并不为此感到特别自豪，而且我实际上从未想过告诉任何人。我带着一丝年轻的愚蠢上了大学，学了法律。"[①] 现在呢？大家都想知道，我这个简短的坦白之后发生的事情，以及这与丹·平克的演讲主题有什么关系。人们喜欢他，是因为他似乎并没有自视甚高。

给那些习惯于成为被关注中心的强者的小提示是：不要讲听起来像是在吹牛的故事。既没说自己，也没说公司。想成功呈现的人都不要这么做。这可以从像奥巴马这样的演讲者那里学到，或者通过 TED 演讲，演讲者基本上是平等地与观众交流。

技巧 7：传达意义

即使是和销售有关的演讲，讲故事的目的也应该主要是传达意义，解释"为什么"。这样，观众对产品的兴趣也就顺理成章了。

这方面的一个例子是埃隆·马斯克对特斯拉 Model 3 的介绍。马斯克在谈新车之前，用 10 分钟时间谈了谈 Model 3 的预见性和战略性的框架。他讲述了特斯拉的价值观和公司的总体规划，很实在。不是个人故事，而是一种创造"我们"感觉的氛围。他多次感谢在场的特斯拉客户，让特斯拉 Model 3 成为可能。

在战略上，马斯克找到了一个自我的隐喻：秘密总体规划。顺着这一形象，他以最简单明了的方式讲述了公司的逻辑。他作为一个在舞台上感觉不太舒服、语言不流利的演讲者，这种简单的表达方式使他特别认可这

---

① Dan Pink: The puzzle of motivation. Vortrag auf der TED Global 2009 in Oxford, UK: https://www.ted.com/talks/dan_pink_the_puzzle_of_motivation#t-2478

种策略。所以他向观众展示：我对你们没有秘密。你们得到我的尊重，我想以这样一种方式向你们传达我行动的意义，这当中没有任何问题搁置不谈。

马斯克在演讲中使用的结构是黄金圈的力量，一个提出三个核心问题的工具：为什么？怎么样？是什么？这些答案为成功地讲故事奠定了基础。

技巧 8：减少你的图表使用

“少即是多”，你在本书中多次体验了这条规则。在这种情况下，我非常相信这条规则，因为除了少数例外情况，我从未见过图表太少的演讲文稿。图表多的后果，要么属于图表超载，要么毫无意义。两者都不是很理想。

令人惊讶的是，很少有人考虑这个简单的技巧。典型的抱怨是：我有太多令人兴奋的数据、事实、细节，我不可能把它缩减。当然！关键是要缩减图表的数量和每个图表的信息量。

让自己设身处地地站在观众的角度考虑问题，是非常有帮助的。哪些演讲让我信服？哪些不是？图表的数量在其中扮演了什么角色？它们的复杂性如何？问题就不言自明了。简化，减少，剪除。

如果谁仍有疑虑，请研究一下苹果公司的主题演讲。它们是个人演讲的完美起点。它们都有一个主线、一个清晰的故事和讲述故事所需的尽可能少的图表。

二者选一：进行一次没有图表的尝试。那么它可能不再是经典的演讲。但也许有一些内容，你可以画到白板上。如果这不是你的专长，也许可以找一位制图人，将你说的话实时转换成图形。无论如何，这会很有效。

技巧 9：谈吐自然

我想象，我会如何在晚餐时向朋友介绍我的主题。没有图表，只有几张涂写过的餐巾纸，就像我给他们讲故事一样。这样，演讲就显得接地气，变得自然。令人信服的演讲文稿既是经过精心准备的，也可以是即兴创作的。

讲故事有点儿像爵士乐，有自由发挥的空间。重点是了解所处空间中的情绪或问题。尽管如此，精确着陆还是很重要的，在任何情况下都不要为了遵守给定的时间框架而言过其实或喋喋不休。

根据我的经验，成功的演讲意味着最多把 80% ～ 90% 的给定时间用于演讲。这样，一切就变得轻松多了。如果还有时间，要么延长休息时间，要么把更多时间用于提问和讨论。

技巧 10：保持放松

在观众面前轻松演讲的最好例子是肯・罗宾逊爵士。他发表了有史以来最成功的 TED 演讲（6400 万次观看）。[①] 相比几乎所有其他演讲者，他是真正地在和观众对话。他进行了一次对话。他的第一句话是："你好吗？"他继续说道："这里很棒，不是吗？让我昏昏欲睡。"短暂的停顿。"其实，我一会儿就离开。"[②] 不到 30 秒时间，众人哈哈大笑，纷纷看向他，好奇他要说什么。

人们觉得，现在他要进入主题了。但并没有。他从他的视角谈论会议的指导性主题。其中之一直接促成了他的演讲。演讲很难更好地嵌入给定的框架中，而罗宾逊却似乎毫不费力。人们会觉得，他只是来和朋友一起参加晚宴的。观众喜欢这样。

罗宾逊这样解释他的成功秘诀："人们应该尽最大努力，在领奖台上感到舒适和放松。如果背诵有帮助，那么人们就应该这样做。这对我来说没什么作用。演讲是与听众建立个人关系，为此我需要空间来即兴发挥。无

---

① Ken Robinson: Do schools kill creativity? Vortrag TED Februar 2006 in Monterey, California: https://www.ted.com/talks/sir_ken_robinson_do_schools_kill_creativity

② 同上。

论是 10 个人还是 1 万人，无论是研讨会还是开大会，对我来说，重要的是与人交谈，而不是对他们讲话，这样听起来很真实。但是，我会仔细准备我的演讲。当我走上演讲台时，我确切地知道在我走下台之前我想说些什么。不管我已经在多少个地方演讲过，我现在面对的观众总是全新的。”[①]

① Chris Anderson: TED Talks. Die Kunst der öfentlichen Rede. Frankfurt am Main: 2017, S. 164.

高级用户的巫毒

卖而不卖

概要

卖而不卖，秘诀是什么？故事、物品和叙述的巧妙结合。这一安全的方法是营销专家讲授的事实和故事的成熟组合。更巧妙的方法是，创建一个故事和对象的系统，一个像“重要物品”这样的系统。这就是故事展现其全部力量的地方。它们令人着迷，激发欲望并将价格推向荒谬的高度。

这一节，我们回到本书的开头，回到斯坦福大学教授詹妮弗·艾克和讲故事大师罗伯特·麦基那里。你还记得他们吗？两人都说，事实和故事的结合，是营销的神奇公式。艾克说，其销量是纯事实的2倍。而麦基说，足足有5倍。的确是令人印象深刻的数字，但事实还不止于此。

2009年，加利福尼亚。作者约书亚·格伦和罗伯·沃克开始了一项名为“重要物品”的实验。[①]乍一看，它质疑关于讲故事的一切：不存在事实和故事的结合，故事完全是捏造的。他们了解《哈利·波特》小说的真相。这表明，如果使用得当，一些权力故事可以在商业中发展。格伦和沃克的假设是：叙事将无足轻重的客体变成重要的物品——几乎毫无价值的东西通过故事变得有价值。故事可以帮助卖东西。“我们知道真实的故事可以为物品增加意义，但罗伯和我想知道人工的、自由构思的故事是否可

① http://significantobjects.com

以为物品增加价值。”[①]约书亚·格伦说。

以下是他们实验的步骤：

1. 格伦和沃克在旧货店及跳蚤市场买了 10 美元的东西：一支塑料排箫，一只乔乔（动画片《JoJo 的奇妙冒险》中的主人公之一），一只嬉皮熊。

2. 他们为每件物品找到一位作者，由他自由杜撰一个故事，这个物品会在故事中出现。作者可以自由选择他们的风格。比如，可以参考威廉·吉布森（《神经漫游者》）、黛布·奥林·恩弗斯（《革命》）和斯嘉丽·托马斯（《对流层》）。

3. 格伦和沃克在 eBay 上出售这些物品。商品页显示的不是产品描述，而是虚构的故事。他们明确表示，这个故事是虚构的，并说出了作者的名字。

4. 在拍卖结束时，他们将物品连同各自故事的打印件寄给买家。作者收到了净收益并保留对其故事的所有权。

5. 实验结果由格伦和沃克在网站 signantobjects.com 上公布。

结果是：所有物品都以购买价格的数倍出售。100 件物品的全部购买价格为 128 美元，却以 3.612 美元的价格被拍卖。“故事是增加物品情感价值的有力工具。主观价值的效果如何改变，可以客观地衡量。”[②]格伦和沃克解释说。该实验引起了很多关注，并激发了作者继续创作以及写作带有故事的书籍。

接下来是一个关于故事的例子。作者安德鲁·欧文为一个小木人写了这个故事，在他笔下，小木人变成了伏都教[③]教徒的形象。购买价格为 1 美

① The Madeleine Brand Show: ›Significant Objects‹ project gives trinkets a valuable backstory. Southern California Public Radio, Juli 2012: http://www.scpr.org/programs/madeleine-brand/2012/07/24/27550/significant-objects-project-gives-trinkets-value/

② http://significantobjects.com/about/

③ 又译作“巫毒教”，由拉丁文 Voodoo 音译而来。源自非洲西部，是糅合了祖先崇拜、万物有灵论和通灵术的原始宗教。——译者注

元，拍卖价为51美元。这个故事还以一种戏谑的方式讲述了实验本身——它所涉及的是一种巫毒，一种由故事产生的魔法。在这个例子中，巫毒是针对高级人士的。

几周前，我骑着自行车穿过了新奥尔良的下九区，或者更确切地说是未受灾的区域。我拍了重建的照片。我一直听到这两种描述："它看起来像一个战区"，以及"好像这里引爆了一枚炸弹"。但实际上看起来更像旧约时代，像某种超自然的东西。那天我访问的该行政区的大多数原居民已经搬走了——乘坐受甲醛污染的联邦应急管理局拖车，前往巴吞鲁日或拉斐特，前往得克萨斯或密西西比。新来的人遍布了大街，他们带来了奇怪、呛人的气味以及与新奥尔良风格迥异的歌曲。他们用难以理解的符文标记街道，并告诉我神灵Loa[①]从未离开。

那天，一小群嘈杂的人聚集在一个并不偏僻的十字路口。几个女人抓着一只惊慌失措的山羊。女士们的首饰在傍晚的阳光下闪闪发光。我停下来拍了一些照片。有人告诉我，一个年轻人试图用武力偷车，邻居拦住并抓住了他。但还没来得及确定合适惩罚之前，这个想当小偷的人就变成了一只山羊，以免被抓住。当时有目击者。

"把法官找来吧。"最年长的女人说。

"咩，"山羊说，"咩，咩，咩。"

15分钟后，一个小女孩带来了一个银色的布袋，把它交给了老妇人。老妇人在里面用力一抓，取出一个很小的人形物体——法官。她把这一神像举过头顶，然后把它放在山羊旁边的地上。其他女人放开那只山羊，围成一个大圆圈，然后等待判决。山羊的眼睛看起来很悲伤，在我看来，并不完全是无辜的。

"法官很快就会决定小偷的命运。"老妇人说。

---

① Wikipedia: »Ein Loa ist ein Geist im Voodoo. Die Loa sollen in der Lage sein, denen, die sie verehren, fast jeden Wunsch zu erfüllen.«: https://de.wikipedia.org/wiki/Loa_(Voodoo)

“咩，咩，咩。”山羊一边叫着，一边慢腾腾地走。

我知道这是一种可怕的行为，但在这混乱的过程中，我仍然把神像扔进了我的相机包里，然后骑车离开了。

那天晚上我把法官放在我的床头柜上，但我无法入睡。我觉得神像在看着我。几周后，我仍然失眠、烦躁和发烧。是法官——它恐吓我，但同时它为我祈祷。今天早上半睡半醒地去给自己倒杯咖啡。我向你发誓，我看到一只山羊开着一辆蓝色的丰田四门轿车经过。[①]

“重要物品”在经济方面最成功的故事开始于：“亲爱的苏珊，我有坏消息。坏消息，坏消息，坏消息。今天奥斯卡和我分手了。在一起八个月多一点——正好在我和丈夫约瑟夫决定离婚两个月后。”一个小地球形状的镇纸，作者黛比·米尔曼为这一物品写作。她在环形活页纸上写下一封信。这创下了 197.5 美元的纪录。原始购买价格为 1.49 美元，价值增加了 130 倍（见图 3-28 和图 3-29）。

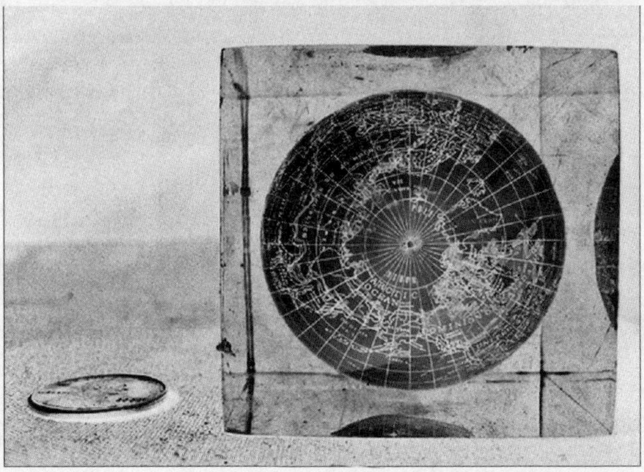

图 3-28　讲故事的经济力量：在垃圾商店里，这个镇纸的价格是 1.49 美元……

① Andrew Ervin: Idol: http://significantobjects.com/2009/08/05/idol/

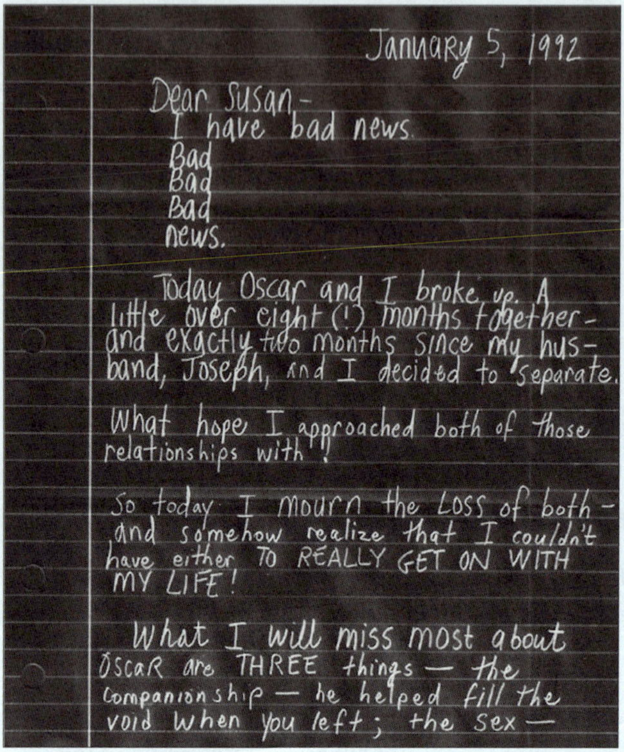

January 5, 1992

Dear Susan-
I have bad news.
Bad
Bad
Bad
news.

Today Oscar and I broke up. A
little over eight (!) months together -
and exactly two months since my hus-
band, Joseph, and I decided to separate.

What hope I approached both of those
relationships with!

So today I mourn the LOSS of both -
and somehow realize that I couldn't
have either TO REALLY GET ON WITH
MY LIFE!

What I will miss most about
OSCAR are THREE things — the
companionship — he helped fill the
void when you left; the sex —

图 3-29 ……凭借黛比·米尔曼的故事，它在 eBay 上以近 200 美元的价格拍卖出

资料来源：http://significantobjects.com/2010/01/29/globe-paperweight-test.

即使是自由杜撰的故事，怎么可能有这些增长？eBay 首席营销官瑞谢尔·帕尔哈姆在接受采访时表示："技术只是基础，但建立联系的是故事，故事让你做某事。这个故事创造了价值并促进了电子商务。"[①] 这个故事中有些内容让人们产生了共鸣。我们参与到了触动我们的事情之中，这恰恰是好故事效果的核心。约书亚·格伦承认："作为该项目的管理者，我认为我对故事的魔力免疫，但我很难归还一些物品。我们内心确实有一种

① »Objects of our desire: Richelle Parham for the Future of Storytelling 2012«: https://www.youtube.com/watch?v=TeBq5ndGAj0

渴望物品有意义的倾向。”[①]

解释充分吗？我不觉得。我从书架上随意抽出一卷故事书。它们是日本作家村上春树的故事，标题是：“我如何在4月的一个早晨看到百分百的女孩”。这本书售价8.9欧元。这是9篇精彩短篇小说的价格。他是这个时代最成功的作家之一，他的一个故事大约值1欧元。小地球仪的价格略高，不到1.4欧元。小地球仪和一位名不见经传的作者的一封信打包到一起，能拍到大约180欧元。

怎么可能？这些差异是如何产生的？从讲故事的角度来看，这里有三件事共同发挥了作用：物品、它的故事和过程中的叙述。当然，肯定也有点运气。

五个小技巧：销售意味着送以微笑

1. 事物的魔力

用故事给物品植入灵魂，物品使故事有形、可调整、适合装饰。

2. 情感联系

敢于将故事和对象松散地联系起来，但要建立一种强烈的情感联系。

3. 共振空间

用故事创造共鸣空间，以供读者亲身体验，让不起眼的东西变成有意义的、受人青睐的对象。

4. 微笑

微笑，眨着眼睛讲述，永远不要忘记，讲故事最终是为了娱乐人们。

5. 故事背后的故事

找到一个故事背后的故事。让故事情节激动人心，吸引读者参与其中。

---

① Significant Objects: A Doll With A Story. NPR, Dezember 2009: http://www.npr.org/templates/story/story.php?storyId=121690381

物品

这些物品使虚构的故事变得有形，而它们似乎已经从故事中消失了，与销售的产品非常相似。通过这种方式，它们与故事世界建立了非常具体的联系。例如，地球仪形状的镇纸放在我办公桌上，它总是让我想起写给朋友的一封非常有趣的信，还有在这种分离状态下我写的和收到的所有极其搞笑的信件。

故事

作者虚构的故事赋予这些物品以意义，使它们独一无二，充满魔力。比如，亲爱的买家，你可以想象我曾经扮演过重要角色——作为巫毒人物或作为幸福关系的象征。所有这一切都是虚构的，但它仍然让我们嘴角挂着微笑，或者把我们感动得流泪。是的，我们喜欢想象。

叙述

叙事构成所有的故事，它是所有故事背后的故事，也就是实验本身。这种叙述解释了整个故事的逻辑，包含了一个关于结局的想法，并给了买家成为故事一部分的机会。它说，带有信件的地球仪，这不仅仅是 eBay 上的一次交易，而且是一项令人兴奋的实验的一部分。你的投标行为会影响故事的结果。你参与书写，你决定结局。

实践：在产品展示中使用叙事的魔力

这个想法很简单：每个故事都需要一个为其提供框架的故事。你可以随心所欲地继续这个游戏，这样你就有了一系列的故事，像俄罗斯套娃一样组合在一起。效果是：框架故事或叙述框架评估它们所框架的故事，与“重要物品”一样。

有很多方法可以开发框架故事。一种有效的做法是使用黄金圈。

假设你想推出一款新产品。黄金圈说，问三个问题，“为什么”“怎么样”“是什么”。如果是新产品，“是什么”的答案会是：我们的新产品。对“为什么”和“怎么样”的回答会有两种叙述。你可以选择其中之一或两者同时使用来为产品增加价值。

这种方法的一个典型例子是埃隆·马斯克对特斯拉车型 Model 3 的展示。[1]新产品的展示持续了大约 20 分钟。马斯克用下半场来展示产品。在前半部分，他勾勒出叙事框架。

他首先回答了这个问题：特斯拉为什么要做正在做的事情？这就产生了一个使命叙述：我们致力于维护地球的利益。

然后他问：我们怎么样？在回应中，马斯克解释了特斯拉的“秘密总体规划”。这就产生了一个战略叙述：我们从小处开始，从小众市场走向大众市场。

这个过程创建了一个故事情节，为新产品建立了一个斜坡。它首先解释了“为什么”，然后是其进程——“怎么样”。该产品无缝地融入了这个叙事框架，并被赋予了崇高的意义。叙事将大众商品转化为优质产品。

“重要物品”已经超出了本书的内容。它们标志着本书的结尾，并且似乎在喊：看得差不多了吧！来吧，讲一些故事，你会惊讶于一切皆有可能！这正是我对你的邀请：以一种有趣的方式将你阅读过的内容整合，并融入你的世界中。做实验；以敏捷的方式，小步前进；写只有一个词语或一个句子的故事；使用迷你图设计演讲；讲述你自己的传记作为英雄之旅。在创新过程中，你要问：“如果……会怎么样？”在变革过程中，使用故事来描述新项目的任务或获取客户的印象，还可以在不同的叙述层面讲故事。进行叙述，并开发有关它的故事。将故事与物品联系起来，你刚刚阅读过了，这样可以产生蕴含爆炸性效果的内容。

---

① Tesla enthüllt das Model 3, März 2016: https://www.youtube.com/watch?v=Q4VGQPk2Dl8&t=619s&frags=pl%2Cwn

12 个出乎意料的讲故事错误及克服它们的方法

那些选择讲故事的人会发现一系列的陷阱，我自己也会反复陷足其中。在本节中，我总结了那些我最常遇到的，并且对我来说似乎特别出乎意料的障碍和陷阱。当然，我也会教大家如何绕过它们。

错误 1：我简单讲述一下是怎么回事

“讲述它是怎么回事”，这听起来合乎逻辑，但仔细推敲后就变得棘手。正是因为讲故事本身就是从一个角度看待事物，并为它们增加了主观色彩。如果三个目击者共同描述一起事故，那么他们都会讲述自己视角下的事故经过。你不一定会听到相同的故事，甚至有可能会完全相反。客观性变成了一个难以捉摸的幽灵。

我的建议：你尽量讲述与故事设定的目标关系密切的内容。明智的做法是，从故事的结尾开始思考，然后问自己：我需要什么来实现这个结尾？这里所涉及的是一致性原则，正如关于公司或产品的战略一样。一旦做出选择，我建议使用七种基本的故事模型之一，给故事一个清晰的顺序和情感，这是引起观众共鸣和故事成功的关键先决条件。

错误 2：我使用合适的语言

能力需要复杂性和技术语言。有些人似乎一直相信，使用行话会让他人觉得自己是专家。这样做，很大可能会与观众产生隔膜，即使面对的都是专家。除了技术文章，没有人需要复杂的措辞。

我的建议：简单明了地讲故事。把最复杂的信息简单化，从语言本身开始做起。如果语言太复杂，只会分散主题。要让每个人都能听懂你所说的内容。

错误 3：我永远是英雄

谁不喜欢讲述自己的故事？毕竟，我们是自己生活中的中心人物。让自己成为故事的主角，不仅仅在商业上很棘手，最重要的是：人们可能不想听你的故事。除非你在有史以来最成功的 TED 演讲中使用幽默、自嘲和神奇的风格讲过故事，就像肯·罗宾逊那样。[①]

我的建议：最好向观众、读者或客户讲述他们可以在其中找到自己的故事。试着在你的故事中不使用“我”这个字眼。例如，史蒂夫·乔布斯喜欢讲述苹果公司一名看门人的逸事，来展示某种心态。或者他谈到了他的英雄，但许多苹果的客户都能听出他们是谁，比如披头士。或者他谈到了他作为客户的经历——一种与观众建立联系的聪明方式。

错误 4：我喜欢冗长

能力需要细节，只有这样才能有深度。越详细越好，但对讲故事的人来说，这往往会导致惨败。菲德尔·卡斯特罗可以成功地发表长篇大论。托马斯·曼可以写出超过 1000 页的杰作。但这种长度作为商业故事的模板可能并不理想。另一方面，巴拉克·奥巴马可以在 15 分钟内说出所有讲话内容。海明威设法用 6 个词讲述了一个故事：“待售：童鞋，崭新。”这就是在商业中的运作方式。

我的建议：简短地、简洁地、切中要害地写作和谈话。许多 TED 演讲都展示了如何做到这一点，18 分钟是极限。理查德·布兰森的商业理念就经常写在餐巾纸上。

---

① Ken Robinson: Do schools kill creativity? Vortrag auf der TED 2006 in Monterey, California: https://www.ted.com/talks/ken_robinson_says_schools_kill_creativity?

错误5：我更喜欢自己开发故事

小说只有在特殊情况下才以团队形式编写。电影完全不同，拥有最多样化资质的人在严格的结构中工作，以便共同取得最佳效果。当然，团队中的每个人也需要时间来反思故事，并为故事的成功承担责任。但一部电影需要团队合作——不仅因为需要如此多的技术，还因为最好的创意就是这样产生的。

我的建议：尽可能多地在这两个角色之间切换。一个角色是为写出自己故事文稿而深居简出的作家，另外一个角色是与其他人一起改进故事的电影制片人。一个团队越多元化，结果就越好。这种工作方式的最大缺陷是团队决策的方式。多数票的决定原则通常会导致淡化的、二流的结果。我建议遵循的是，向目标受众展示结果，并观察他们的反应。这是一个故事成功的最重要的标准。

错误6：我喜欢让它令人兴奋

我们喜欢激动人心的故事，但紧张往往被误解为不存在令人意外的高潮。从观众的角度来看，这令人筋疲力尽，因为一直想知道这个故事到底在讲什么。这恰恰与基本理念相反：观众不会像对待犯罪惊悚片那样有身临其境的感觉，而是会直接将其屏蔽掉。

我的建议：没有秘密可言，一定要在开头透露意图。比如你讲述要前往的旅行、美好和糟糕的日子、压力和热情、挫折和成功。当然，紧张的元素仍然可以植入，例如从一开始就给观众一个上帝视角。像总导演阿尔弗雷德·希区柯克所展示的：桌子底下有炸弹，人们坐在桌旁平静地聊天。观众会特别有冲动，想对着角色大声喊："注意，炸弹！赶紧离开那里。"这种隐藏在桌子底下的炸弹经常出现在商业故事中，优秀的故事讲述者会将其融入其中。诸如："我们不知道……"或"要是我们预料到……"

错误 7：我表现得不可侵犯

任何穿着防弹背心讲故事的人都不会说服或感动观众。勇士，也就是讲故事的人，其成功的秘诀在于他们的脆弱性。看历史上的勇士：阿喀琉斯的脚后跟很脆弱，齐格弗里德的肩膀很脆弱，超人被氪石逼迫下跪。

我的建议：脱掉防弹背心。只有那些让自己变得脆弱的人才能赢得他人。这意味着一个故事总是讲述错误、弱点、错误和困惑。这些可能是你自己、公司或部门的弱点。有些故事虽然并没有把其中的知识隐藏起来，而且描绘了一幅可能比实际更好的光鲜画面，却未触动到任何人。

错误 8：我喜欢让观众震惊

当然，从惊悚片中可以学到很多商业故事。与紧张类似，震惊可以提高听众的警觉性。如果商业演示对我来说就像在黑暗的地下室里散步，那这绝对是迷人的。所有的感官都变得敏锐，我们不会错过任何东西。尽管如此，我还是会很谨慎，只会非常小心地使用震惊效果，因为它们也会干扰或惊吓到观众，导致信息难以传递给受众，也没有人付诸行动。

我的建议：创造令人恍然大悟的“啊哈”时刻，而不使用震惊效果。例如，汉斯·罗斯林的精彩演讲中就有很多这样的例子。[①]他从一开始就让观众参与进来，检查他们的知识，将其与黑猩猩的知识进行比较，从而让每个人都发笑（即使是他们自己令人震惊的无知）。幽默是创造“啊哈”时刻的重要原则。与震惊不同的是，它不会让人们重新陷入恐惧之中，而是将彼此联系起来。这是通过讲座、电子邮件、发帖、推特或在咖啡柜台的简短聊天来激励、说服或简单地娱乐受众的最佳先决条件。

---

① 例如，以下演讲已被浏览数百万次。Hans Rosling: How not to be ignorant about the world. TED Salon Berlin, 2014: https://www.ted.com/talks/hans_and_ola_rosling_how_not_to_be_ignorant_about_the_world?referrer=playlist-the_best_hans_rosling_talks_yo.

错误 9：我在创造故事

作家在创造，电影人在创造，剧作家在创造。但是他们在创造的时候，他们会从丰富的经验中吸取教训，写下让他们感动且他们了解的东西。他们的创造就是这样运作的。那些不是全职讲故事的人，应该坚持自己的经验，坚持自己的经历。横生枝节则很快会被看穿，显得很尴尬。

我的建议：讲述生活中关于客户的、关于同事的、关于自己的故事。讲得好，会很有感染力。不要仅仅因为你觉得故事有趣或恰当，就编造故事并假装它们真的发生了。假故事完全是不严肃的。构思故事仅在特殊情况下才有意义，例如在规划场景时。但它也以“如果……会怎么样”开头，而且每个人都知道，我们正在描绘一幅可能的未来图景。

错误 10：我保持客观

为什么不简单做一个好的案例研究？每个人都想阅读我们做得成功的内容！事实沉重而堪称典范。你确定吗？没有英雄的故事不是真正的故事，很快就会被遗忘。

我的建议：只有英雄（以及对手或敌对势力）才能吸引观众，为之激动。任何类型的研究或没有灵魂的演讲只会让人厌烦疲惫。除非你把事实变成故事，用故事让人们了解事实。事实和情感的结合，就是好的商业故事成功的秘诀。

错误 11：我喜欢尝试新的叙事结构

按照同样的模式讲故事似乎很无聊，但如果这种模式奏效，我认为没有什么好的理由去尝试新的模式，除非你写一部累进的长篇小说。开始，中心，结尾。这就是希腊哲学家亚里士多德在他的《诗学》中描述故事过程的方式。更具体地说：引言、复杂化、解决。数千年来，这种简单的结构都行之有效。

我的建议：艺术家成功地使用这种简单的三幕剧结构进行演奏。没有人在对这种形式的创新尝试中获得成功。最好保持清晰的基本形式，充分关注内容，你的听众或读者会感谢你。使用七个基本情节、英雄之旅或故事主线来定位。

错误 12：没有图片，我能应付

在商业环境中，图像仍需谨慎使用。引人注目的图像可能会分散主题，或者过于简单化。这可能是真的，但前提是图像选择不当，或没有事实可以抵消它们。否则，图像有很强的影响力。奥地利哲学家路德维希·维特根斯坦的引文稍做修改，适用于这里：可以显示的不需要再说。正是如此。

我的建议：展示而不是讲述。你去讲述，而不是描述。使用图像而不是空洞的语言。肯尼迪说："我相信，这个国家应该致力于实现在 20 世纪末将人送上月球并安全返回地球的目标。"一句话就是一个故事。

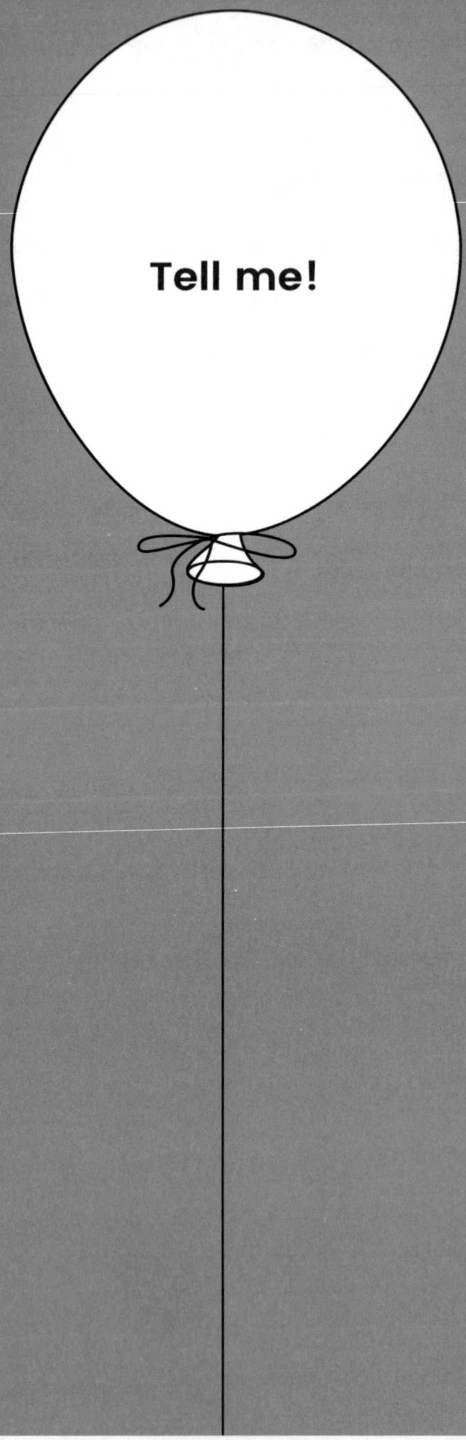
Tell me!

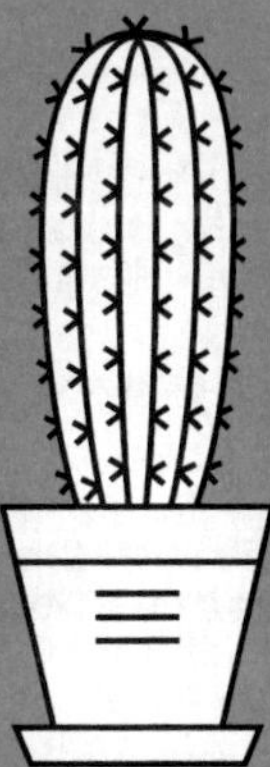

A

附录 A

CANVAS 画布坐标系微线图曲线示例

十个步骤完成一个有说服力的演讲

今天 主题是什么？

你在演讲开始时要能回答：主题是什么？你在哪里吸引受众？从受众的角度，描述一幅让人印象深刻的现状图

明天 应该是什么？

回答问题：应该是什么？你如何展望未来、你的新产品、你的年度计划及你的新组织？将这一未来愿景与公司的战略、愿景、使命和价值观联系起来

内容 归结为一句话

把你演讲内容归结一句话。这句话应该回答三个问题：你自己的观点是什么？受众为什么会听？这一内容是怎样与公司战略联系在一起的

持续时间 推荐5分钟至20分钟

演讲应该持续多长时间？这与已经许可或可以花费的时间无关，而与演讲的目的有关。你能在 5、10 或 20 分钟内做得更好吗

成功掌控 效果怎么样

怎样辨别演讲成功与否。掌声？问题的数量？受众进一步参与的热情？无论你认为什么是重要的，都把它写下来，并对其进行检测

行为召唤 要做什么

在演讲结束时，你对受众有什么期望？把这些期望写在待办事项清单上，使之成为非常具体的行动。如果要让你的想法成为现实，应该采取哪些步骤

受众 关键的目标群体

核心问题：你的受众是谁？在计划演讲之前，你应该研究受众。你要说服受众认可你的想法，要使他们开始某种转变。举一个例子：如果你区分了创业者、创新者、支持者和影响者，你就应该确定如何融入每个群体中。你还应该确定一种独特的行为召唤

第一幕 现状15%

演示文稿的微线图曲线分为三幕。第一幕中重要的是，与观众站在共同的立场上。你应该清晰地描述现状，使得每个人都会说：没错，就是这样的。通过这样做，你可以和他们建立联系

第二幕 紧张弧线70%

第二幕主要是在现状和未来之间切换。这造成了戏剧性的紧张。观众喜欢这种对比。你将体验如何权衡新事物与现有事物。人们想知道，你是否已经把一切都考虑到了

第三幕 行动和收益15%

第三幕解释了行动和收益。从心理学的角度来看，第三幕尤其重要，因为这最后一幕说的话最容易被记住。不要以号召行动结束，而是大家所期望的结尾：如果跟随你，会有哪些好处

演讲题目 ____________________ 日期 __________

作者 ____________________ 编号 __________

填写帮助

4	5
1	3
7	6
2	
9 10	8

图 A-1 用于开发演讲文稿的画布坐标系微线图曲线简单填写辅助工具

资料来源：www.strategisches-storytelling.de